高原·大山

大地子民

People from Land

李夏◎著

云南出版集团 YUNNAN PUBLISHING GROUP CO.,LTD. | 晨光出版社

图书在版编目（C I P）数据

大地子民 / 李夏著. — 昆明 : 晨光出版社, 2015.6 （高原・大山书系）
ISBN 978-7-5414-7080-6
Ⅰ. ①大… Ⅱ. ①李… Ⅲ. ①长篇小说－中国－当代 Ⅳ. ①I247.5

中国版本图书馆CIP数据核字(2015)第053427号

李　夏◎著

出版策划　胡　平　潘　燕
监制　郑　波
责任编辑　刘晓倩
装帧设计　唐　剑　魏　宾
封面插画　陈　流
责任校对　余　祁
出版发行　云南出版集团　晨光出版社
地址　云南省昆明市环城西路609号
电话　0871—64186270　64109465
责任印制　郁梅红　廖颖坤
印刷　云南国方印刷有限公司
制版　云南日报报业集团印务中心
开本　787mm×1092mm　1/16
字数　600千
印张　23
印数　1—35,000
版次　2015年10月第1版
印次　2015年10月第1次印刷

ISBN　978-7-5414-7080-6
定价　45.00元

people from land

编委名单

高原大山，美丽云南

云南出版集团公司董事长 李雅

云南当代文学的一个重要特点，就是在现代化的历史进程中，一直立足于高原大山，歌颂美丽的云南，表现云南各民族丰富深刻的生活世界。这种文学传统在今天越来越有意义，由于现代化的推进，同质化在改造原生态的旧世界，许多地方陷入地方性知识越来越贫乏的苦恼中。我和生活在这片高原大山上的人民一样，对云南有着独特的深深的情感。生活在这块红土地的云南作家们，用饱蘸少数民族生活情韵的语言，描绘了云南各民族精神飞扬的中国梦。无论是描绘苍茫咆哮的怒江大峡谷、诗意荡漾的傣家竹楼，还是幽深茂密的森林彝寨、层叠变幻的哈尼梯田，都足以使世界上每一个地方的读者惊叹不已！

我认为，当代中国文学地域写作的典型范例就在云南。云南自20世纪50年代开始，就在开始注重地域特色写作，有意识地在保护地方性知识，无论《阿诗玛》《五朵金花》还是作家李乔的《欢笑的金沙江》，彭荆风、黄尧、汤世杰、范稳、张庆国……的小说或者于坚、海男、雷平阳……的诗歌，无不在赞美云南。于坚的《云南这边》、雷平阳的《云南记》等都是“我在美丽的云南”这一云南当代文学主题下的典范作品。云南作家这种持续了近六十年的具有云南地域特色的创作活动，塑造了一个具有强大的地方性知识和民族特色的美学云南。

云南出版集团晨光出版社即将推出的“高原·大山书系”长篇小说，无疑是对“云南精神”的一次具体解读和弘扬，它将高原情怀——高远、开放、包容；大山精神——坚定、担当这一精神具体落实并融入文学创作出版中，这也是对保护当代中国文学地域写作的一次壮举，是对云南当代文学极大的肯定和鼓舞。

“高原·大山书系”长篇小说丛书，作者基本都是云南当下颇具创作实力的中青年作家。这些小说的特点，一是基于优厚的地方性知识，二是独具鲜明个性的创作风格，第三是对云南故乡深深的热爱。在今天这个全球化的时代，地方性知识的坚守、整合、深化越来越重要，而通过长篇小说这种形式来展现云南的民族历史、人文地理、文化环境，尤其是现实生活无疑更具优势。

“高原·大山书系”长篇小说丛书项目于2012年底启动，丛书中每一册长篇小说都以云南一个民族为主线，生动而深刻地描绘了他们孜孜不倦的探索、生生不息的奋斗、波澜壮阔的变革、奇异多彩的文化以及令人心驰神往的壮丽秀美的自然风光。通过一个个像“高原一样坚韧、包容、勤劳的女人；像大山一样坚强、勇敢、担当的男人以及像花朵一样幸福开放的孩子们”的故事，自然而然地展示出“高原·大山”的精髓；探讨人性与自然、历史与现代、民俗传统与当代文明的意义；在现代和古老、个性和共性、民族性和全球性的冲突与融合中探寻未来的希望与道路。

丛书中的每一个故事都具有典型的云南元素。这些现实生活、古老历史、神话传说、民间故事、自然风光、人文景观、民族风情等云南元素交织在一起，最终构建出一个宏大的、色彩斑斓的、边疆少数民族的美丽的中国梦！一个让云南走向未来、走向世界的中国梦！

值得注意的是，这些作家都有着难以模仿和复制的人类学的、田野调查的深刻体验和丰富经验，这种体验和经验将令这些小说更为真实和厚重。这说明我们的作家只要扎根于云南民族文化的深厚土壤，扎根于各族人民的伟大实践活动，就一定能创作出具有厚重的社会承载性和精良文学性的文艺精品。

我们祝愿并期待着，在云南这个“高原·大山”的文艺百花园里，盛开出更多具有优质文学意义和社会意义的“云南大作”之花！

2014年初夏于春城

卷首语

英雄就驻扎在此地。

他腰悬宝刀，

踏上最高的那块岩石，

张弓搭箭，

大风鼓起他的黑色大毡，

如鹏鸟展翅，

风云色变，

万物都仰视他。

01

2014年12月13日，中国南京举行国家公祭，悼念在南京大屠杀中死难的华人同胞，纪念抗日战争胜利69周年，缅怀在这场反法西斯战争中献出了生命的英雄与先烈。我爷爷从媒体那儿听说此事后，老泪纵横，感慨万千。他拨通了远在泰国清迈的挚友的电话，跟他们相约一起回中国老家一趟。他精神百倍地摇着轮椅回屋收拾行装，一边嘱我帮他订好由台北飞往云南老家的机票。

可在做出这个震惊全家的决定之后，第二天一早，这位一百零一岁的抗战老兵就面带微笑静静地离开了人世。

我在爷爷的床头发现了他的笔记本，里面竟然有一封一个星期前写给我的信。就像预言家一样，他在信里安排了今天的后事，说他的夙愿将由我去完成。他提及他的两位现居清迈的挚友：热雷阿鲁和拉措夫妇。他和他们的关系非常特殊——拉措是他爱慕了一生的姑娘，而热雷阿鲁是他生死与共的朋友。这种关系是在一个特殊的年代、特殊的环境之下产生的，它超越了普通意义上的爱情和广泛意义上的友情。至于有多特殊，我爷爷在信里让我去清迈寻访他的这两位故友，请他们给我讲讲当年的故事。

他在信的最后这样说：听完故事后，请把我的笔记完善一下。它将是我对故乡大地一生一世的怀念，陪着我度过轮回的漫长。

我翻开那本泛黄的笔记本，读到了他从未向我们提及的往事：他年少时爱慕的姑娘，以及那个他离开了七十年的故乡“罗玛沼”。

只可惜爷爷年岁已高记忆模糊，他那些令我动容的记述时断时续。这本笔记本像一片迷茫大雾，传奇在里面若隐若现，吸引着我的心灵和脚步。一个月后，我动身去了清迈，在离塔佩门不远的一个小巷里，找到了我爷爷的两位故友：热雷阿鲁和拉措。

这对老夫妻与我爷爷年纪相仿。他们得知我爷爷去世的消息，便默默地流泪。他们表示，我爷爷只是先他们一步魂归故里。我静静地观察拉措女士，她就是我爷爷的梦中情人，是他“一辈子所见最美的姑娘”。

如今我面对她时，感到对她提出任何要求，都是残忍的。作为我爷爷的老乡和故友，她只比我爷爷小一岁，整整一百岁了，跟我爷爷一辈的家乡人中，活到这把岁数的人已经不多了。岁月的打磨与摧折将她变得像一片透明的树叶，浑身布满了肉眼难见的细洞，我能听得见时光沙沙的流逝声，每淌过一寸，她所剩时间就会缩短一米。

难得的是这位老妇人在听了我的请求之后，非常爽快地答应了为我讲述故乡的百年沧桑，以完成我爷爷的夙愿。她甚至像个小姑娘一样爽朗而调皮地笑着，自信地说只有她才能讲清这个遥远而漫长的故事。

“你知道为什么吗？不急，我们慢慢讲吧。”她说。

第二天晚上，拉措女士开始给我讲故事。我们坐在她家四层小楼的宽大露台之上，感受着湄公河清凉的气息，喝着她在清迈亲手培植出来的云南红茶。此时月亮升至半空，露台上鲜花盛开，芳香四溢。

“你爷爷和我的故乡名叫罗玛沼，对你来说那是一个在心理上和地理上都非常遥远的地方。在彝语里‘罗玛沼’的意思是‘老虎出没之地’。过去，人们都称彝族为倮倮人，‘倮倮’也有读‘罗罗’的，就是老虎的意思，因为我们的祖先认为自己是老虎的后裔。他们从遥远的北方迁徙至大西南，就分成了若干支系，散居在大凉山、乌蒙山、哀牢山和金沙江流域。这样的格局持续了几千年之久。就像天空中的星星一样，在许许多多的彝族人聚居地，罗玛沼只是其中的一个小部落。如果天神从天上往下看，罗玛沼只会有芝麻那么大。可是，在一百年前的我们眼里，那片大地广袤无边……”

故事就这样开始了。每天晚上我带着感恩的心情，静静地听拉措的讲述。她的声音很轻，她雪白的头发、白皙而松弛的皮肤、悠远空灵的眼神以及身上淡青色的真丝衣裳，都显得很轻很轻。我跟她说话小心翼翼，仿佛我声音里的风都能把这个因为衰老而变得轻若鸿毛的老妇人吹走。

她那么瘦，一站起来，服帖的丝质衣裳和披肩就像挂在衣架上。但她的瘦让她显得清爽和洁净，并且让她思维清晰。

她戏说在她们的老家流行这样一句话：喝开水图个烫，讨婆娘图个胖。可她自称终身保持纤细的身材，从没有胖过，就算在她当了土司太太那几年，每个人都以为她将要发福——在一个世纪以前的彝族山寨里，只有富贵的人，才有条件发福。

说这话的时候，她眼睛里闪着温润的光泽，瞳孔像一粒刚刚从笔尖落下的墨滴，有如少女般明净透彻。一百岁的老人能有这样的眼神，我完全相信我爷爷曾经对我说过的话：“拉措是我这辈子见过的最美的姑娘。”

就是这个美丽的女人，一生中不知让多少男人魂牵梦萦，搅乱了无数尘世浮生的爱恨离乱。当然，倾城绝色，也带给她一生的蹉跎，一世的沧桑。

在这个轻飘飘的老妇人这里，她和他们的前世今生或沉重如山，或柔美如花，或雄武悲壮，或肝肠寸断。我依附着她的记忆穿越时空，听到了那片古老土地的呼吸，触到了它新鲜而神秘的体温，进行了一次跌宕起伏、千回百转的命运之旅。

曾经的美少年与妙女子成为世事沧桑之后的温馨过往，我的故事要从一百年前开始。

02

江南人士杨清远说不清自己是哪年从江南流浪到云南的。在那个年代，一个小茶商的家被毁于一系列荒谬事件是非常正常的。只记得在流浪途中，他忽然听到一伙年轻人欢呼雀跃，说霍元甲在上海打败了西洋武士。但更多的人还是灰头土脸，目光呆滞。霍元甲是谁？他跟人打架，关系到我了吗？他们摇一摇头，耻笑那群舞拳弄脚的年轻人。

路上的好多人，并不知道“东亚病夫”讲的就是他们自己。杨清远就是这群路人中的一个。跟他们不同的是，他虽然听说外国人这样称呼中国人，但他认为自己并没有病。他二十七岁，年轻体健，只是没有亲人，在深沉漫长而凄凉的夜色中，他不知道自己将去往何方。

冥冥之中，茶商出身的杨清远许是受到那片东方树叶的神奇指引，跟随着那缕来自远方的芳香来到一个和他的家乡一样盛产茶叶的地方——普洱。这里到处都是他慕名已久的普洱茶。

杨清远痴迷于这一地茶香，便暂时安顿下来——他反正也没地方可去。他沿街乞讨，一路寻访曾在茶叶典籍里看到过的关于普洱茶的蛛丝马迹。结果是，他的收获大大高于预期——他被一个茶铺老板的女儿看中了。那女人慧眼识珠，透过他胡子拉碴、衣衫褴褛、貌似疯子的外表，看出了他对茶叶的喜爱和内行，也看到了他那颗大难不死的坚韧的心。

于是杨清远和茶铺小姐结了婚，生了一个儿子，取名世雄。他从江南茶商，变成了云南茶商，学会了制作普洱茶和跟马帮做生意。然而好景不长。冬季，一伙从佤山杀下来的土匪洗劫了杨清远一家居住的小寨子，抢光了一切能抢的东西，包括女人和小孩，不能抢走的东西就一把火烧掉。

江南茶商杨清远文质彬彬，手无缚鸡之力，一家五口被杀得只剩他和两岁的儿子。建立不到三年的幸福生活，他还没来得及品味便毁于一炬。他随幸存的几个村民从普洱一路逃到嘎洒，再次成为一无所有的难民。

在闷热的嘎洒江边，死里逃生的他们被一群面黄肌瘦缺衣少粮的地方兵绑去当挑夫。但大兵们嫌背着娃娃的杨清远和其他几个身有残疾的人碍事，就把他们赶走了，所幸留下了他们项上的脑袋和胯下传宗接代的家伙。

人有了这两样东西，就能活下去了。活着的意义，不都在这两样东西上么？杨清远当时也是这样想的，当然，最重要的是他背上还背着两岁的儿子。于是他选择了一条看上去非常偏僻的小道再次盲目逃亡。他不知道这条小道将会抵达何方，他只想远离纷乱，跑得越远越好。

杨清远经过了无数村子和小镇。慢慢地，几乎再也看不到带枪的人了。他从低热河谷越走越高，来到了高寒山区。在冬季即将结束的一个傍晚，山道两边的荒草变成了茂密的灌木林，这条路将他带到了滇中地区楚雄县地界里一个叫罗玛沼的地方。

当然，杨清远是后来才知道这个地方叫罗玛沼的。当时这里连个问路的人都没有，四下群山巍峨，寒冷无比。这是个晴朗的下雪天，雪花只有一朵桂花那么大小，细细地撒了一地。一轮明月刚刚升起，把整个天空映成一片清透的浅蓝。寂静辽阔的黑色旷野之上，到处是成林成片的马缨花，它们像鲜红而冰冷的火焰一样怒放在点点飞雪之中。他看见一条蜿蜒曲折的山道延伸进前方森林的暗黑里去，那又将通向何方呢？

这美艳而狂傲的景色只会让落魄之人更加沮丧——这里没有刀和枪，但也没有可以活下去的希望。杨清远穿着已经烂成了破布条的衣裳，披头散发，形同野人。他筋疲力尽，冻得青嘴绿脸。背后的小儿子饿得哇哇大哭，绝望、寒冷和饥饿让他头晕目眩。杨清远拨开结在眉毛上的白霜，喃喃自语：“这是什么地方？我走了多远？我这是走了多远？”

他把儿子揽在怀里，喘息着用自己所剩不多的体温保护着他。“儿子啊，我们不跑了，跑不动了，我们这就去找你妈吧。”他哆嗦着嘴唇，说了一些类似告别人世的话，然后一头栽倒在干硬的茅草丛里。雪花轻轻飘落在他的身上。过了一会儿，他感到儿子的哭声和身上的那点儿可怜的热量一起，渐渐地飘远了。

恍惚中，有人扳起他的身子，摸他的脸和鼻子。他想，又遇到强盗了。但他只能束手就擒。

有人在说话，是两个人。

接着有人掰开他的嘴，一股又辣又呛又苦又甜的液体灌了进来，流进他的喉咙，腾地在那里烧起一把火。

是酒。

杨清远大咳一声，醒了。

面前是一老一少两个土著。他们的眼睛在暗下去的天色里闪闪发光。

他们用腰间羊皮袋子里的苞谷老烧浇醒了杨清远，又摸出一个散发着体温的荞麦饼给他吃，救了这个破衣烂裳的汉人一命。

杨清远向他们道谢，但他们听不懂汉话。杨清远看那两人长得鹰眼高鼻，黑布包头、羊皮短褂、弯刀赤脚的打扮，意识到自己已经远离汉地，来到了一个民族地区。他心中很高兴，他听说在云南，只有民族地区暂时没有战乱。他一把扯住土著的衣角，连比带画，请求他们带上自己。

土著憨厚地笑着，朝他摆摆手，使劲甩开了他。他们跨上马，不再理睬他。

杨清远急中生智，使劲掐了一把昏睡中的小儿子。小儿子哇哇大哭起来，引得土著又停下了马叽里咕噜商量了一阵，从两人的脸色上看，年长的已经心软了。他不顾同伴反对，又折回来，将杨清远从地上拉了起来，朝他比画着说：“我带你去镇上。”

杨清远听出来了，是傈傈话。在云南这几年，傈傈话他听得不少，甚至会说几个词。他使劲点头，心想原来前面有镇子，看来那些告别人世的话还是说早了。

这时从不远处走来一支马队。大约十多匹高头大马，清一色的枣红马，簇着中间一匹四蹄雪白的青色大马。青色大马上端坐一人，黑衣黑裤，虎皮披肩，大包头上高高竖着英雄结。

两个土著一看，立马丢下杨清远跪了下去，将头贴在地上。

一见这阵势，杨清远知道是遇到了一个当地的大人物，赶紧跟着跪下。

两个土著称大人物为“苏吉老爷”。后来杨清远才知道，“苏吉老爷”是罗玛沼的土司热雷苏吉。罗玛沼由四个大寨子加上土司官寨组成，土司府所在地也称罗玛沼小镇，是整个罗玛沼的政治权力中心，苏吉土司就是罗玛沼的最高领袖。

热雷苏吉是罗玛沼的第七代土司。“热雷”是他们的家族姓氏，“苏吉”才是他的名字。热雷家族已经统治罗玛沼约二百多年。到了苏吉这一代，世道有些改变，土司已不如过去那样无法无天，从中央到省再到县，有更高层的机构给了他们一些限制。属民的身份也复杂起来，不光只是有奴隶，还有了佃农和平民。不过苏吉土司还是罗玛沼这块大地上树大根深的领主，他的土司之职，也是有大清皇帝行文颁发的，在属地上拥有至高无上的权力。大家都习惯称他为“苏吉老爷”，对他毕恭毕敬。照他自己的话说，他伟大的祖先已经用鲜血和汗水以及更多的银子为他铺平了罗玛沼的大道，一切都是现成的了，他是泡在蜜罐子里的人。为了报答祖先的恩德，他要做一个仁慈的土司。

仁慈的土司苏吉老爷，时常会在遇到喜事的时候，给佃农们减轻一些杂税。这时候苏吉土司最喜欢听人们这样说他："像罗玛沼这样的小镇，在滇中高原的大山里有很多。但像苏吉老爷这样的土司，天下只有一个。"

人们这样说得多了，苏吉土司也就常常要求自己每天面带笑容，宽容所有的属民，并且为了能让属民都吃得饱穿得暖，要尽可能地让罗玛沼变成一个遍地长银子的富庶之地。

在罗玛沼，他就是王，整个罗玛沼都是他的。

可是出了罗玛沼，遇到省城昆明或楚雄县府的大官，他也得下马行礼，自称小人或下官。他今天正好在楚雄县府当了一天的"小人"和"下官"，心里闷闷不乐。

见到地上跪着的三个人，苏吉土司只是哼了哼鼻子，他连眼皮都懒得朝他们睄上一睄。

可是跪在地上的土著大声说："苏吉老爷，这里有一个外乡人。"

他的属民非常老实。他们对自己的首领绝对忠诚，一是一，二是二，这天性从远古的祖先那里就遗传下来了。

"汉人？"

苏吉土司哼了一声，朝杨清远看了一眼，又说："带他离开这里。外乡人怎么能死在马缨花树底下？"

马缨花是倮倮人的神树。杨清远这样的人没有资格死在这里。

土司的马队扬长而去。

两个土著像看一个丢不掉的麻烦那样看了杨清远一会儿，皱着眉，捂着鼻子说："这真是个臭人。"年少的又凑过鼻子闻了闻杨清远怀里的小孩说："小孩子倒好看。"

他们只得把他带上马，一起回到了镇上。

镇子三面环山，敞开的一边修筑了护城河。大门边竖着苍老的望风塔，不同动物的头骨嵌满了塔壁。一眼看去白骨森森，里面也有许多人的头骨。两个土著把杨清远丢在望风塔下，往他怀里塞了一个荞麦饼，比画着说："土司老爷没准你进去，你只能留在这里。"他们说完一溜烟跑了。

杨清远追不上他们的马，只得找个背风的石坎在地上蜷缩下来。这个小镇像一只小船卧在连绵的群山怀中，西南边的山峰雄浑高耸，森林深不可测。后来杨清远知道这座山是罗玛沼的最高峰，名叫摩玛山，由哀牢山逶迤而来。他朝镇子里张望，只看得见灯火鳞次栉比地布满了夜色中黑而深的小镇，隐约照出一些建筑的轮廓。街道蜿蜒深邃，铺路石历经百年风摧雨蚀，如蛋壳一般光滑圆润。

刚一入夜，细雪在高寒地区的冷湿空气里就结成了冰凌子，一串串挂在树梢屋檐上，把罗玛沼变成了水晶世界。这比下雪还冷，杨清远快要被冻僵了。他探出头，看见望风塔上有人值守，他们有一间躲避寒冷的茅草房，里面燃着旺旺的炭火。幽蓝的小火苗飘在红红的栗炭里跳来跳去，不时炸出火星子。他渴望这盆火，无比地渴望。这大寒天里，一定得想办法离那盆火近一些，否则儿子跟自己就得一起冻死。杨清远打定主意，就从石坎下跑出来在地上使劲跺脚，把卫兵吸引过来了。

卫兵是个十六七岁的少年。双手捂在羊皮褂子里，怀里抱着一支长矛。他好奇地看着这个在地上蹦跶的外乡人，像看一只猴子在跳舞。

杨清远即将要冻僵的脑袋里忽然想起了一句倮倮话“火”。他立刻冲卫兵说：“火，给我火！”

少年听了，立刻冲上来一把就将杨清远掀翻在地上，一个绊腿将他压在胯下。别看他年纪小，摔跤却是一把好手，且力气奇大。杨清远气息奄奄，猝不及防，大叫起来：“救命啊……”他怀里的小儿子“哇”地大哭起来。

望风塔又跑下来一个卫兵。少年按着杨清远对卫兵说：“这家伙要烧大门。”

来人腰间别着弯刀，身披黑色大毡，大耳环银光闪闪，看起来是个有身份的人。他对少年说：“你听错了，他是冷了，想要烤火。”

杨清远像看见活菩萨一样拼命冲那人感激地点头。

这时，苏吉土司一家正聚在厢房里烤火聊天呢，三脚架子上还烤着糍粑，正胖胖地鼓起来，散发着阵阵糯米的清香，馋得人直流口水。

苏吉土司一共有三房太太，二太太已经过世，现在有大夫人和三太太陪着他，此时都围坐在一起，听他讲外面发生的大事。

“世道变了。”苏吉土司首先说道，“大清皇帝下台了。”

大夫人惊讶地说：“皇帝也能下台啊？”

三太太说：“是人都会死。死了不就下台了？”

苏吉土司说：“不是死了，是被人赶下台了。现在不叫皇帝，叫总统。大清朝结束了。”他接着说了这两天在楚雄县府遇到的事。

苏吉土司说，原来的知府大人被撤走了，派来新的政府长官，这次改名叫作知事。新任知事姓刘，他一到楚雄县，就遍发请柬，邀请属地各部落寨子的土司头人前来“商议国事”。昨天在楚雄县府，与热雷土司一同去的还有其他部落的头人。知事大人设宴款待他们，还送了礼物。然后，他安排了一场关于“枪”的表演。

前来表演的是驻军县衙的一批汉人大兵。他们没有了以前的长辫子，穿着统一样式的黄衣服，排着整齐的队伍，在各个部落头人土司们面前，表演了排队、走路，还有跳上跳下的打斗。最后，知事大人叫人放出两只野猪，叫这些来自深山老林没见过世面的地头蛇们见识一下新式武器——枪。

只见一个小伙子端起枪，黑洞洞的枪口瞄准野猪，只轻轻扣动某个机关，“砰”的一声巨响，野猪应声而倒，血流满地，惨叫着顷刻毙命。神枪手——他们这样称呼那个杀了野猪的小伙子，他的手里很干净，没沾上一点血，可他就这样把野猪杀死了，只一眨眼的工夫。

野猪，是罗玛沼的寻常之物。罗玛沼的猎人打野猪，用猎狗，用弩，用箭，用标枪。罗玛沼有许多勇敢的猎人，他们的弩箭百发百中，到罗玛沼南边的摩玛山走一回，可以游刃有余地带回一大堆战利品。野猪，只不过是寻常之物。连他们的猎狗，嘴里也随便叼着雉鸡、兔子什么的，根本不当回事。

苏吉土司说：“可是，当我见识到枪，才发现罗玛沼猎人杀野猪的潇洒，被这一颗流星般的子弹划成了历史。不单是猎人，有了枪，罗玛沼所有的武器，就只是历史而已。”

大夫人说：“那你得到了一支枪了吗？”

土司老爷说：“我也想得到一支枪，但知事大人没有要给我的意思。他只说了一些要与我们共同合作，倡导什么三民主义，拥护民国政府在边疆的统治，发展经济之类的话。”

三太太说：“民国政府是另一个皇帝吗？”

土司说：“这……我哪知道？”

几个人就哈哈笑起来。土司说：“不过，我看出来了，枪是可以用银子买来的。刘知事初来乍到，他想的是要站稳脚跟。虽然在县府尊他一声大人，可在楚雄这块土地上真正的大人是谁，他是知道的。”

苏吉土司说的，当然是包括他自己在内的各大土司头人。他们割据一方，各自为王。这些小诸侯形成一片势力的深水区，来这里游泳的汉官们都知道自带救生圈。

正说着，老仆阿木诺弓着腰拿来蜂蜜和羊奶，说：“老爷，糍粑可以吃了。”

享用完美食，土司就对大夫人说：“你去睡吧。”

大夫人一听，知道土司今晚又是要跟三太太睡。她的脸色就沉下来，又故意笑了笑说：“你不去看看莫尼若？”

莫尼若是土司和大太太的儿子，也是土司目前唯一的儿子，今年刚满四岁。

土司说：“我累了，明早再去看他。”

苏吉土司并非不想念莫尼若，只是此刻他做男人的心比做父亲的心更甚。三太太年轻娇美，从土司一进家门开始，她就拿媚眼儿挑弄着他，在递给他糍粑的时候悄悄用手指挠他的手掌心，早把他的魂逗得飘飘欲飞。

热雷家族一向人丁兴旺，即便是苏吉土司这一代，都是有兄弟姊妹十多个。当然，姊妹都嫁给了别处的土司或头人，兄弟则在争夺王位时死的死走的走，反正罗玛沼现在只剩苏吉一个。人丁凋零是土司家的大忌，所以苏吉土司从来都没忘了自己是要多生孩子的。他为此一共娶了三房太太。但结果都不怎么理想，大夫人四年前生了莫尼若之后肚子就没有动静了。二夫人命薄，过门不久死于伤寒。现在他最宠的是三太太阿月秀。她是一个平民的女儿，长着一双狐狸般妩媚的眼睛，乳房丰满，性子刚烈，不过她刚过门不久，还看不出什么苗头。

那也没关系。苏吉土司不过四十多岁，两个夫人也都还年轻，时光长着呢。

大夫人看了三太太一眼，站起身来说了一句："妖精！"一甩裙摆走了。

苏吉老爷急不可耐地一把将三太太拉过来搂在怀里。

"哎呀……"三太太叫了一声。她宽大的裙裾扫翻了一只盛满羊奶的雕花银杯。土司的大手已经捏住了她丰硕的乳房，一股比羊奶更香更膻的味道从她的身体里弥漫出来。

03

杨清远到了罗玛沼，他与拉措的距离更近了一步，因为在不久的将来，他将成为拉措的父亲。只是现在，他依然是个被冷得半死的外乡人。

从他头顶上飞过的喜鹊似乎预示着什么。

喜鹊飞过杨清远的头顶，成群地来到土司府大院里觅食。随着喜鹊的叫声，昨晚在望风塔当值的卫兵前来向土司老爷请安，报告头天夜里所发生的事。

他们说："昨晚有一个汉人差点冷死在镇子大门口，现在这人想要求见土司老爷。"

说话间，大夫人懒洋洋地举着烟斗来到了正厅向土司请安。她一进门就说："还不赶快打发掉？要是他身上带着什么瘟疫，那可不得了。不能让他进土司府。"

卫兵说："老爷，那人还带着一个小娃娃，冷得快不行了。"

这时三太太阿月秀也来了。她带着一夜欢愉留下的疲惫与娇慵，身上的狐皮大氅软软地搭在丰腴的身上，胸口上的银饰一起一伏叮当作响，表明那银光底下是一片风情万种。

三太太一向仗着土司的宠爱，喜欢找着一切机会跟大夫人唱反调。她媚眼儿一转，娇声说："哎呀老爷，那么多的喜鹊呀！喜鹊报信，难道还有坏事吗？"

大夫人狠狠地瞅了她一眼："这里还有没有规矩？一个白骨头，也有说话的份？"

三太太立刻就不作声了。作为土司的三房，她原也不配与大夫人争什么彩头的。大夫人出身高贵，也就是她常说的，他们是血统高贵的黑骨头，是远古蛮酋的嫡派子孙。而阿月秀娘家，只是罗玛沼的小工匠，是寻不着祖先足迹的迁徙一族——"白骨头"。在大太太嘴里，她要么是三个字"白骨头"，要么是一个字"格"。

她常这样呼她："喂，格。奴仆说马厩漏雨了。"

去他个妈的"格"。阿月秀心里恨恨地骂，但又不得不去找街上的另外一个"格"来修缮马厩。

"格"就是工匠、小商人，四等公民。在"格"之上，还有三重天呢。最高等级的就是黑骨头的土司"兹"，然后是掌管司法的长老"莫"。"莫"们通常与掌管人与神灵关系的祭司"毕"连成一气，制定部落的各项规定和律法。"毕"也是艺术家，倮倮人的历史在他们嘴里，变成了一部永远唱不完的长歌。比如大毕摩哈比老爹，他能歌善舞，能说会写，还能与神灵鬼魂通话。整个罗玛沼，只有他见了土司老爷不必行礼。可他不行礼，并不代表他的地位比土司高，那是因为土司对待巫师和艺人，历来态度都是比较宽容的。"毕"也是除了贵族土司和"莫"之外，会写自己民族文字的人。而像三太太阿月秀这样的"格"，就是平民"白骨头"。比她更低下的，就是奴了。奴和畜生、钱财就是一个等级，因为他们是贵族的私有财产。

还好这些东西，如今在罗玛沼已不是很严格了。不然阿月秀真该更加为自己的出身而气愤了。自辛亥年间发生在遥远汉地的一场什么事件之后，一些地方的奴和“格”就经常纠结起来闹事，闹来闹去，民风就被闹得开化了一些，倮倮人也有跑去汉地讨生活的，部落之间的“格”们也开始有了些走动，自主地做些商品交换。土司们对此睁一只眼闭一只眼，只要奴还是奴就行了。有了足够的奴，土司们的日子依然很好过。

阿月秀的娘家，是做皮毛生意的工匠。不过最重要的是，他们还生养了她这个貌美如花的女儿。

她这个女儿，现在可是苏吉老爷手里捧着的明珠，嘴里含着的糯米圆子。无论她是“白骨头”也好，是“格”也罢，土司老爷喜欢她，那就是最重要的。

大夫人可不管这么多。她是有领地作为陪嫁的贵族，身份与苏吉土司一样尊贵。土司老爷尚且不敢得罪她，何况区区一个小妾。

阿月秀一听大太太提到白骨头，嘟起小嘴满面委屈地看着土司老爷，意思是请他帮忙说话。

苏吉土司并不想搅在两个女人的醋缸子里。大夫人是正房，得罪不起。三太太虽是平民出身，但她是新宠，不忍伤害。于是他咳了两声，说：“倮倮人不杀妇女，不杀小儿。要小的活着，这大的可不能死。再说了，他是汉人，现在汉人的地盘比倮倮人大，我们还是不要得罪他们的好。”

他说着走出大门，准备去接见卫兵带来的外乡人。他想那汉人活着到了罗玛沼，是否说明跟自己有缘分呢？

早晨的太阳金灿灿地照着大地，可寒冷、饥饿和病痛像钻进了骨头的毒虫，早把杨清远啃得气息奄奄，他已经感觉不到什么温暖了。他褴褛的衣裳里冒出一阵阵馊味，他眯起眼仰头望着这一片高高在上的、气势如虹的建筑物，为自己的形象备感惭愧。

当他一看见苏吉老爷出现在大门口，立刻就“扑通”一声跪下去，满脸悲戚之色地说：“老爷，我是个知礼仪有廉耻的男人。但今天就算死乞白赖，我也得求您给我儿子一条活路，不然对不起死去的孩子他娘。罗玛沼已经是我的最后一站了，我已经没有任何力气和胆量再翻越那些不知延伸到何处的大山，走到什么地方去了。”

杨清远一口气说完这些就像是演练过无数遍的话之后，求生的力量变成两股泪水，来不及细想就涌了出来。

苏吉土司身边还有大管家罗吉、亲兵房总管鹿丫，以及众多奴仆随从。他一眼就看到了跪在大门口的外乡人。一见之后，他就被外乡人的感激涕零和落魄忧愁迷住了。那真是一股强大的气息，视死如归，不计后果，赴汤蹈火。汉人的意思就是这样，他带着这份决心，要土司老爷收留他怀里的小男孩，给他一条生路。汉人的眼泪似乎比倮倮人要多，它像泉水一样一个劲地往外涌，一串串落在青石板上，落在石头缝里枯黄的杂草上。苏吉土司从没见过一个男人会有那么多眼泪。当这些眼泪不小心滴到了他的脚面上，他才发现外乡人已离自己太近了，他的头都贴到了自己的脚上了。

“嘿，下去，你这个无礼的奴才。”

大管家罗吉跳过来，一脚把外乡人踹开了。

外乡人跌了个仰面朝天，立刻又谦卑地爬过来，连比带画，叽里呱啦，稀里哗啦地夹杂着一两句半生的倮倮话，诉说他的不幸。

苏吉土司基本上听得懂汉话，也会讲几句。他听出了一些名堂。他对管家说：“汉人所说的这些事，既然在嘎洒李土司的地盘上发生了，也说不准会出现在我热雷苏吉的地盘上。”

管家连连点头。他看出土司对外乡人心软了。土司又叹了一口气，用一种扶贫济世的悲悯眼神看着趴在地上呜咽的杨清远，温和地说：“别哭了，真晦气！”

外乡人正沦陷在巨大的悲痛之中，他的眼泪止不住。他还是一边絮叨着一边哭。

非常奇怪，他完全把土司老爷当成倾诉的对象。他一点也不惧怕他。而土司老爷也愿意听他的诉说，还跟着他的情绪，表现出同情或者愤慨。罗吉管家等人都看呆了。他们发现土司老爷被这个汉人迷住了。

最后，土司问杨清远能干什么农活。他公正地说：“罗玛沼虽然看上去很富饶，可这里的村民也得每日辛苦劳作，才能养活自己。他们会救济你，但是不可能把你养起来。”

杨清远连忙说这些他懂，他可以种茶制茶，他制的茶叶可以卖得好价钱。土司老爷笑了，说：“制茶？咱们罗玛沼的小孩都会啊。”外乡人胸有成竹地说：“我制的是普洱茶，罗玛沼的人肯定不会做。在普洱，我的茶专门卖给昆明的大客户，走缅甸和印度的大马帮都喜欢买我的茶。”

外乡人趁机又说起了一堆土司老爷闻所未闻的、琐碎的茶事，他说汉地的富贵人家喝茶都这样讲究。

“老爷，我们家乡的普洱茶是宫廷贡品，还能治病呢。”外乡人停住了眼泪，他已经从土司的表情里看到了一线生机，于是极力地推荐自己和普洱茶。

土司说：“茶叶可以解毒，这我知道。”

外乡人说：“老爷，普洱茶可治肥胖。”

土司摸了摸了自己日愈壮大的肚子。罗吉管家见了立刻说：“老爷，我们每年都要从外地买一批普洱茶回来，自己家的茶叶却堆在那儿发霉……”

土司点点头说：“外乡人，我们家有几百亩茶园，你就去我家的茶坊制茶吧，让我先看看你的本事。”

这对于杨清远来说是个天大的喜讯。他抬起红肿的眼睛想要感谢土司老爷，但却两眼一黑一头栽了下去。

管家说：“这家伙，高兴昏了。”

土司说：“带他去洗洗澡，给他一个窝。别让那小孩冷死了。”

仆人立刻弓着身子抬起杨清远下去了。他怀里的小儿子，则被确认还活着后，捡起来送到女佣房里去。苏吉土司又把亲兵房总管鹿丫叫过来说：“如果汉人不老实，就宰了。”

鹿丫说：“那小的？”

苏吉土司说：“你看着办。”

杨清远就此在罗玛沼活了下来。

接下来的日子，杨清远用自己的实际行动证明了自己的清白和能力。土司家有几百亩茶园，由二十来个奴工种植，茶叶都送到土司府的茶坊进行加工和储存。茶坊有五个奴工，他们的制茶工艺和对茶坊的管理完全处于初级原始阶段。杨清远到了土司家的茶坊里，第一时间就是改变他们的管理方式。没多久，茶坊就有了变化。土司第一次视察，发现茶坊变得清爽多了。以前那些随意丢着的簸箕、扫帚、铲子、锅子、茶壶等等，都收得整整齐齐，让你觉得它们都在该在的位置。以前的茶叶，可是随意铺在晒场上的，晒好了就用扫帚一扫，成堆地堆起来，用麻袋装了放在墙角。时间长了，厚厚一层灰落在上面，结了密集的蛛网，老鼠也去做窝。曾有一次大夫人去看到了，气得再也不喝茶了。土司老爷把茶坊的人统统打了一顿，可是奴工不服气，一边挨打，一边大叫，说倮倮人喝茶，哪个不是这样啊？

后来呢，还真的就是那样，打过之后，一点改变也没有——也总不能把奴工们都打死吧。

现在，晒好的茶叶也不会随意丢在场子上和角落里了，它们被外乡人装进了土罐里，盖上了盖子，灰尘进不去了，老鼠更是进不去了。罐子上还分别贴了纸条，上面标明了茶叶采摘的时间、采茶时的天气状况、晾晒的时长、是春茶还是秋茶、是茶叶还是茶梗。还有等级。茶叶还分等级？当然，跟人一样，茶叶也分等级。外乡人这样回答土司老爷。

以前的奴工见外乡人那么勤快，五个人的活他一人全包了，就全都躺在晒场的大青树底下晒太阳，唱调子。那天土司老爷去视察瞧见了，就说：“既然你们无事可做，就去种玉米、铲猪屎吧。”

他们恨恨地看着外乡人，跟土司老爷说：“老爷，汉人鬼着呢，你当心一点！”

茶坊里只剩下了杨清远一个人。这里就像他的家一样，他整天埋头苦干，白天晚上都在鼓捣那些茶叶，还自己动手制作了一些工具。又过了一段时间，土司老爷再去，就大变样了。他的茶坊变得复杂了，热闹了，温暖了，湿润了，散发着淡雅醇和的茶香。这里多出了好几样以前没见过的工具。比如蒸汽锅、淋洗池、渥堆房、干燥台、发酵炉等等。倮倮人做茶，哪里有那么复杂？

土司老爷算是大开眼界了。他环视四周，柴薪炭火也分成了好几类，麻栗树、松树、梨树，都被分类靠院墙边码得整整齐齐，中间空地里那高大的南天竺底下，外乡人用茶坊闲置的一张八仙桌改造了一张可以滤下茶水的茶桌支在那里。桌子上摆着土陶茶壶和杯子，四周摆了几个草墩子，土司老爷一看，就特别想在那儿坐下。于是他就坐下了。

外乡人正在屋里熬米糊给孩子吃，一看土司老爷坐在那儿了，赶紧跑出来跪在地上说："老爷，茶坊里有灰尘，让我给你扫扫草墩子。"

苏吉老爷说："你起来吧，这茶坊是有灰，不过灰比以前少多了。"

外乡人虽不会说倮倮话，但人很聪明，一看苏吉老爷的脸色和手势就明白了。他爬起来，弯着腰站在一旁说："老爷，天热了，我给你泡一壶茶解解暑吧。"

苏吉老爷点了点头，说："好，正好让我看看你泡茶的本事。"

外乡人说："苏吉老爷，那么请允许我坐在你的对面。"

苏吉老爷点了点头，心想这个汉人真是啰唆。可这啰唆又很让他受用，不是那种让人讨厌的啰唆。苏吉土司就仔细地看了看他的脸。一般情况下，土司老爷很少正眼看下人的。一看之下，土司老爷就越发觉得这人跟别的下人不一样，他的行动虽然谦卑，但眉宇间却有些清高的意味。他长着深深的眼窝，睫毛很长，扑闪扑闪地想要藏住一些什么心事。他有着倮倮人一样高挺的鼻梁，但脸呢，就不如倮倮人那么硬朗了，而且他很白，比女人还白。他整个人的线条都是柔软的。眼角、头发、下巴、脖子、手，这些线条不仅柔软，还有些下垂，所以他看上去很忧郁，浑身都忧郁。

土司老爷本来很好的心情就被这种忧郁弄得有些不好了，便说："我还不知道你的名字。"

汉人赶紧说："老爷，我叫杨清远。"

土司说："杨清远，我知道你死了亲人，明后天让管家给大毕摩哈比送一只公鸡和两斤酒，请他给你做场法事，指指路吧。"他认为一定是杨清远死去的亲人阴魂不散，让活着的人变得那么忧郁。请毕摩给阴魂指明方向，告诉阴魂该去的地方，它就不会再附在活人身上。这就是倮倮人说的"指路"。每个倮倮人，最后的结局都是要在毕摩的指引下回到祖先那儿去。

外乡人杨清远知道毕摩就是祭司，在汉人那里，就是做法事祭鬼神超度亡灵的人。他还来不及说声感谢，苏吉老爷站起身来就走了。他也不管倮倮人的法事对汉人管不管用，反正在罗玛沼，法事适用于所有的人。

过了两天，罗玛沼的大毕摩哈比前来向苏吉老爷复命，说法事进行得很圆满。哈比自信地说，指路经唱完后，他亲眼看见外乡人身上蒙着的那股黑气散开了。

“虽然给汉人指路耗费了我两倍的法力，但跟着他的阴魂已经离开了，老爷。他现在是个干净的人了。”哈比标榜着自己的功劳说。

第二天早上，土司的贴身老奴阿木诺按照惯例，一大早就给老爷送来了茶水和烟锅。苏吉老爷喝了一口茶水，怔了一下问：“阿木诺，这茶怎么啦？”

阿木诺吓了一跳，急忙说：“土司老爷，这茶怎么啦？”

苏吉老爷哈哈笑起来，说：“阿木诺，有你这样当奴才的吗？主子问你，你倒反过来问主子？”

阿木诺“扑通”一声跪在苏吉老爷脚边说：“老爷啊，我是急了呀……这茶是外乡人泡来的，莫不是有什么问题……”

苏吉老爷说：“外乡人泡来的？你来喝一口试试。”

阿木诺一喝，就跟着苏吉土司哈哈笑了起来。

“哎哟老爷，你看，这茶怎么跟美酒一样好喝啊。”

阿木诺说了一句奇怪的话。茶怎么能像酒呢？

阿木诺是跟苏吉土司最亲近的奴仆。他的地位虽然不高，可大管家也会让着他三分，因为他侍候过苏吉土司的父亲，也就是前任土司。他已经六十五岁了，苏吉比他小着二十岁呢。苏吉老爷平日里，对阿木诺也是很客气的，单独相处的时候，甚至还有些娃娃气。阿木诺也就常常做出一副老态来溺爱苏吉土司——老态是很容易被原谅的一种状态。

所以，就凭着阿木诺这句话，外乡人杨清远就成了土司家的制茶人。因为苏吉土司说，既然阿木诺也说这茶跟美酒一样好喝，就证明这茶确实好喝。美酒不是倮倮人最爱的吗？

04

自从经过大毕摩哈比的法事，杨清远很快就不再是那个落魄潦倒的外乡人了。他让土司府的男女老少都爱上了他制的普洱茶。他还把绿茶打成粉末，加上茉莉花汁，拼命搅拌，做出一种淡绿色的膏状泡沫来，治好了三太太脸上的暗疮。然后他又选用条索肥长的茶叶，用稀奇古怪的办法把茶叶变成了兜着小卷儿的红茶圈，他用这个造型玲珑、色泽可爱的茶圈泡出金色的茶水，加上羊奶和蜂蜜，一下子就把大夫人收买了。

苏吉老爷很高兴。他有了更远一些的打算。

秋天到来的时候，他带上杨清远去看了他前辈祖先留下的另一个老茶园。他们骑上马，出了罗玛沼镇子大门，朝西南边的摩玛山走去。用了一个早上的时间，他们来到位于摩玛山半山腰的一片老茶园。那里一片荒芜，有二三十棵老茶树，上面爬满了螃蟹脚。

土司说：“摩玛山是罗玛沼的神山，用我们本地话说，就是黑森林的意思。这山是哀牢山的支系，山里猛兽很多，当然，那都是罗玛沼的宝藏。”

杨清远举头四顾，只望得见一片苍翠。群山连绵，无穷无尽。

土司又说：“礼社江在摩玛山的背后，那里没有路。如果有人想要不通过罗玛沼而进入摩玛山，那几乎是做梦的事。罗玛沼还有更多的山，每座山都有山神把守着，罗玛沼是这些山神手中端着的一只盘子，每年山神都给这只盘子里加入粮食和牛羊，让我们吃穿不愁。沿西部走，可以去百草岭。罗玛沼北边的小河流，最终都汇入金沙江了。”

杨清远点点头，他对土司的解说一知半解。

土司指着前面一片望不清边界的老茶园说：“这里山高路远，很久都没有人打理了。你有没有办法把它弄好一点？”

杨清远对土司说的山神和礼社江金沙江都没有兴趣，但这些老茶树让他如获至宝。他指着那些大树说：“老爷，土司府的茶坊现在已经理顺了，可以交给奴工们继续管。我就搬到这片老茶山来吧，用它们，我可以给你繁殖出一片赚大钱的茶园来。这是一个高山中的小盆地，终年云遮雾罩，不冷不热，种出的茶叶肯定是醇香无比，后劲十足，那可是平地上的茶叶比不了的。”

苏吉土司看看头顶郁郁葱葱的枝叶说：“好啊，你看，有喜鹊来做窝了。”

于是土司命人在老茶山脚下围了一个小院子，盖起三间木楞子房，让杨清远搬来住，让他打理这个废弃的茶园。后来，喜鹊不断地来做窝，好消息也不断地传来。不到三年，土司家的茶叶销路大开，卖到楚雄、武定、姚安、昆明去。几个大马帮成了他们固定的客户。扶摇直上的销量完全就是一只招财猫，让银子哗哗地流进了土司老爷的账本里。

制茶人杨清远像一个不知疲倦的魔法师，他把土司老爷家废弃的茶园变得生机勃勃之后，又做出了金瓜茶膏。土司老爷自打喝了茶膏，就再也离不掉了，他打算对茶膏和杨清远的依赖持续下去。

杨清远接管了老茶园不久，罗玛沼再次把好运气给了这个外地人。就在杨清远深得土司老爷的赏识之际，罗玛沼村民们一路跟风，他们都喜欢上了杨清远温和的性子和他所制的茶叶。每逢春茶上市，有条件的人家，都跑到摩玛山土司家的茶园来买茶叶，罗吉管家这几天都要亲自驻在茶山收账。而杨清远本人则成了土司府的上等奴仆，土司亲切地称他为“杨茶师”。土司家喝茶的习惯再也不是过去那种粗枝大叶的了，变成了和汉人一样精细和讲究。土司专门托人从昆明买回成套的紫砂茶具，一旦有什么贵客，土司都会把杨茶师叫来亲自泡茶待客，以显示土司家的高雅和不凡。

土司的三太太，自然也要爱上喝茶，因为喝茶可以显示她的高贵和与众不同。她是罗玛沼历史上第一位平民出身的土司太太，在此之前，历届土司娶的都是别个土司家的小姐。苏吉土司的大夫人，娘家就是大凉山一门土司，门宗虽不大，却已历经明清两朝。但苏吉土司是个不怎么遵守祖先法度的首领，他觉得凡事只要不伤天害理，就是可以做的。他在他的第二位夫人死后不久便看上了一个平民的女儿，于是就把她娶回家，他认为这不影响任何人的生活。

当然，如果有人受到了影响，那就是大夫人。

可那又怎么样？大夫人再不满意，她头上还有土司老爷压着呢。所以，三太太表面上虽然对大夫人恭顺，背地里却时时仗着土司的宠爱跟大夫人斗气。吃穿用度，她都要讲究奢华排场，以此减轻一些因自己的出身问题带来的不平。而像汉人那样喝茶对于罗玛沼来说，是一件雅事，尤其是由专门的茶师来泡茶，能显示主人家的尊贵。所以，三太太比大夫人还愿意亲近杨茶师。

这天早饭后，她儿时的好友青珍进府来看她，给她带来一些家里的时鲜水果。故友来访，正是她露富显贵的好时机。也很凑巧，杨清远头天来土司府茶坊教授奴工制茶技艺，今天还没回老茶山去。三太太赶紧差人去传杨清远前来侍候茶水。在闺蜜面前，她一定得表现出自己优越的地位和处境，那才能叫扬眉吐气。

三太太的闺蜜青珍是罗玛沼一个因为懂得医术和印染术而算得上小有名气的姑娘。她的父亲是罗玛沼有名的巫医，触类旁通，也精于印染。她家几代单传，技术高超，使良药或者配毒药，都是高手。青珍没有兄弟姐妹，父亲自小就传给她识草木行医术，到现在她也算得上仅次于父亲的高手了。她经常被土司家召到府里给贵族们看病配药、印染布料。她年纪与三太太相仿，两人从小一起长大，都是平民出身。以前两人一块儿上山放羊，是无话不说的。不过现在可不一样了。她面前的好友已经是这块土地上的半个主子，举手投足，穿着打扮，已经全是贵族的样式。尤其是三太太伸出雪白柔嫩的小手拉住青珍的时候，青珍为自己双手的粗糙干硬而显得很不自在。她不得不确信她的这位儿时好友已经变成了凤凰，不再是跟她一块儿放羊唱歌摘野果挖野菜的农家女了。

不自在说明了她们之间的差距，不是一步两步那么简单。三太太早已从中得到了小满足，她开心地拉着青珍坐到宽大的、铺着软软的丝绸垫子的太太椅上说："嘿，老爷又不在，我们别讲那些。"她说的"那些"，自然是指那些让青珍感到不自在的差距。

她热情地说："我让我们家的茶师来泡茶给你喝。那茶你肯定没喝过。"

现在她们又可以无话不说了。三太太一直搂着青珍的脖子，跟她讲一些女人的事，以表明她对青珍没有架子。

"我想生个儿子。你有药吗？"她问青珍。

青珍笑了："瞧你这水灵灵的气色，还需什么药？你只要省着点，让你家老爷也憋着点就好了。我爹说，密生女，疏生男。房事过密，就爱生姑娘咯。"

三太太咯咯地笑起来说："我倒想省着，可老爷却不爱上那病婆子的床。"

青珍说："那倒是，我看大夫人脸色总是黄恹恹的，她自从生了莫尼若，好像就没好过。"

杨清远这时进来了。他身穿青色长衫，外披一件灰白色马褂，黑布鞋干干净净。他面前的两个女人，一个花枝招展、富丽堂皇，一个粗布衣裳、俏脸含春。他低着头不敢看。

青珍大方地盯着茶师看，说："这就是你家的茶师？长得真好看。"

她以为杨清远听不懂，但杨清远听懂了。他的脸烧起来。

青珍觉察到了，也跟着脸红起来，忸怩起来。三太太看在眼里，哈哈笑着故意逗道："杨茶师今年贵庚啊？"

杨清远弓着身子答："小人三十三了。"

三太太又问："娶媳妇了吧？"

杨清远说："有一个，过世了。"

青珍愣了一下，不笑了。三太太也发觉自己说得太多，赶紧叫杨清远泡茶，跟青珍说别的去了。而青珍就不怎么听得进去了，她的眼睛一直跟着茶师转。

喝一杯茶都得有专门的人泡制，这就是贵族的生活啊。而且泡一杯茶也得如此精细迂回、百费周章，她真是大开眼界。

尤其令她瞩目的是泡茶的神秘男人。她目不转睛地看着那个被称为"茶师"的汉人，他那专注的眼神，修长干净的手指，提一把壶，捏一只杯，犹如清风拂柳，月下花开，竟然那么美。这种美是她在罗玛沼那些粗手大脚的倮倮男人身上从未感受过的。当"茶师"把盛着金红色茶汤的琉璃杯双手捧到她面前时，青珍立时羞红了脸，她还是第一次享受到男人为自己泡的茶呢！茶喝到嘴里，那种从未有过的醇厚香甜的滋味就把她整个儿地罩住了，甚至让她心醉神迷。

二人一直喝到下午，三太太才叫茶师走。青珍的心也就跟着他走了。她对三太太说："若是跟这个人做一家，天天都可以喝他的茶，那该多好？"青珍像喝醉了酒似的说。

三太太歪着头想了想，说："你想嫁给他？那你得跟着他变成奴隶，你的平民身份就不在了！这样也可以？你也不介意他有一个娃娃？"

青珍说："是不是奴隶，还不都是土司老爷地盘上吃饭的人。"

三太太一思量，觉得杨清远深得土司喜欢，他的待遇比一般平民还要好。她就好人做到底，让他们锦上添花，成全这桩婚事。这样一来，土司高兴，杨清远高兴，青珍高兴，自己在府里也有了青珍这样一个得力的帮衬，那多好。

三太太和杨清远的好运几乎同时到来——青珍走后的那晚，三太太和土司同房之后就怀孕了。她觉得这是青珍给她带来的福气，便缠着土司，一定要亲自去老茶山给青珍和杨清远做媒。杨清远当然同意，由土司夫人做媒，又娶了当地的姑娘，这块土地算是正式接纳他这个外乡人了。

他终于找到一块立足之地了。

05

杨清远和青珍成亲这天，他的家里来了二十多个客人，把他的木楞房差点挤塌了。他们都是青珍家的亲戚朋友，也有几个是平日里喜欢到杨清远这里聊天喝茶的当地平民，包括当初把他带到罗玛沼的那一老一少。杨清远身为奴仆，本来是不得请客的。但罗玛沼的习俗是不管办喜事还是丧事，路过的人也能进去讨口酒喝，而主人家都得酒肉招待。杨清远很穷，他没有什么酒肉。好在岳父家还宽裕，又是自由人身份，嫁女儿，自然还是有人凑热闹的。

杨清远受宠若惊，对岳父一家千恩万谢，青珍瞧在眼里，觉得此人憨厚耿直，越发喜欢了。

而土司家里，有一件更大的喜事：三太太要生了。

那天，土司府里非常热闹。接生婆忙得跑断了小腿，大祭司哈比也来跳神。无数丫头娃子跟着忙，烧水、熬药，给土司府的客厅披红戴彩，秉烛高照。厨子们杀鸡宰羊，在院子里搭起青棚，准备为即将诞生的小生命大宴宾客。而这喜气洋洋的时刻，土司府里有一个名叫沙红的女奴，正躲在柴棚里为腹中即将临盆的孩子做生死挣扎。没有一个亲人和帮手，连她男人也不在。那男人去了哪里？她无暇多想，想了也没有用，她干脆就忘记了他的模样。疼痛像一张席子，把她整个儿地裹起来了。疼痛把一切都冲淡了，尊严、伤感、记忆。快要痛死的时候，忽闻礼炮齐鸣，震天动地。土司少爷出世了。那女仆趁着这响动，也撕心裂肺地大叫了一声，然后一阵轻松，孩子从她的两腿间滑落了。是个瘦叽叽男婴，早产儿，不足月的。

土司少爷在出生之前名字就取好了——热雷阿鲁，是龙的意思。他生下就生龙活虎，瞪着一双星星一样的眼睛，把接生婆都给看哭了。接生婆说，她活了六十岁，第一次见过才出生就有这样明亮眼神的娃娃。

热雷阿鲁就这样被包裹在华丽、隆重、宠爱与温暖中开始了他的人生。而那个被生在柴棚里的婴儿又将如何呢？

他在黑暗中，闻着干草、羊水和血水混合起来的、属于母性特有的气味，发出猫叫似的哭声——他太瘦了，连哭的力气都没有。哭着哭着，嘴里流进一股温热的液体，那是让所有婴儿都会心安的源自母亲胸怀的液体。他就睡着了。而生他的那个女人，眼含激动又心碎的泪水，在孤独的黑夜里祈求上天给这个来路不明的孩子一条生路。第二天，有人发现了柴棚里的母子俩。母亲早已气绝，她保持着努力弯起身子做成一个环形的姿势，将新生儿稳稳地圈在中央。孩子嘴里含着母亲已经失去生命的乳头，凭借母亲环形的拥抱存储下来的热量，尚还活着。

仆人立即抱了孩子，前去向大夫人报告。

“这真是太糟了。我们竟不知道家里的女仆怀了孩子？那孩子的父亲是谁呢？未婚生育，在罗玛沼可是大罪呢，她即便不死，也得被流放啊。”大夫人说。她正歪在罗汉床上抽烟，如痴如醉的样子。

继而她吐出一口烟，柔若无骨似的说：“把他扔了吧。倮倮人可容不得这样的野种。”

抱着孩子的女仆轻轻说：“夫人，在孩子身上，死人留下了这个。”她递给夫人一只银手镯。

夫人接过来一看，眉头就皱起来了，脸色也很不好看。想了想，她说："我知道了。这孩子与阿鲁同一天出生，与阿鲁有缘分，就留下来给阿鲁当小奴吧。"

正巧这时土司老爷来了。他正喜得贵子，刚出生的阿鲁让他心情大好。他也看了看抱在女仆怀里的小婴儿，若有所思。他得知大夫人的安排之后，点了点头说："这样很好，夫人是菩萨心肠。"他当即给孩子取了一个名字，叫布勒。这个名字没什么意思，就像这孩子的人生在土司眼里一样，没什么意思。

大夫人微微笑着，表情讳莫如深。

就这样，热雷阿鲁和布勒虽然出生的场面如此的不同，简直就是天上与地下，但该开始的人生也就这样开始了。布勒由府里最年长的一个女仆抚养。这女仆在布勒四岁时死了，布勒就被安排到阿鲁房里，成为陪伴阿鲁的小奴。

三太太生了阿鲁一年半以后，青珍生了一个小姑娘。杨清远和青珍抱着小姑娘，前去找大毕摩哈比给女儿做出生洗礼。在罗玛沼，任何人家生了孩子，都要去请大毕摩哈比老爹，来做同样的仪式——哈比用锅烟灰在小孩的额头画上一个"王"字，说：祖先保佑，罗玛沼又添了一只小老虎——如果是女孩，他就加上一句：是个母老虎。接着他把赤身裸体的新生儿高举过头顶，嘴里含一口由桃枝、柳枝、艾叶、茱萸、无患子、葫芦、十香菜等十几种驱邪避秽之物熬制的水，"嗤"的一声喷在小孩的屁股上。小孩立马通体透香，冰肌玉骨，精神抖擞地哇哇大哭。哭得越响的孩子，命就越好。在小孩声势浩大的哭声中，哈比宣布这个孩子与罗玛沼万千生灵同享阳光，同为虎裔，同生共死。他总是再次强调说："罗玛沼是两千年前天神走过哀牢高原时留下的一把锁。"

这时总会有人笑问："那钥匙在哪？"

哈比老爹正儿八经地说："在神手里。罗玛沼有宝藏，只有天神才可以开启。罗玛沼的后生们，你们的任务是保卫罗玛沼的宝藏，这是你们的家园。"

这样的仪式，罗玛沼土司府的大少爷莫尼若见识过若干回了，他已经八岁，是个能骑着小马自由自在徜徉在自家领地上、接受属民们跪拜的少爷了。

但二少爷热雷阿鲁，还是第一次参加这种仪式。

他还很小。

一岁半的小男孩，被奶娘搂在一个熊皮褥子里，在春风微凉的正午，由土司府跑出来凑热闹。罗玛沼有一个专门举办各种仪式的场子，青石铺地，周围是巨大的核桃树和南天竺以及一些丛生的花草。这一季，桃花开得染红半边天，一阵微风，粉红的花瓣便雨一般飘下铺了满地。今天的仪式是为杨茶师家的新生儿准备的，又是一个得闲的季节，小镇里的村民有大半都聚在这里，等着看看这个汉人和傈傈女人生了一个什么样的孩子。

一岁半的男孩儿热雷阿鲁睁着黑漆漆的眼睛，看到那个新生儿被哈比在脑门上抹上锅烟灰，从襁褓里光溜溜地抱出来，举到众人面前“嗤”地喷上一口凉水，宣布说：“是个母老虎！”

小婴儿白白的小屁股蛋子立刻冻得发红。奇怪的是这女婴没有哭，她睁开眼睛，用令人震惊的冷静扫视着整个仪式场，最后把目光停在某处，打了一个响亮的喷嚏。

大家都哄笑起来，说，她看什么了？小娃娃看不到三步远。她能看见什么!

可人们马上就惊讶地发现小女孩的目光竟然是停在土司府的奶娘手里抱着的阿鲁少爷身上。阿鲁躺在熊皮褥子里，也呆呆地注视着那个光溜溜的小娃娃。

奶娘有些不好意思，掖了掖衣服，抱着阿鲁少爷走了。

这时哈比手中的小婴儿才“哇”的一声大哭起来。她竟然冲着阿鲁少爷哭，大家都觉得很惊奇。在罗玛沼的习俗里，新生儿冲着谁哭，就是那个人上辈子欠了他。

哈比挥挥手制止了大家的猜想，兴冲冲地给这个女婴取了一个名字：拉措。用傈傈人的话说，拉措就是美丽吉祥的意思。

06

六年后的某一天，园子里的火把梨结得满树沉甸甸的。苏吉土司吃了两个梨，酸得牙疼。但他对自己的两个儿子，却是感到有些头疼。

他召开了一次家庭会议，把自己的想法和担忧告诉了两位夫人。

他对大夫人说："长子莫尼若已经十四岁了，作为未来土司的继承人，在他五岁时我就让他跟着哈比学习傈傈人的历史、文字和艺术。现在他应该把心收回来，跟着我管理一下领地了。可是，他似乎对此不感兴趣。你作为他的生母，不要整天只认得抽烟睡觉，要管管他。"

他又转向三太太说："阿鲁虽不像莫尼若那样肩负重任，但他也不能像个野孩子一样，整天缠着鹿丫射箭。把他也送去给哈比吧，学学认字，学学唱歌，磨一磨他好动的脾气。"

两位夫人互相看看，不置可否。其实把她们召集在一起开会，土司是听不到任何真心话的。

不过土司也没打算听她们的意见。他也只是唠叨唠叨而已。其实这两个孩子在他看来都很不错。他们聪颖强壮，都一样的敬重自己的父亲。教导这两个孩子，他是很有自信的。所以夫人们不发表意见，正是土司想要的结果。

杨清远家的小女儿拉措，倒真没辜负哈比给她取的这个名字，长成了一个小美人。

当然，美不美，不是自己说了算，要大家认同才算的。拉措第一次随杨清远来镇上，是六岁多一点的时候。清明前，杨清远骑了马，把拉措抱上来坐在自己胸前，带着两匹骡子，给土司府送去第一批春茶。从茶园到土司官寨的一路上，杨清远听到的都是路人对拉措的赞美，听得他心里美滋滋的。

虽然罗玛沼人喜欢用赞美来表达自己对对方的敬意，有时只是客套。但到了土司府，就连罗吉管家那样稳重老练的人也一见拉措就瞪着眼睛直呼他看见了小仙女。杨清远就想，看来女儿确实漂亮。他瞧着拉措的小脸蛋，越瞧心里越爱——她那晶莹剔透的可人劲儿，好像一个手艺顶级高明的大师用白玉雕出来的小人儿啊！

杨清远被管家带去料理春茶，拉措就一个人在土司府的大院子里转悠。她走到一片盛开的牡丹花前，去捉那些飞舞的黄蝴蝶，又拔了一把青草，去喂正在院子里散步的两只小麂子。这院子真大。除了漂亮的花草和小麂子，还养着三只绿孔雀，四只鹦鹉，许多只画眉，还有一只对这一切都视而不见的大白猫。猫只是看了拉措一眼，就一跃跳进了高高的菖蒲丛中。等它再跳出来时，它嘴里叼着一只麻雀。

拉措惊呆了。她朝那丛菖蒲走去，经过了一片潮湿的铁线草，菖蒲丛就在眼前。忽然听到背后有个人说："哎，那里是水池。"拉措一回头，"扑通"一声就掉进水里去了。

刚才说话的是阿鲁少爷。他比拉措大一岁半，那年他七岁半。他把拉措从池子里拉上来，非常好奇地问这个落汤鸡似的小姑娘叫什么名字，拉措说："我叫拉措。"说完她就哇哇大哭，冷得脸上青一阵紫一阵。阿鲁就把自己的羊皮上衣脱下来给她穿了，又跑去厨房拿来两个热乎乎的水煮鸡蛋，才把小姑娘哄歇了。

拉措捧着鸡蛋破涕为笑，阿鲁也笑了，说："你真笨，不知道那是个水池么？"

拉措说："我看猫跳进去又跳出来了，它也没掉进去。"

阿鲁哈哈笑起来，两个人便坐在池子边的石头上晒太阳吃鸡蛋。阿鲁不吃蛋黄，把两个蛋黄都给了拉措。拉措说："那你吃我的蛋白吧。"她说着就把手里的蛋白喂在阿鲁嘴里。

水汽像雾一样在明媚暖和的太阳底下从拉措的湿衣服上蒸发出来，阿鲁说："哇！拉措，你要成仙了，你起雾了！"他用手去抓那些水雾，把拉措逗得哈哈笑。

阿鲁觉得，小姑娘拉措长得就像小仙女一样漂亮。他问拉措什么时候还来土司府？他说到时就带她去打野兔。

可小仙女拉措从土司家回去后，就再也没有来过镇上了，也就没有再见到阿鲁少爷。因为到了第二年夏天，杨清远就开始把她带到茶园，和大儿子世雄一起学习做茶园里的农活。茶园在摩玛山半山腰，拉措家则住在山脚。从此拉措每天都跟着父亲和哥哥往返于那条连接茶山和家的山道上，她的红衣服和猫头小帽成了这条小道上的亮丽风景，这道风景在寒来暑往中从无间断。时光在不知不觉间，慢慢地将她的红衣服变成了少女的青色麻布衣和绣花围腰，猫头小帽变成一头乌黑柔亮的长发。

拉措很喜欢跟父亲和哥哥去茶山。她自小跟着父亲喝茶，对这种兼备苦涩、清香、甘甜、醇和几种滋味的饮料有着天生的接受能力，并且自然地依赖上了它。拉措的主要工作是采茶。杨清远教她采茶的手法和技巧，工序与顺序。哪些先采，哪些要留下来，什么时辰采什么样的茶叶。杨清远让拉措把娇嫩的春尖初展叶放在胸前的小麻布兜里，日出前采摘，月光下晾干，做成最美味、最上品的春尖茶饼，名为"月影"，送去给土司府。这样的茶产量极低，但却是土司的大爱。每次得到这种茶，他都要给杨清远一些赏赐，他希望他的赏赐能促使杨清远多做一些这样的茶出来。但这茶的金贵之处就在于产量很低，杨清远也无能为力。他把土司赏赐的东西带回来，如果是银子，就交给青珍，如果是糖果或者新鲜玩意儿，就分给世雄和拉措。杨清远也会留下少量一点儿这样的茶给拉措喝。拉措对土司家的糖果和小玩意儿都不在意，她最喜欢喝父亲为她专门留下的“月影”。一家人坐在火塘边，喝着只有贵族才能喝上的好茶，这时拉措就让父亲从他的箱子底翻出那本汉语书来，缠着父亲教她读。那是一本《三字经》，残缺的，有了水印，掉了几页。拉措要求父亲用汉语读这本书，又用倮倮话解释给母亲听。她跟着父亲念，双手托着腮帮子，看看父亲又看看母亲，调皮地在旁边嬉闹，纠正母亲的发音。这时她眼睛像星星一样明亮，心里开出一朵又一朵幸福而芳香的花。

世雄倒不怎么喜欢读书听故事。这种时候他就像个大人一样，默默地坐在角落里削他的木箭。他挺喜欢妹妹的。可妹妹太娇宠，把父母的大部分心思都分走了。十八岁的大男孩世雄多数时候是孤独的。青珍对他也挺好，但总归不是亲妈，有些隔着。比如他看着青珍紧紧抱着拉措亲，母女俩又笑又闹的。吃东西也会你咬一嘴我咬一嘴。这种事，世雄自小就没有尝试过。他不知道母亲的怀抱是什么味道，被母亲抱着会是什么感觉。看见天上孤单的老鹰，夜晚来家门口借宿的小动物，他会没来由地心里发酸。有时候他气冲冲地对拉措说：“当心我打你！”但事实上，他连骂都舍不得骂这个小妹妹。他总是把父母给自己的好东西留给拉措。不过拉措也常常会有一份比他更好的东西。他会感到有些受挫。不过拉措总是很讨好地立刻就把自己的东西分一半给他。这时拉措总会牵着他的手，或者坐在他的马背上，大声地唱起歌来。一切的不快都烟消云散了。拉措总是跟他同骑一匹马，坐在他的身后搂着他的腰，开心地发出清脆的笑声。她的笑声像山泉水一样叫人心里润润的。他答应拉措，等她满十岁，就教她骑马。他还答应她，要一辈子保护她。

拉措对“保护”二字还没有概念。但她爱着哥哥，像爱着父母一样。她回答世雄说：“我也要一辈子保护你，还有阿爹阿妈。”

世雄有些无可奈何，但心里充满了甜蜜。

现在拉措已经十三岁了，长成了一个美丽的少女。这美丽的女孩儿现在已经学会了骑马，不再天天缠着哥哥世雄了。她找到了一件比骑马和采茶都有趣的事，就是跟着母亲青珍进山采草药。

罗玛沼的村民对大山都很敬畏，除了猎人，女性进山放羊或找火草都是成群结队的，绝少单独行动。他们给这座大山取名“摩玛”，是黑森林的意思，“黑”是有神性的颜色，代表权威、地位和庄严。这说明摩玛山不仅藏着猛兽，还藏着权威。它是深邃、神圣而冷酷的。然而对拉措来说，这令人畏惧的大山完全就是一个乐园。无论何时何地，她一进山就变得无比鲜活，立刻就与山水融为一体。她对山上的一草一木都报以微笑，在山上奔走、攀爬，如履平地。青珍教她识别的草药，她几乎过目不忘，能一眼就看见青珍看不见的、藏在土层里或落叶下的草药。她轻轻行走在森林里，落地无声，皮肤里散发着植物和花卉的味道，就像她本身就是这山的一部分。小鸟和蝴蝶总是落在她的头上或肩膀上，山里的小动物在她面前跑跳自如，就像信赖一株植物那样信赖她。她就像拥有某种自然的魔力。

这让青珍感到非常震惊和费解。另外，拉措长大了，她美丽无比，就像一朵芳香的花吸引着蜜蜂，近期来她家里转悠的小伙子多起来了。当娘的自然有些不安。这天晚上青珍偷偷在被窝里跟杨清远说：“我觉得拉措一到山上就变得不像我的女儿了。”

杨清远说：“有时我也会犯迷糊。青珍啊，拉措到底是不是我们生的？我们能生得出这样好看的女儿么？”

青珍听了，又自豪地说：“不是我生的，难道是山精狐妖生的？我十月怀胎，这能错得了吗？”

这当然错不了。拉措的出世和成长，他俩都认为是家里最重要的事。

青珍想说出另外一件让她感到不安的事。她开始弯弯绕绕地表达起她的不安来。

她说：“虽然跟你成亲后我的身份变成了奴隶，但因为有了拉措和世雄，我觉得我过得比过去还好。”

杨清远在即将睡着时点点头。

她说的是真话。这几年杨清远在土司家的地位不断上升，土司不仅允许他自行处理一些剩余的茶叶，还经常给他一些赏赐。处理掉的茶叶，就变成了青珍箱子里的碎银子。土司的赏赐也慢慢为这个奴隶家庭积累了一点点财富。另外，因青珍懂医术，也常有村民来找她看病，讨点草药和染料。看病的人来到她家，先喝茶聊天拉家常，才看病拿药，为家里带来了热闹温暖的气氛。

青珍继续说："我们家虽地处偏远，却一点儿也不寂寞，有时还很热闹呢！"她的语气很甜蜜。杨清远快要睡着了。但他还是回答了她一句："没错，我已经心满意足了。"

青珍说："这样的生活很舒坦，很安心，很让人喜欢。我们罗玛沼人天性好客，客人多就是证明主人家过得好，有面子。你知道吗？"

杨清远只好又醒过来继续听。青珍说："可是现在我对有些客人很生气。"

杨清远这时已经没有睡意了。他说："这有什么不好的？"

其实，青珍的不安不仅是她觉得拉措"一到山上就不像她的女儿了"，还因为拉措长得越来越美。青珍的担忧是有道理的。因为连她自己，也开始私下里常常为女儿的美貌感到惊叹。拉措吸收了父母身上最美的地方。青珍的眼睛长得最好看，拉措就长了一双漂亮的大眼睛。杨清远有着江南人白皙细腻的皮肤，拉措的皮肤就像牛奶一样洁白无瑕。青珍的头发乌黑丰润，拉措更拥有一头光泽照人的长发。杨清远身材修长，拉措苗条轻盈。青珍丰满结实，拉措凹凸有致。她完全无可挑剔，就像神仙造出来的一样。

而拉措要么帮父亲晾茶叶，要么帮母亲捡草药，每天都忙得不亦乐乎。她从没认真地照过镜子，听人家称赞她，她一副不开窍的样子。她的头发随意披在肩上，身上穿着毫不起眼的青灰色麻布衣裳，脚上穿着青珍给她做的麻线鞋子，露着雪白的脚指头。冷了就把杨清远的羊皮褂子穿在身上，走路呼啦啦地扇起一股风，她为此哈哈大笑。

可拉措的不开窍，一点也没影响别人的开窍。青珍终于说到正题上来了，她说："家里的客人越来越多了。可有些客人根本不是来买茶，也不是来看病，他们是来看拉措的！”

她说这话的时候，还很气愤的样子。因为那些声称来买茶叶或看病的人，拿了茶叶和药却坐着不走，东拉西扯的。有些干脆就在她家里吃个饭才离开。这些大多是些年轻小伙。可是就在前几天，这群人里多出了两个村里的老鳏夫，青珍就非常不高兴了。她早已看出这些人的来意，他们从进门起，眼睛就变成了拉措的影子。如果拉措不在家，他们就神不守舍。

青珍说："我不知道拉措长这么美，到底是福还是祸？”

杨清远差点被青珍这种绕弯子的说话方式搞晕了。但他终于听懂了青珍的意思，而且，他自己也有了同感。他忧虑地说，他觉得保护这个丫头比看护茶园更重要了。

这回青珍郑重地说出了她最终的想法："从明天起，我就去采火草，我要为拉措制作赛衣会的衣服了。明年的赛衣会就让她去参加，但愿她能相上一个富贵人家。”

杨清远说："让她自己去相？做父母的不能为她做主么？”

青珍说："我们能做什么主？我们认得的人，有哪家的儿子配得上拉措的。除了土司老爷家的两位少爷！可那又是我们攀得上的么？”

杨清远叹了口气说："看她的造化吧。”

青珍忽然又说："你得给拉措建一间姑娘房了。”

姑娘房是生了女儿的人家专门为长大成人的女儿所建的小屋，离父母的住所稍远一点，意思是让姑娘谈恋爱有个地方。小伙子看见姑娘房，就知道这家的女儿待嫁，可以前来对歌相亲。杨清远听了，转过头望着窗外白白的月光。女儿真的已经长大了。而自己也已经老了，江南水乡的乌篷小船，清香淡雅的龙井，早已变成了一个淡淡的水墨印迹。家乡亲人的坟，怕早已被战马踏平了吧！

07

立秋之前，青珍和拉措从山上带回来的草药和火草已经堆满了半个屋子。青珍宣布今年不再进山了，她说接下来就是把火草绒捋下来，掺在苎麻里纺线织布，然后给拉措缝制绣衣。她还对拉措说：“从明天起，你就在家跟我学纺线织布和印染绣花，茶山的事就让你阿爹和哥哥去做。”

拉措嘟起小嘴，一脸失落。青珍拍她一巴掌：“你是个姑娘家，这些活是必须学的，又不是野猫子，天天都想往山上跑！”

织火草麻布是一项非常繁杂的工程，如果认真做起来，是相当耗费精力的。青珍平常织的布，是不用那么多工序的，那都是些很粗放的纺织品，因为她用来织布的时间，只能占日常劳动的四分之一，否则他们一家就要乱套。这次，她摆开了架势，郑重宣布她要把这套纺织术的七十四道工序全部传授给拉措。拉措一听，说：“阿妈，我听得头皮都发麻了。”

青珍说，我听你爹说过一句汉人的话，叫“吃得苦中苦，方为人上人”。

这是你的第一套绣衣，想要在赛衣会上成为最美的姑娘，这身衣服可不能随便做！

拉措说："最美的姑娘能干吗呢？"

青珍张了张嘴，却不知从何解释。这事复杂了。罗玛沼的女孩十四岁算是成年了。这个年纪的女孩要穿上成年女性的绣花衣裳和裙子，戴上公鸡帽，或者戴上装有银饰的头帕，不能再像拉措这样披头散发的。这时候的女孩，长得再难看，也会被打扮得像马缨花一样漂亮。年满十四的姑娘方可参加一年一度赛衣会的选美，展示自已的才华和美貌。赛衣会也是相亲大会，四方各地的男子都来参加，邻寨的贵族们也会来。在这里，姑娘就是等待他们任意挑选的鲜花——当然，前提是姑娘也愿意被你挑选。而被选出的最美的女孩，常常都会被某个贵族甚至土司相中，有可能一下子就成为人中之凤。

所以赛衣会对每个到了这个年纪的女孩都意义深重。

拉措抱着一捆苎麻一脸不满地说："我明白了，赛衣会就是催促女儿离开家的会，这会我并不想参加。"

青珍大吃一惊。但她不得不承认拉措说到了正点上，她望着那一堆火草，忽然很失落：我这是在干吗？要迫不及待把心爱的女儿嫁出去吗？

不过，该做的还是要做。花总要开的，果子总要成熟的。青珍叹了口气说："我也不想你早早地离开阿妈，但是，如果在赛衣会上成为最美的姑娘，你就有可能变成凤凰，飞上天了。"

青珍说的用七十四道工序织出的布，是祖先们留给罗玛沼人最完整的纺织技术，大毕摩哈比说过，这种纺织法已有一千三百多年历史了。严格按此法织出的，是最上乘的衣料。柔软服帖，越穿越软，越洗越白，若染以颜色，则越洗越艳。且冬暖夏凉不生虫，专供贵族使用。当然啦，现在贵族们更喜欢穿绸缎，因为它顺滑艳丽，花色繁多，穿在身上闪闪发光，滑得苍蝇都站不住脚，看上去风流倜傥。专门有马帮每年为他们带来苏杭一带的丝绸，也有印度进来的纱料，那是平民们绝对不敢想的。平民们用的布料，麻的成分多，火草的成分少，颜色是灰黄的，比较粗硬。因为捋火草费工费时，穷人家是没有足够的闲工夫去弄的。所以这个纺织术传到青珍这一代人的手里，有些工序在民间就被减去了，也或许当初并没有那多工序，是后来的人自己加进去的，总之现在罗玛沼的女人织布，除非她自己愿意，否则很少有人百分百照着老祖先的办法来做了。但罗玛沼的女人也没有谁敢厌倦它，因为除了土司夫人，所有的女人都得亲手织出全家人的衣料。长老和毕摩都教诲部族女性：祖先留下的智慧与知识，任何人不得篡改与抹黑。

拉措一边听青珍讲述火草麻布的历史，一边用手指尖小心地将火草背面的一层火绒撕下来，细细地捻，一片接着一片，慢慢捻成一条细线。被捋下白绒的火草叶子就堆在脚边，越堆越多。它们会被晒干，变成小羊羔过冬时最舒服的窝垫。青珍看着拉措沉思的样子，以为她在想象几个月后的赛衣会，其实她当时正在聆听屋檐下一窝小鸟破壳而出的声音。

当火草与苎麻交织在一块儿日渐变成了纺车里一米又一米的布料后，青珍带着拉措最后进了一次山，这次她们采来蓝靛、薯莨、首草、苏木、杨梅和栀子，她们还在摩玛山的一处向阳坡地里，发现了一片仙人掌。她们在那里找到了相当稀有的胭脂虫。拉措的双手沾满了它们神奇的红色，像流了血一样。这些都是名贵的天然染色原料，尤其是胭脂虫，青珍说她在罗玛沼总共也只见过两次。上一次是在土司家，土司老爷告诉她，那些红色染料来自墨西哥的胭脂虫。墨西哥在哪里，青珍并不知道，但她被胭脂虫鲜血般的红色惊呆了，那就是倮倮人最爱的红，最神圣的红，像火，像血，迷住你的眼睛，燃烧你的心。青珍用它们为土司家染了一批正红色的布料，晾在大院里，像天边的红霞落了下来。后来土司在迎娶三太太阿月秀时，非常大方地把这批布料用去了一半，害得青珍好心疼。

青珍把这事讲给拉措听，拉措眼睛一眨一眨地，说：“阿妈，你要是能养这种虫多好，就可以染好多红色布料了。”

青珍说：“养不了，这虫是天赐的。罗玛沼从来都没有出现过，这次肯定是上天为了你的赛衣会而赐给你的，它们从墨西哥跑到这儿来了。”

茶场里的碎茶叶和陈茶也成了青珍的染色原料。它们和其他原料一起，分别被切碎后放在罐子里发酵。这些东西让拉措兴奋得像只小鸟一样，因为它们即将让她的新衣焕发五彩缤纷的光芒。

赛衣会仿佛越走越近了。拉措想，我不去想起它，好像也不行了。

到了冬天，来拉措家看病买茶的人终于减少了。一来因为天气太冷，拉措家住得又太远。二来买茶的季节已经过了。杨清远终于有时间来为拉措盖一间姑娘房了。他到土司府请求土司老爷准许为自己的女儿盖一间姑娘房。

土司这才知道，杨清远家的小姑娘已经长大成人了。他非常愉快地准许杨清远到摩玛山选取建房的任何材料。他说，虽说罗玛沼的木材和石块都是属于土司家的，但领地里有一个姑娘长大成人了，这是整个罗玛沼的喜事。他还慷慨地赏了一点银子给杨清远，让他到镇上买一些建房用的东西，比如牛皮胶、木钉子、窗纱等等。

杨清远从土司府出来时，在大门口遇着了土司家的两位少爷，莫尼若和阿鲁。他们身后跟着一群丫头和仆人，说说笑笑。

莫尼若已经二十二岁了，阿鲁已经十五岁。他们现在是罗玛沼最灿烂的星星，其中一个将是罗玛沼未来的王。杨清远赶紧低下头，弓着身子侧到一边，给两位少爷让路。他们这样的奴隶，是不可以正视主子的。两位少年谈笑着从他身边走过，留下一阵阳光般温暖明净的香气。

按规矩，姑娘房离父母的住房至少应该有足够的距离，让姑娘小伙恋爱的歌声不至于骚扰到家里人。但拉措家特殊，摩玛山的密林就在她家小院子三米开外的地方，天一黑，伸手不见五指，只有来自幽暗森林的诡异和莫测。这种环境，能让拉措一个人住在院子外面吗？

拉措并不惧怕黑森林，但她也不想一个人搬出去住。她紧紧依偎在青珍的身边说："要盖，就盖在阿妈阿爹的房间旁边，还最好留一道门，方便我溜进来。"

青珍笑着说："傻瓜，等你有了意中人，你就后悔和爹妈离那么近了。"

拉措说："我的意中人还没有出生呢。"

杨清远忽然说："我今天见着土司少爷了，兄弟两个，长得真像画中人一样漂亮。很久不见，他们都长大了。”

拉措说：“土司少爷，他给我吃过鸡蛋，很久很久以前。”

杨清远说：“土司少爷有两位，大少爷叫莫尼若，二少爷叫阿鲁。不晓得你吃的是哪个的鸡蛋。”

拉措咯咯地笑起来说：“我也不知道他叫什么。”

最后，杨清远在紧邻自家住房的向阳一面，盖了一间严密的小木屋，样子有点像傣家的吊脚楼。他说这样可以防湿气。建房的大多数木料是杨清远和世雄到摩玛山砍来的云南松和水冬瓜树，杨清远还在门上加了一把锁。

可是这房子建好后，拉措一次也没有去住过，她在里面关了两只受伤的麂子，是世雄带回来的，拉措打算等它们伤养好了，就送回山里。她还是一如既往地喜欢在家里研究那些植物和草药，翻弄那些茶叶罐。她时常怀抱着小羊羔或小兔崽，穿着她的麻布衣裳，露着脚指头走来走去，嘴里唱着青珍教她的歌，歌词都是她自己编的，想到什么就唱什么，看见什么她就唱什么，无忧无虑，混沌不开。

08

罗玛沼有许多节日。从正月十五赶会开始，一年中的各种节日就陆续地来了。赛衣会被罗玛沼的祖先们安排在山花烂漫的三月二十八日，这时还未到农忙季，年轻人们都有时间参加，漫山遍野的马缨花和杜鹃花也正好凑上趣。

可对于拉措家来说，这几天却是采明前春茶的时候。为了能在赛衣会时养出一双白嫩的小手，青珍不想让拉措上山采茶。但拉措却趁青珍还没睡醒就一个人上山了。这时星星还在头顶闪烁，出来觅食的獾和狐狸还没有回到森林里。拉措身上带了些吃的，路上碰到这些小动物，就丢些给它们。狐狸喜欢吃肉，也吃果子。獾没狐狸挑食，拉措的干果和红薯或者萝卜干它们都爱吃。拉措带着家里的黑狗，牵着马——她会步行一阵，等走热了，不冷了，才骑上马。

她到达茶山时，太阳刚刚跃出山顶。而茶山还被淹没在一片蒙蒙的晨雾之间。惊蛰的雷声叫醒了冬眠的虫子，催发了茶树的嫩叶。气温日渐升高，山里的湿气又不曾散去，变成了袅袅薄雾在森林里东游西荡，滋润着草木和泥土。

茶树散发出温暖清甜的香味，将薄雾变得像黏稠的蜂蜜一样在茶园缱绻不散。

等杨清远和世雄来到茶山时，他们看见拉措正在这片浅绿色的薄雾里穿行。她的头发上沾满了汗水，脸蛋也红扑扑的，脚上全是泥和露水。杨清远便心疼拉措，责怪她不应该独自上山，应该听阿妈的话好好在家休养，因为离赛衣会只有四五天时间了。拉措笑着说："这可是珍贵的明前春茶，我怎么舍得放弃一年采一次的机会？"

明前茶全都得用手工采摘，才能保住它的完整和甘甜。杨清远家就那么四个人，以往全部上阵，才能赶在清明前采完。拉措说喜欢采茶，其实是懂得体恤父亲。杨清远心中很安慰，又有些难过。女儿貌美如花，可长到十四岁总共就去过镇子上三次，到了现在，她的朋友只有哥哥世雄和家里那几只羊。跟她一个年纪的姑娘，早就晓得三五成群，跳脚对歌，找对象谈恋爱了。虽然这两年不断有小伙子借口买茶抓药来家里看拉措，但拉措要么在茶山，要么在更深的山林里，他们来十次可能也只见得着拉措一次。就算她在家里，这些小伙子却没有一个敢主动跟她讲一句话。他们除了脸红脖子粗地偷看她，就只会喝醉了酒一样犯迷糊。

其实杨清远觉得拉措在这样的状态之下去参加赛衣会，效果不一定好。他想到一个词：经验。

拉措对男孩没有经验，她连与女孩交往也没有什么经验。

杨清远不由得叹了一口气。他说："待会儿你就下山，在家煮饭，换你妈上来吧，她一再交代要你回去试新衣服。"

拉措没有说话，背着茶筐子往高处去了。

橘红色的阳光已经照亮了山背后的天空，估计用不了多少时间，就会晒到茶园了。杨清远帮助世雄将采好的茶叶抬上马背，心中不免有些焦虑。他们已经采完了四筐茶叶，由世雄用两匹马运下山去，虽然天才麻麻亮他们就开工了，但这进度依然不够快。

拉措吃力地背着箩筐，走过一丘丘的田埂，来到正在给马背驮上茶筐的哥哥世雄面前。

“拉措！拉措！”世雄招手唤她，“坐下来喝点水。”

“我不渴。”拉措说。拉措虽然长得娇美，却不是个娇气的姑娘。这得益于青珍自小对她的调养。穷人家吃不起肉，青珍就把家里的素食搞得花样繁多，内容丰富。地里种的蔬菜瓜果，山上长的鲜花野菜，水里生的水草藤根，树上结的蜂蜜花粉，还有深山里采来的菌子、石斛、灵芝，都是青珍做给家人的盘中餐。加上天天田间地头的劳作，自然成就她一身与众不同的清爽气质。她身姿婀娜却体魄强健，在这个十三四岁的年纪里，正如一只朝气蓬勃的小鹿，有用不完的精力。

世雄牵着马下山了。他背后的山上传来拉措的歌声。那带着童音的清越的声线，犹如碧蓝的天空里飘下的雪花，干净、轻柔，带着彻骨的清灵。听她胡唱些什么？世雄面带微笑地停住了马，驻足倾听。只听她先唱：

红色的泥巴，茶树下的泥巴，泥巴像蚂蟥，叮在脚上甩不脱。

又唱：

嫩嫩茶叶长白毫，小白兔肚子软软长绒毛。风吹着茶叶啊，想起了我的小白兔。

接着她又唱：

春天是绿的，茶叶是绿的，采茶姑娘的手指也变绿了，那是春天的血啊，绿色的血。

世雄听呆了。妹妹跟谁学会唱的这些歌？他仔细一听，调子就是两三曲，是青珍教的。但歌词却是拉措自己即兴编出来的。她就是把自己生活和劳作时的各种经验编成调子唱着玩。这会儿她又唱：

是花儿都要开放，那是山茶花，那是马缨花，那是野姜花，那是百合花。山神也挡不住啊，是花儿就要开放。

她想到什么，就唱什么。过一会儿，她的歌词变成了昨晚做的一个梦，她说梦见山神的儿子给了她一颗星星。

歌声如此美妙，它们乘着暖暖的阳光，长了脚一样行走在田野和树梢之上。几只正在梳洗羽毛的鸟儿，也停止了动作，偏着头发呆，像是在听拉措唱歌呢。世雄微笑着自语："呵，这丫头是喝了哪股水，声音这样好听？要成精了。"

茶山上，杨清远可顾不上听拉措唱歌，他喘着气追上拉措，递给她一只葫芦水壶，让她喝点水，说："别唱了，采完这筐，赶紧回家去。"

拉措喝了一口，抹了抹嘴，眯起眼睛调皮地笑着说："阿爹，现在只有我们俩了，讲汉话吧？"

杨清远愣了一下，说："鬼精灵！"

一讲起汉话，杨清远就舍不得拉措走了。讲了不过瘾，拉措又兴冲冲拉着父亲找了一个空地坐下来，拿树枝在地上学习写汉字。

拉措已经会写五十多个汉字了。她忽然问杨清远："许久不讲汉话，会不会嘴笨了？"

杨清远说："嘴倒不笨，不过汉话能让我想起家乡。"

其实每次用汉话跟女儿讲话，杨清远心里就会涌起甜蜜而酸楚的情绪，这让他想起自己江南的父母和家乡，也让他想起普洱已故的妻子。作为一个汉人，杨清远对自己的母语怀着深切的感情，即便他已经做好了这辈子终老这个蛮夷部落的打算。

所以，他越发珍惜这个喜欢跟他学汉语的小女儿。而儿子世雄，因为本身性格就是不爱说话的，所以无论是汉话，还是倮倮话，他都很少说。甚至由于他很少说话，杨清远和青珍有时会忽略了他。

杨清远说："拉措，你大概是这个地方第一个会讲汉话、会写汉字的女孩子。不过不要在人前显露，得藏着点。”

拉措点点头，说：“女子无才便是德。”

这是她最近跟杨清远学会的一句汉人的“处世名言”。她并不理解这句话的意思，只是觉得这话说起来挺顺口。

“汉话讲起来就是这么好听！”拉措今天又学会了几个汉字，包括写自己的名字，还有这个名字被翻译成的汉语“美丽吉祥”四个字。她横过来竖过去写了二十几遍“美丽吉祥”，满足地笑了，说：“哈比老爹给我取这个名字真好。”

杨清远说：“当然好，对于一个女孩来说，还有什么比这个更好的呢？”

他说完拍一拍拉措的肩膀，打开竹篓拿出青珍早上烤好的玉米和荞饼说：“你赶紧吃，吃了就下山去，省得你妈又唠叨一天了。回去试试你的新衣服，那才真是美丽吉祥了。”

09

离赛衣会还有四天时，杨清远去土司府送茶叶，一去两天。他回到家的时候，已经日落西山了。他一进门，拉措就忙去帮父亲拴马，又端来热水给他洗脸。杨清远一边洗脸一边叹着气说：“今天发生了一件事，我想我是不是闯了大祸了？”

青珍一听紧张起来，赶紧问他发生了什么事。

杨清远接着讲了今天下午在土司府发生的一件事。

去年，有个姓王的汉官从楚雄县府来罗玛沼摊派政府粮饷杂税，说中央政府北伐征战，各地都在增加军饷。轮在地方上，就得增加徭役赋税，以支持地方军政府的庞大开支。土司府按照以前的惯例款待了这位汉官，走的时候这位汉官的马车上装满了土司送的美酒、火腿和茶叶。土司老爷这么做，为的就是让汉官把摊派的杂税和徭役减少一些，此举也是为了罗玛沼的老百姓好。罗玛沼实际上算不上最富裕的镇子，相比姚安和武定，罗玛沼地盘小，人口不多，苏吉老爷也没有高土司和那氏家族的雄厚势力。所以苏吉土司总是想尽办法推掉一些杂捐杂税，有时候实在没办法，也会从土司府的银库里拿出一些银两来补充。这位姓王的汉官就当着土司的面，把摊派的数字改了，说已经减少了许多。土司便在文书上盖了大印，一式两份，汉官拿着一份回去交差了，等到今年交赋税的时候，就依文书的字据数量为准。杨清远去土司府交茶叶时，正好土司把这份文书拿出来，说是再过两日就是交赋税的日子，让管家准备好年初缴上来的粮食和银元，带上文书，前去楚雄县府交差。杨清远懂汉语，识汉字，就多管闲事，关心了一下这件事。土司便让杨清远看看这张文书上到底写的是什么，是不是当初说好的那个数。杨清远一看，文书上改的数字不是比原来定的少，而是改多了。土司老爷一听，跳得八丈高，打翻了两只新买来的景德镇青花瓷瓶，带了上百号家兵，直奔楚雄而去，说是要把那姓王的汉官和刘知事捉来，问他们的罪，吃他们的猪肝生。

青珍听完脸都绿了，说："土司老爷真的去捉他们了吗？你知道吃猪肝生是什么意思吗？那是要杀人了！倮倮人杀了猪，要吃新鲜的猪肝，喝猪的心包血，土司说要吃谁的猪肝生，就是要杀他了。"

杨清远大惊失色，急得在屋子里转来转去，说："我是闯祸了吗？"

拉措和世雄互相看了一眼，世雄说："阿爹，怎么是你闯的祸？这事跟你没有关系，是汉官欺骗了土司老爷。"

拉措说："刘知事是楚雄的大官，苏吉老爷是罗玛沼的大官，两个大官一见面，他们一定能找到解决的办法。这事不管阿爹你有没有说破都有文书做证，你怕什么？"

两个孩子的冷静倒让杨清远和青珍都为自己的慌乱感到有些不好意思。

杨清远把世雄和拉措都拉过来，一手一个，激动地说："好孩子，好孩子。"

他也不知道自己想表达什么。

苏吉土司真的把刘知事——那时不叫知事，已改称县长——掳来了。可惜的是那姓王的汉官已经离开了楚雄，没抓到他。刘县长其实是被土司打了个措手不及，他正准备睡午觉呢，卫兵来报苏吉土司来访，他还笑眯眯地迎出去。苏吉土司有备而来，为了不引来县衙卫兵，他是一个人进来的，身边也没跟着家兵。但鹿丫带着一百多号人，早已将县衙围了起来。所有的人都没防着他是来抓刘县长的。土司一进门，二话不说就把刘县长掀翻在地，双手一剪，一把弯刀就架在县长大人脖子上。刘县长身材瘦小，养尊处优，以苏吉土司的彪悍，要抓他易如反掌，何况刘县长半点儿准备都没有。刘县长大叫：“苏吉老爷，你这是所为何事呀？”

苏吉土司说：“请你去罗玛沼吃猪肝生。”

县衙里此时只有五六个当值的卫兵，听见响动，就跑来看看究竟。土司冷笑说：“你们敢动，老子一刀就宰了他！门外全都是我的人马，你们给老子想清楚啦。”

这时土司府亲兵总管鹿丫带领一帮倮倮兵在外面打呼哨，起哄，卫兵一看，敌众我寡，虽然有三五支枪，却怎么敌得过对方百多匹战马大刀。于是都端着枪不敢动弹。

刘县长倒也还冷静，他一边跟着苏吉土司走出屋去，一边呵退闻讯赶来的卫兵，生怕苏吉土司一激动就把自己脖子抹了。他一边悄悄感受着腰部的手枪，还好，它硬硬的还在呢。刘县长的心就安下来了。他到楚雄任职已经十多年，是个老楚雄人了。之前也在蒙自和建水当过官，边疆蛮夷人的脾气他还是了解一些的。如果你愿意跟他讲道理的话，他们其实是讲道理的。当然，这个道理得建立在他们能接受的习俗之上。只要不触犯他们的神明宗教，不涉及他们的祖先名誉，不过分地侵害他们的利益，许多事情都是可以商量的。

刘县长就一路顺从地跟着苏吉土司出来了，甚至在土司把他丢上马背的时候，他还对土司说了一声“谢谢”。

从楚雄县府到罗玛沼，有近道可走，脚程快的马只需七八个时辰，但全都是崎岖难行的山路，且穿行于深山密林，除非熟门熟路的本地人，一般人是不敢走的。土司怕县府追兵赶来，走的就是这条半封闭的山道。行到半路，刘县长在马上给颠得受不了，请求土司给他下马歇会儿。

土司捉了刘县长，心情也好了，他打着呵欠说：“为了抓你，我昨天晚上就下山了，现在困得很。”

去到一片开阔地，土司下令扎队休整。

亲兵们立刻在草地上给土司铺了羊皮大毡，放上棉垫子，搀土司坐下，又奉上羊皮袋子，请土司喝酒解乏。土司喝了酒，哈哈一笑说：“刘县长在变成死人之前，还是楚雄的地方官，得对他客气点儿。”

亲兵队长鹿丫便也丢了一个棉垫子给刘县长，说：“在死前喝点儿吧。”

刘县长撣撣衣服上的灰尘，在土司对面坐下，给土司行了个抱拳礼，说：“苏吉老爷，咱们多年的老朋友了，你就是要杀我，也得告诉我这是为什么啊？你不会那么不够朋友吧？”

苏吉土司说：“我们倮倮人个个都是耿直的汉子，不像你们汉人，嘴里说一样，心里想一样，手里做的又是一个样。”

他接着把事情的原委说了出来。说完了，掏出那张文书一把撕碎了丢在刘县长面前，说：“以前对你们客气，只是不想跟你们汉人操刀动枪。从现在起，咱们各玩各的。”

刘县长听了，心想：这事好办，这原也不是什么大事。姓王的下属早调走了，那小子在楚雄捞了油水，还嫌这地方穷乡僻壤，成天嚷嚷着要回昆明去。据说他回了昆明，又调到南京去了。现在他搞的烂摊子却让我来给他擦屁股。刘县长就骂起来，但骂得比较儒雅，只是叹着气说了一句：“此种败类，真乃国家之大不幸啊！”

土司说：“在我的‘国家’罗玛沼，是没有那种败类的。”

刘县长不想跟土司理论“国家”的概念。他知道倮倮头人嘴里说的“国家”不是指大中华，而是指他的领地。他们领地意识很强，像非洲狮一样，一草一木都是撒尿画着圈圈的，你不动他的，他一般也不会冒犯你。

刘县长就跟土司讨酒喝。土司很大方，不仅给他喝酒，还叫人拿出烤干巴和荞麦饼，两人一起享用。

结果正如拉措预言的一样，楚雄的大官和罗玛沼的大官坐在一处，很轻松就把事情解决了。当时的情况是这样的：

刘县长喝了一阵酒，忽然从腰间拔出了一支手枪。

土司大吃一惊，像弹簧一样跳得老高，跳起来的时候，又被一口酒呛得翻白眼。这让土司非常恼怒。家兵们不知发生了什么事，“哗”地围过来，紧张地用刀指着刘县长。

刘县长哈哈大笑，说：“土司大人啊，这枪，你是见识过的。你看，我其实有很多机会可以打死你。可是我没有，因为我是个相信友谊的人。我是省政府派来管理楚雄县这块土地的，我的职责就是来跟你们交朋友、共发展，让大家都过上好日子。你认识我十多年了，我一次也没有欺骗过你。对吧？”

苏吉土司惊魂未定，心中大悔当初把刘县长丢上马背时忘了搜他的身。这汉人，确实狡猾啊！不过，他说的话也不无道理，而且他手里有枪，苏吉土司不得不暂时同意刘县长的说法。

他气哼哼地说：“你以为一把枪能吓得着我么？你以为你打死了我，你就能活命么？”

刘县长就把枪放下了。他无比诚恳地笑着说：“正因为如此，苏吉老爷。我死了也不足惜啊，中华民国像我这样的人一抓一大把。但我死了，省政府来问你要人那可怎么办？再说了，我们两个为什么要一个杀一个呢？我们疯了吗？”

苏吉土司一听，愣住了。没错，他杀了楚雄县府的大官，会惹来怎样的麻烦，那真是不好预料。楚雄城里这两年驻进了大批军队，据说都是省里派下来“巩固边疆”的，其实不就是对各部落的土司头人存心防备么。这事苏吉土司也是知道的。如果不是扩充地方军备，那该死的税收也不会涨那么多。可这也说明，土司们建立了若干年的坚固堡垒似乎受到了外力的撼动，他们天高皇帝远逍遥自在的日子即将受到约束。

见土司愣住，刘县长知道自己已经一语中的，就站起来拉住苏吉土司的双手，眼含热泪说：“土司大人啊，你受的委屈我已经知道啦！那姓王的小子，我一定上书给上级部门，重重惩处。你今年的税赋，就按去年的数缴来就行，不够的，我争取让县里其他地方补充一点。我听说今年罗玛沼干旱少雨，又患虫灾，收成锐减呀！”

苏吉土司幡然大悟，眼珠一转嘿嘿一笑，拉着刘县长说：“走，哥俩撒个尿去。”两人就转到后面的树林里去了。

一阵嘘嘘水声过后，两人出来了。他们不再说税赋的事，而是亲密无间地坐下去摆弄起刘县长的手枪来。

除了苏吉土司，其他人都没见过枪。众人都好奇地凑过来欣赏，问这东西用来做什么？

苏吉土司说：“用来杀人的。”

众人“哗”的一声，都不由自主做了一个退缩的动作。苏吉土司笑着说：“这是刘县长送我的礼物，你们怕什么？这东西能杀人也能救人，就看它在谁的手里啦！”

刘县长笑着说：“那是，那是。我给大家演示一下吧！”

他说着站起身来，踱着方步，四下观看一番，找到了一个目标——百步之外的一棵老树。然后他举起枪，对着老树比试了一下，只听“砰”的一声巨响，人们都来不及眨眼，树干上就多了一个洞，一缕青烟萦绕在洞口，洞的深度神秘莫测。

此举惊呆了所有的人。不知是谁，在片刻的寂静中说了一句：“妈妈呀，那要是一个人头呢？”

于是卫兵们“嗡”的一声议论开了。

苏吉土司在震惊过后缓过神来，心里升起一阵虚寒。他明白这一路上刘县长确实有很多机会可以打死自己。但刘县长不仅没有打死自己，现在还把这枪塞在自己的手里，当作礼物送给了自己。这倒叫他不好意思起来。土司小心地把枪拿在手上仔细地端详，爱不释手。他这是第二次见识到枪的威力了。第一次见识到的是步枪，今天见识到了手枪，这家伙短小精干却威力无比，比步枪还好使。

他站起身来抖一抖身上的羊毛大氅，大手一挥，豪情万丈地称刘县长为兄弟，又邀请县长兄弟到土司府做客。他说：“后天就是罗玛沼最好玩的节日赛衣会，那天的姑娘个个赛鲜花。县长兄弟要是看上哪个，尽管带回去做丫头。”

刘县长听了忽然害羞地说：“土司大人，这事莫开玩笑……本官是有家室的人。”

土司像看见怪物一样看着刘县长说：“你一身的毛都快白了吧，讨个小妾还会害羞？”接着他又哈哈大笑起来，不由分说一把抱起刘县长丢上马说：“走吧走吧，罗玛沼的姑娘在等着你呢。”

这时县衙里的追兵已经赶到了，可他们被刘县长告知这只是一个玩笑，他将要去罗玛沼的土司家做客。这帮兴师动众、荷枪实弹的卫兵只好悻悻而回。

就这样，楚雄县府的大官要来参加赛衣会，并且在赛衣会上选太太的消息不胫而走，罗玛沼人都沸腾了。罗玛沼的平民们除了土司老爷，从来没有见过什么大官。这回好了，有好戏看了，今年的赛衣会与众不同。他们都争先恐后，要一睹连土司老爷也要下马行礼的大官是什么样。

这事只有远离镇子的杨清远一家不知道。青珍慢条斯理、细致入微地为拉措的新衣缝上了最后一个银扣子，扭扭酸痛的脖子说：“好了。”

拉措在油灯下穿起了新衣服——一株美丽无比的花儿就绽放了，这间被烟熏得黑乎乎的小屋子里，顷刻光彩照人。

10

赛衣会催动着罗玛沼人的激情，在赛衣会的前几夜，已经有许多人睡不着了。拉措就睡不着。她心里对明天的节日充满了好奇。这是她人生中第一次参加那么大的盛会，最关键的是明天她将和哥哥世雄一起去过节，和世雄一样，这是她人生中第一次离开父母，以成年人的身份参加一个属于自己的盛会。这跟以往的节日都不同。青珍告诉她，在赛衣会上，如果你愿意，就能把这个节日变成你自己的——如果你找了意中人的话。那时候歌舞只属于你们两个，盛装只属于你们两个，连天和地，都只属于你们两个。

青珍又看着世雄加上一句："世雄，你也一样。你已经十八岁了，这样的节日其实你早就该参加了。"

这害得世雄也一夜没睡好。

睡不着的人还有一个，土司家的二少爷，热雷阿鲁。

不过他纠结的并不是赛衣会，而是摩玛山的制高点"英雄崖"。作为土司家的二少爷，阿鲁也是五六岁不到就被送到大祭司哈比那里学习傈僳人的文字和经典，从那时起，他就被代表罗玛沼思想的老毕摩哈比告知，他的兄长莫尼若是未来的土司，他的角色就是辅佐莫尼若，当好他兄长的配角。这个配角称为护印土司，也就是土司的辅佐官。其实阿鲁挺乐意当护印土司。很多时候，辅佐官的威风并不亚于土司，因为他可以统领罗玛沼的全部家兵。而且在他眼里莫尼若是个美丽文弱的男孩，比女孩还要娇贵，需要他的保护。所以他认为当哥哥的辅佐官，自己就一定得威武雄壮，英雄了得，那样才不辱门风。为了莫尼若，他愿意把自己摔打得像铁一样坚强结实，像摩玛山一样深沉有力。

摩玛山，是罗玛沼的神山。它延绵于罗玛沼西部数十公里，那片黑色的森林尚未有人来开垦，还保留着世界初开的模样，茂密深邃的暗黑森林里隐藏着一双双神秘危险的眼睛。熊、山猫、狼和野猪的号叫混合着夜莺的欢唱在夜幕降临时分会远远传到罗玛沼小镇。摩玛山是神圣的，土主庙就建在同一山系南部的天峰山，里面供奉着药王菩萨和太上老君，当然了，还供着土主——一个长着漂亮眉目和丰硕乳房的葫芦母体。而摩玛山的制高点，也是整个罗玛沼最高的地方，此地人迹罕至，气候诡异，是猎豹和岩羊的天堂，只有勇敢的猎人才会涉足。罗玛沼的居民们把它叫作英雄崖，据说青年男子如果想证实自己的勇敢，只要爬上英雄崖，见到那块一百年前祖先立在那儿的石碑，就可以昭告天下。

阿鲁并没有对这个说法考证过，因为至今他也没听说过哪个男子去到英雄崖，成为众口称颂的英雄。

那究竟是一个什么样的地方呢？就在赛衣会的头一天，他决定要去英雄崖走一趟。夜里，他躺在床上听着大院里的仆人繁忙而有序的脚步声渐渐平息之后就喊："布勒，布勒！"

睡在门口的小奴布勒赶紧爬过来。

阿鲁招手让布勒钻到他的帐子里去。布勒说："少爷，我的脚会弄脏你的羊毛褥子。"

阿鲁说："明天换个新的。"

布勒还是不肯。阿鲁说："那你站在那儿，别睡了。"

然后阿鲁翻过身不理布勒，捂在被子里打开手电筒玩起手指头来。手指头玩完了，又玩脚指头。可布勒还是不搭他的话。阿鲁伸出头来看看，月光将布勒的影子拉得老长，印在丝绸被子上。他好好地站在床边，一动也不敢动。阿鲁坐起身来，拍打着布勒的影子，说："站在这儿像个吊死鬼似的，我数三下，你不来，我就要叫唤了。"

布勒就跳到床上去了。"少爷，你的床真软啊。"他说。布勒一年四季都睡在阿鲁的门口，地上只铺着一层麻布。他紧张地握着拳头，说："头晕，头晕，像睡在水上啊。"

阿鲁扳着布勒的肩膀，热切地望着天空——其实现在是他的蚊帐顶，就像看一件了不起的事物。他说："布勒，我们去英雄崖吧！"

布勒说："英雄崖？老爷明令禁止我们上去的。"

阿鲁说："站在那里可以看见整个罗玛沼！你难道不想见识一下？"

布勒说："想。可后天是赛衣会。"

布勒说完就静静地在黑暗中看着阿鲁，一丝笑意浮现在他的嘴角。英雄崖，他也想去。大多数时候，他看人都要低着头，别说站在高处看整个罗玛沼。但那个地方是他这样的奴才不能去的。现在正好！有伴儿了，而且这个伴是土司少爷阿鲁，自小两人形影不离，一个主子，一个奴才。奴才随了主子去，是合理的，正常的，即使要追究起来，他也没错。

"赛衣会？那些花花绿绿的姑娘，一看到莫尼若就激动得要晕倒了。这样的节日，就让莫尼若尽情去闪亮吧。"阿鲁笑了笑说，"再说，我们明天就回来，赶上后天的赛衣会不就行了。"

两人一酝酿，激情迸发，不可收拾。布勒撑起灯，窸窸窣窣一阵忙活，两人偷偷摸出门，偷偷下楼，来到院子里。月亮挂在正中，天空清朗如洗。银白的光芒水一般泻下，将土司府偌大的庭院照得湖面一般银晃晃的。一只猫蹲在桂花树下，它警觉地竖起耳朵，朝这两个鬼鬼祟祟的少年投来幽绿的凝视。阿鲁站在明亮如水的月光下，有些恍惚。他张嘴想要打一个哈欠，冷不防又被一股冷风呛得打了个很响的喷嚏。若不是对英雄崖的渴望，这两个少年，应该正是贪睡的年纪。

正门肯定是出不去的，那里白天黑夜都有家兵把守着。他们肯定不会让未成年的土司少爷深更半夜跑出去的。两人绕过照壁，推开左侧的一道小门，像两只夜行小动物钻进了门洞的暗影里，拾级而上。十八级台阶之后，是土司府的后院，有戏台、凉亭、假山鱼池，鲜花缠绕，但没有家兵看守，夜晚放养着五六只性格凶悍的土狗。狗见到阿鲁，低声咆哮着蹭蹭蹭地跑过来，凑到他的腿上嗅了嗅，确认是自己人，便争相朝他摇尾巴。阿鲁掏出怀里的荞饼，分成几块抛了出去。狗立刻去追逐饼子，把他们晾在了一旁。阿鲁便和布勒从后院的另一条小道，又绕到马厩，牵出了阿鲁的矮脚马。从马厩出发，就一点障碍都没有了，顺理成章了。

虽然顺理成章，可阿鲁的小马忽然长嘶了一声。它也正是好睡的时候，不愿意被人牵走，很烦躁。在寂静的夜里马弄出的响动吓了布勒一大跳。他捂着嘴差点没叫出来。阿鲁倒是沉着，他飞快地骑上小马，拍了布勒一掌，说："瞧你贼头贼脑的样子，没出息。"

布勒说："是，是。"

阿鲁说了声走吧，二人便踩着月光，小心翼翼地顺着土司府通向集镇的石阶往下走。不一会儿，依山而建的土司府渐渐变成一个站在高处的巨大黑影。布勒回头一望，土司府像一只老鹰在俯视着自己，一股冷风吹得他脖子后面凉飕飕的。他们小得像月光下的两只小老鼠。不过，这两只小老鼠此刻已远离土司府的笼罩，他们朝村口走去，马上就要变成展翅欲飞的鸟儿啦。

布勒的草鞋行走在凸凹不平的卵石路上轻便如飞，比小马走得还要愉快。他无比开心地看见自己的影子一跳一跳，一会儿大一会儿小，活像哈比老爹说的夜猫鬼。夜猫鬼是机灵可爱的精灵，它喜欢火，常常去人家的火塘里偷火种。哈比老爹说，夜猫鬼把火种揣在身上，会高兴得哈哈大笑，他听过夜猫鬼的笑声，像小孩一样，那笑声并不恐怖，只有开心。可是被夜猫鬼偷了火种的人家，火塘里就生不起火来了。再干燥的柴火，一到火塘里就像遭了水泡。这时哈比老爹就要去做法事，就要去跟夜猫鬼谈心。夜猫鬼一会儿大一会儿小，在哈比老爹面前变幻着模样，一会儿高兴一会儿生气地跟哈比老爹讲条件。最后谈成什么结果呢？哈比老爹就笑而不答。反正之后，那家人的火塘重又燃起了熊熊烈火。布勒很喜欢听哈比老爹讲夜猫鬼的故事。因为哈比老爹说，夜猫鬼的头圆圆的，眼睛大大的，牙很白，聪明伶俐，长得好像小布勒啊！

布勒除了喜欢夜猫鬼，还喜欢阿鲁少爷。只要能跟着阿鲁少爷离开土司府，去哪儿他都开心。对于布勒来说，土司府的华丽和威仪，是他从来不敢正视的。人的出身有贵有贱，他听把他养大的老女仆说他的出身就很贱，是热雷土司家柴棚里的弃儿，不晓得爹娘是谁。

没有爹娘的布勒，却有待他像亲哥哥一样的阿鲁少爷。比方说现在吧，阿鲁忽然从马上甩下一件羊皮褂子，说："穿上它，下霜呢，山上更冷。"

布勒赶紧接过来穿了，那热乎，不仅是羊皮褂子，是从心里来的。他抬头看看马上的阿鲁少爷，只见他整个人都裹在黑色的羊毛大氅里，腰背挺直，那突起的地方应该是他的腰刀。银耳环发出跟他的棕色长发一样的亮光，眼睛四下里溜溜地看，一副胆大心细的模样。他总是这样，对别人的好，轻描淡写，但又恰到好处。他多帅啊，布勒的眼里满是对他的崇敬之意。他裹紧身上的羊皮褂子，跑几步跟了上去。阿鲁忽然伸出手，一把就把布勒拉上了马背。

"哈！"他叫了一声，两腿一夹，马就飞奔而去了。他这一手，在布勒眼里简直帅呆了。

这条从小镇入口一直通到热雷土司府的小路全部都是由河石铺就，这些石头经过若干年河水的洗刷，个个圆润光滑，大小均匀，一年四季都散发出温暖古朴的光泽。村民的房屋在建有土司府的山脚下依街道两边排列，再横向里朝外延伸开去，若干条小巷蛛网般通往各个深深的庭院。如果从高处往下看，整个罗玛沼小镇犹如一只巨大的蜘蛛，高昂的头是土司府，肚子是集镇中心，一丘一丘的梯田像蜘蛛脚延展于两侧。二十分钟后，阿鲁和布勒已经来到蜘蛛屁股的地方——他们走出了小镇，在星光辉映的天空下，沿着蜘蛛指向西南部的一只脚，投身到罗玛沼的旷野里去。

出了镇子，黑得一塌糊涂。阿鲁就开始炫耀他新得到的那支手电筒。他说这是上个月土司去楚雄城办事，一个大官送给土司的。他时而把它举起来，让明亮的光束利剑般劈开黑夜，照亮前方的路。时而用手包住那发光的顶部，把在强光下变成鲜红透明的手指给布勒看。有一次他忽然用光对准了自己的下巴伸出舌头，把自己的脸变成了魔鬼，布勒吓得大叫起来，惊飞了路边的猫头鹰。他们又忙着捡起石子追打猫头鹰，可电筒的光无论如何也不及猫头鹰飞得远，他们只好对着远处黑漆漆的不知名的地方吹吹口哨，悻悻作罢。

他们一路嬉闹着，穿过一片片苦荞地和正在冒着春尖的茶园。雾气渐渐散开，天色微明的时候，他们忽然发现星光不见了，像被谁挡住。一抬头，他们看见一座巍峨的大山出现在田野的尽头。

摩玛山到了。阿鲁虽然去别的林子里打过猎，可摩玛山还是他不曾涉足的处女地。他心里不禁激动起来。

他们首先得踏入摩玛山脚下一片旱季的沼泽地。这片寂静幽深的草甸躺在摩玛山脚下，延绵数公里，柔软的野草一层层起伏于微亮的天光之下，犹如一片涌动的黑色波浪。乳白的晨雾流淌于野草之上，像缥缈的白色浪花一样充满了动感和诱惑。阿鲁和布勒在这片波浪面前呆呆地站立了片刻，他们还是第一次看见这样的景色，心中涌起说不清是害怕还是激动的情绪。冷风吹来旷野特有的味道，那是粗粝的、强烈的、混合着泥土清香和野兽气息的味道。拉拉藤和野芹刚刚发出了新芽，它们娇弱地在马蹄下发出轻微的呻吟，野慈姑一丛丛亭亭玉立，绿脖子灰羽毛的野鸭躲在里面发出咕咕的梦呓之声。似乎在说：“欢迎啊，欢迎来到大沼泽！”

两个少年不禁心跳加速，眼眶湿润。然后，阿鲁仰起头伸直脖子对着天空吼了一声：“噢——哈！”

布勒也叫了一声：“噢——哈！”

山那边有了回应：“噢——哈！哈！”

远处掠起了苍鹭的身影。这“噢哈”一声就像是冲锋的号角，点燃了少年们的信心和勇气。阿鲁和布勒就朝那里冲了进去。

11

就在热雷阿鲁和布勒进入大沼泽的时候，太阳刚刚跳出了云层，高原的天空瞬间变成了清透的浅蓝色。朝阳橘红色的光焰从山顶一路抚摸下来，像是给群山除去黑色的面纱一样，阳光照到的地方，它们真实的模样显现出来了。它们是绿的，满世界的绿，从头到尾的绿。绿中勃勃的生机，瞬间就爆发了——苍鹭缓缓地鼓动着两翼，伸着脖子扑啦啦地从巨大的桉椤树上飞向大沼泽，相思鸟的歌声从深远的山谷里传来，叫醒了第一只蝴蝶。它抖落翅膀上的露水，从野草乌紫色的花瓣上迎着太阳飞走了。

罗玛沼醒了。

这时，苏吉土司也起床了。他披上衣服，坐在床边慢慢做了几次深呼吸，觉得清醒了一些。昨晚他睡得稍好，但还是有些头昏、胸闷、咽喉灼热，这些都是失眠的后遗症。

他心里有些恼自己，近来夜里总是睡不好，导致他白天精力不济，做事开始有些丢三落四的。想想自己还不到六十，却显出如此的疲相，不免有些沮丧。

“唉！”他在屋里长长地叹了一口气。

门外的老奴阿木诺听到了，就轻轻推开门进来。门一推开，一片阳光就跟着进来了。

“噢，是个大晴天。”土司老爷眯着眼看了看门外。

阿木诺应着，弓着腰端了一只盘子送到窗边的书桌前放下，说：“老爷，您喝口茶醒醒。”

盘子里放着一罐煮好的热茶，也卷好了一锅兰花烟。苏吉土司咳着嗽，从床边慢悠悠地走到桌前，在那坐了下来。阿木诺将茶水倒在小杯里，捧到他面前，他便用三根手指很轻巧地端了茶杯，嘴里吹着气，小口小口地喝起来。

土司府的门一打开，府里就沸腾起来了。厨娘们早已在餐厅里备好了早餐，还有准备带到山上去的干粮。丫头端来洗脸水，服侍府里的老爷、少爷和太太以及他们的贵客刘县长穿衣打扮。

土司老爷、大夫人和三太太不用说，他们有专门的服制，什么节日该穿哪套，都定好了，只要配上她们喜欢的银饰就可以了。

等他们样样都准备好了，到餐厅吃完早饭，陪着刘县长一起来到院子里喝着早茶，晒着太阳，只等仆人们备马出行的时候，两位少爷还不见来。这让土司很不高兴。他走来走去，满脸不悦，只是在节日里，他得保持庄重和尊严，不得轻易开口骂人。再说，还有刘县长在呢，无论如何他都得端着一副和蔼大度的样子。

大少爷莫尼若除了在哈比那里学习历史和经典，其他时间都显得很懒散，尽管他早就被告知今天要穿上正式服制，裹好包头缠好英雄结，佩戴好象征王族的腰刀和项链……但当他的丫头梅子去服侍他起床更衣时，却被他一把拉进屋子里反锁了门，连梅子也出不来了。

不过，比起二少爷热雷阿鲁，莫尼若还算听话的，至少他还待在家里。因为土司正在为莫尼若发愁的时候，专门侍候阿鲁的丫头诺玛匆匆跑来报告，说阿鲁少爷不见了——事实上，阿鲁昨天就已经不见人影了。

这让土司很生气，因为在此之前他已经明确过今天要全家人都去参加赛衣会。他扭头责怪三太太，说：“你的儿子怎么啦？”

三太太一听生气地说：“这叫什么话？不是你儿子吗？这个时候他不在家，难说是受了谁的气了。”

她说着朝大太太看了一眼，意思是说阿鲁可能又是受了大夫人的气。她又气急败坏地冲诺玛说：“你是死了吗？少爷没在家也不赶紧差人去找？”

诺玛快要哭起来了，她说：“是，是，大人。”以前阿鲁也会突然离开家一天或半天，诺玛也会知情不报。只是这次刚好遇到了赛衣会，事情就包不住了。

土司觉得责怪诺玛和三太太阿月秀都没有道理。他看身着光彩盛装的阿月秀瞬间满面愁容，便有些同情起她来。

而这时大夫人正在那边喂孔雀，她黑衣黑裙，高高的头饰银光闪闪，高贵又素净。土司心里很快就否认了阿月秀那种小家子气的想法，但嘴上还是好言安慰阿月秀：“我认为大夫人还是个讲规矩的人，阿鲁也不是那种小气的孩子。”

土司认为以阿月秀的小气量，她是猜度不到阿鲁的心思的。一有什么事，她只会把矛头对准她的情敌大夫人。其实阿鲁早已经不是在她这个当娘的怀里撒娇的小儿子了。这个有着一头深棕色卷发和丝绸样光滑的麦色肌肤的少年，一生下来就用明亮无比的眼神看哭了接生婆，十岁时就用无羽箭精准无误地射穿了野狼的眼睛，十四岁时独自手持弯刀搏杀了一头成年野猪，他的冷静和果断让他成为罗玛沼最年轻最优秀的猎手。半年前，土司和他一同洗澡。那小子浑身强健的肌肉已经初步显露出了一个男子汉的雄壮，让土司想起大山里矫健的黑豹子。他还跟土司谈起了把领地里的年轻男子在农闲时集中起来练武的事，他说要让他们意识到保护罗玛沼，不光是土司亲兵队的责任。

阿鲁那时十五岁还不到呢。他当时像个成年人那样与父亲侃侃而谈，冷静的眼神和刚毅高挺的鼻梁让土司误以为见到了上一任土司——他的父亲热雷同格。热雷同格被罗玛沼公认为史上最强大的土司。在他手里，罗玛沼的领地由最初的三个寨子扩张到了五个，人丁最旺，财富最多。可到了他热雷苏吉手里，就只有四个寨子了。十年前北边的碧格寨独立出去后，苏吉土司被迫分出去了二百多户人、四百多头牲口。这些，都是令苏吉土司心痛又无奈的耻辱。

阿鲁长得像他的爷爷热雷同格，苏吉土司还是挺高兴的，说不定这小子也有像他爷爷一样当王的本事。但他不动声色，他不会告诉任何人他的发现，因为搞不好那将会引来巨大的纷争和麻烦。

阿月秀显然对自己的儿子是缺乏了解的，她还停留在认为他是那种受了谁的气就要离家出走的小孩子的阶段。

片刻，仆人又来报，说跑马场、射箭场、后花园这些阿鲁少爷平时喜欢去的地方，都没有他的人影。不过，他的小马不在马厩里，贴身小奴布勒也一并不见了。

三太太正要发作，土司挥一挥手，宣布全家人立刻出发。他让仆人最后通报莫尼若：他再不起来，就把门锁上，让他永远睡在里头好了。

“至于阿鲁那小子，就派十多个人出去找。他喜欢去山上打猎，你们去摩玛山看看——那个地方他虽然没去过，但我知道他一直想去。找到了就把他关起来，等我回来发落。”土司一边说着，一边跨上了马背。

他想：像阿鲁这样的小子，离家几天也不用发愁。

三太太阿月秀心里却想：老爷为何一点也不着急？他是不是不关心阿鲁？阿鲁才十五岁，走丢了怎么办？

她和大夫人同坐一辆马车，心里忐忑不安。

赛衣会就这样在人们的期盼中踏着欢快、豪迈、热烈的脚步大大咧咧地走来了。这不是小家子气的节日，而是大度的、开放的、有大气象的。因为它的内容与比赛、美丽、艺术、歌舞和爱情有关，是全民共享的，而不是小酒小肉小团聚式的。

所以，用不着宣传，也用不着邀约，赛衣会自然是人们最喜欢的节日。

几百年前是这样，现在也是这样。除了走不动路的老人，几乎所有罗玛沼的人都倾巢出动，赶着骡子，骑着马，或者走着路，去摩玛山脚的草坝子上欢度赛衣会，就连不会走路的小娃娃，也会被大人背着去参加。节日是人们不用工作的理由，是上天赐下的福利。如果有人要工作，那他的工作肯定是赚钱的。比如做生意的马帮，他们每年都在这个时候前来罗玛沼出售新款的布料、针线、糖果、小饰品以及汉人先进的生活用品，还有来自缅甸、印度的香料和烟壶、宝石。当然了，他们都是之前得到了土司府的许可，并交了税的。所有的这些人，都集中在摩玛山脚下一个巨大草坪上，熙熙攘攘的人群就在这片宽阔温暖的草坪上来来往往。他们的喧闹和歌舞之声随着一群群惊飞的鸟儿翻越一座座山峰，传到很远的地方。

透过一片参天古柏，在盛开的马缨花和杜鹃丛中传来三弦和笛子的乐声，花团锦簇的姑娘们三五成群，拿出自己得意的作品——包包、鞋面、围腰、帽子、香囊来相互交流。小伙子们围在不远处，手里拨着三弦，眼睛像雷达一样搜索着姑娘们。老人们背着孙女孙子，慢条斯理地跳着玛咕舞，他们半闭着眼睛沉浸在属于他们自己的快乐里，丝毫也不想打扰那群春情荡漾的年轻人。

武定银商周老板，也刚好从缅甸回来，他带着驮满了精美银饰和外国珠宝的骡马，带着晒得跟缅甸人一样黑的老婆和儿子周复生，也来到了这里。他们瞬间就被这一派蓝天白云之下自由和睦的景象感动了，周老板当即决定留下来，他甚至已经跟老婆商量好，要在这里多待些日子，待老婆将肚子里快要生产的孩子诞下，再回武定去。

周老板的儿子周复生是一个十六岁还差几天的少年。他们一家三口多年前离开武定，凭借着周老板打制银饰的高明手艺行走江湖，从武定到楚雄，与一伙走夷方的牟定人去到缅甸，往返于腾冲、保山、昆明的茶马古道贩卖珠宝和银饰，过着吉卜赛人式的生活。周复生三岁离家，今天来到罗玛沼，已经十六岁了。他和他娘都穿着半夷半汉的服装，一路上引来人们的注目。此刻他把三匹骡马拴在树上，和挺着大肚子的母亲一起坐到一株马缨花树下乘凉。不远处，他的父亲周老板被村民们围住了，他们对他摆出的银饰非常感兴趣。他母亲用一个精美的烟枪点了一锅大烟，美美地享受起来。

周复生认为母亲在怀孕期间不应该抽大烟，但母亲笑着说："大烟解乏嘛，让我好好休息一下。"

现在，土司一家还没有到，但四个寨子的头人、五位长老和大毕摩哈比都已经到了。他们将在会场上同百姓一道恭候土司老爷来举行开节仪式。

一路上，刘县长兴致勃勃，他告诉土司老爷，来楚雄那么多年，他还是头一回参加这种选美的节日。

土司哈哈笑着说："与其他节日不同，赛衣会其实是相亲大会，我们这些老人，只是去助兴的。刘县长，你若看上哪个姑娘，直接带回去就好了，这样，咱们就是亲戚了。我听说汉人在古代就有联姻戍边的美谈，咱们何不效仿效仿？"

刘县长呵呵笑起来说："哪会那么巧？哪有那么快……"他笑得春风得意，似乎姑娘已经触手可及。

走着走着，后面追来一匹快马，马蹄扬起一阵黄色的灰尘顺风而来，大夫人和三太太赶紧捂住脸。

土司一看，是大少爷莫尼若。

莫尼若没有按父亲的要求穿上正式服制。他还是穿着宽大的黑色棉麻袍子，外面披着镶有狐狸毛的黑色披风，头发只用一条绣了金线的黑丝带随便束起来，整个人就像一片轻盈优美的黑色的云。他甚至都没有戴一件银饰。土司一看就恼了，说："太不正经了。"

大夫人捂着嘴嘻嘻地笑了，说："老爷，莫尼若要是再打扮一下，罗玛沼的姑娘们都要为他殉情了。"

土司看了看莫尼若，只好叹了一口气。

没办法，谁让莫尼若是罗玛沼最迷人的男子呢？

三年前，莫尼若才刚满十九岁，他的光芒已经只有太阳才能媲美了。已经有十多家别处的土司派人来提过亲，但苏吉土司都没有答应。他没答应的原因，主要是因为莫尼若不感兴趣。

热雷家的少爷对别的土司家的小姐不感兴趣，这并不是一件好事。那些被拒绝的土司，有元谋的、姚安的、武定的、昭通的，也有四川的。他们被热雷家这样的小土司拂了面子，纷纷骂热雷家是狗眼看人低，有两家还终止了与热雷家的生意往来。对此，苏吉土司哈哈一笑，并不在意。他说："是他们家的小姐没这个命，要怪，就怪她自己。至于他们不跟我做生意，我认为那是他们的损失。"

苏吉老爷一向是个自信的土司。他不得不自信，因为他的长子莫尼若那神子般的善良与美貌以及他的博学多识，已经声名远播。

苏吉土司说，罗玛沼从没有出过像莫尼若这样热衷于帮助穷人的贵族子弟。作为土司的大少爷，他每年得到的银两和赏赐都会被他送给镇子上的穷人。他关心冬天无家可归的流浪汉和那些死了亲娘的小娃娃，经常送些银子和吃的给他们，见了暴尸荒野的动物也要为它们祈祷，教下人拿去埋了。而他自己却过得相当简朴，一年到头都穿着本地出产的棉麻衣料做成的衣服，不把荣华富贵当回事。

"当然，这荣华富贵嘛，怎么说呢？他本身就是荣华富贵的化身，他从来用不着去争取。"土司非常自豪地说了这样一句很有意思的话。这道理就像如果你本身就是水，就已经用不着再渴望一场雨一样。

接着土司又讲了一件事给刘县长听：就在去年，昆明一位姓张的大官请他专门带着莫尼若去家里做客，席间他请莫尼若给他们讲讲倮倮人的太阳历法和神话故事，他说他早就听说热雷土司的长子是个有学问的人。莫尼若就把倮倮人的十月太阳历法演示给他们看，汉人们对这套源自伏羲时期的远古历法惊叹不已。但是莫尼若谦虚地说他对这套历法并不精通，里面还有许多连哈比也破译不了的神秘密码。张大人听了，叹息着说没有比这个更早的文明了，就算是埃及人和印度人在这里，他也要这样讲。后来莫尼若又唱了一段"梅葛"里的创世神话给他们听。这下所有的人都不用喝酒就醉了，汉人没听懂他唱些什么，他们完全被莫尼若那俊美绝伦的容颜和天籁般的歌喉征服了——他如天神般的超凡脱俗。

土司说："就连我自己也觉得无比震撼——我竟然有这样的儿子，是我发现得太晚了吗？哈哈哈。"

张大人有一个女儿，他的意思很明显，就是想看看两个孩子能不能相中。那天女孩偷偷出来看了莫尼若一眼，可这位穿着旗袍、烫着卷发的小姐站在莫尼若面前，立刻被土司少爷的光芒衬得毫无颜色。苏吉土司形容说："她就像一只反毛小母鸡站在高贵的天鹅面前。"

刘县长听了，默默点头。土司又感叹说，昆明的张大人很有修养，又是个厚道之人，也看出两个孩子不般配。最后，他由衷地赞叹了莫尼若一番，送了他三本汉语书——《孙子兵法》《红楼梦》《圣经》，还有一对产于个旧的锡制雕花茶叶罐，最后带着忍痛割爱的表情，目送他们回家的马车好久好久。

这事让苏吉土司一直引以为傲。连昆明的大官之女也配不上莫尼若，周边这些小土官，又算得了什么？

可一骄傲，问题就来了。莫尼若今年二十二岁了，在倮倮人那里算是大龄青年了，提亲的反而没有了。他变成了一只高傲而孤单的孔雀。莫尼若于是除了去哈比那里学习祭祀和经文，就是喝酒闲逛，见到对他暗送秋波的姑娘，他也回报人家一个笑脸，还会去摸摸人家的脸，然后风一样走过。所有的姑娘都会红着脸呆上半天，灵魂出窍。

土司半是自豪半是玩笑地说："他害得镇子里有好多姑娘为了他相思得寻死觅活，多少姑娘都期待着在赛衣会里一展风采，博得莫尼若的青睐。而莫尼若呢，他这样懒懒散散的样子，是表示这里没有他看得上的姑娘。"

刘县长说："莫尼若少爷才华出众，貌比潘安，配得上他的姑娘世间少有啊。"

土司得意而神秘地说："中秋过后哀牢山乃古土司家的小姐要亲自过来相亲了。那姑娘小时候我见过，拿气呢，与莫尼若不相上下。"

"拿气"的意思就是美丽、大方、能干、得体等等，也就是与众不同，拿得出手，撑得起面子的意思。

莫尼若听而不闻，打马走远了。

前面，已经传来姑娘们看到莫尼若后发出的尖叫。

长老和头人们都迎了过来。土司老爷和县府的大官到了，赛衣会可以正式开始了。

拉措和世雄这时也刚刚到了大草坪上。她可是被眼前这番景象吓了一跳，她从没见这么多人，去过那么热闹的地方。看上去都是花花绿绿的，所有的人都在跑来跑去，又唱又跳的，有的在荡磨秋，被高高地甩上天空，又尖叫着落下来。但他们都围绕着场地的中心，那里是土司老爷和长老们就座的地方。人们就像湖水中的鱼群，打着漩涡，看似无序，实则有形，他们组成了一个团体，外来的力量难以进入。这哪能看出谁的衣服好看，绣工哪个更好呢？

世雄倒是一下子就兴奋起来了。他拴好马，牵着拉措的手，快步朝人群中走。

拉措说："哥，我想待在外边一会儿。"

世雄说："待在外边干吗？你看，土司老爷一家都来了。比赛马上就开始了。"

拉措说："你去玩吧，我就待在这儿看看。"

她挣开世雄的手。

世雄像一只进入了花丛的蜜蜂，一转眼就消失在五彩缤纷的人群中。

"喂，你那么漂亮，怎么不去跳舞？"树背后忽然钻出一个小伙子来，冲拉措说。

拉措看了他一眼，黑不溜秋的，穿着一身奇怪的服装，是个不认识的人。他露着一口雪白的牙正冲她笑呢。他说的是汉话，这博得了拉措的好感。她说："你是汉人？"

少年大方地说："没错，我叫周复生，刚从缅甸回来。"

拉措说："我叫拉措，也会讲汉话，我爹是汉人。"

周复生说："那是我妈。"他说着指了指躺在树底下抽大烟的孕妇。她也正看着拉措，朝她露出一个明朗的笑容。

拉措礼貌地朝她笑笑。妇人便让周复生把拉措叫过去。她说："姑娘，我走了那么多地方，没见过长得比你美的姑娘。你跟我家儿子站在一块儿，一个像白玉，一个像黑炭。”她说完自顾自哈哈笑起来。

拉措红了脸，说：“这地方好看的姑娘多着呢。”

周复生说：“走啊，我们下去玩儿。你也去和她们比一比，到底谁好看。”

拉措觉得这男孩和他妈都很爽快的，他们都是汉人，这让拉措感到新鲜又亲切。

会场上这时礼炮齐鸣，土司宣布今年的赛衣会开始了。每年都有两个年长者来充当会场的司仪，他们负责组织赛衣会的头两项议程，即各寨的年轻女子围成圈，跳起“左脚舞”轮番展示新衣，此时从她们的相貌、舞姿、衣裳、佩饰，基本可以看出姑娘长得美不美，心灵不灵，手巧不巧。然后小伙子们加入进来，跳更热烈的“三跺脚”，便开始丢香囊，抢荷包。土司和贵族们要是看上哪个姑娘，就可以直接进场去把她拉出来，如果姑娘的身份是奴隶，就直接被土司家买下；如果是自由人，就跟姑娘本人商议身价事宜——是做丫头，还是做妻妾，这完全就看这姑娘的命了。贵族们选完之后，才轮得到陪了半天舞、跳得一身汗的平民小伙们与挑剩的姑娘相亲，这时，真正属于平民的相亲大会也才算开始。

拉措和周复生站在外围，一会儿就把游戏规则看懂了。这时姑娘群中忽然发出了骚乱，原来有两个相貌出众的姑娘被邻寨的一家土官相中了，她们被拉到了边上，和主人家坐在一处。看她们的表情，却是惴惴难安的样子，伸着脖子在找什么人。是找她们喜欢而现在却没有出现的小伙子么？

拉措忽然觉得心里很难过。她此时也明白了自己的身份——她完全有可能像那两个姑娘一样，陷入身不由己的境地。她心里就怪起青珍来，她不明白阿妈为什么要让她来参加这个该死的相亲大会——如果被别的贵族选去做丫头和小妾，那还不如一辈子待在老茶山呢。

一开始，刘县长看得兴致勃勃，说：“这些衣服做得真好，太精彩了。”但没过多久，他就呵欠连天，退回椅子上半躺半坐，萎靡不振。

土司说："没有看上的姑娘么？"

刘县长眼睛都要闭上了，说："再看看，再看看。"

其实土司有所不知，对于美女，刘县长好则好矣，但相比鸦片和黄金，他那兴趣就大减了。在土司家里两天，他只对每天都服侍他的丫头阿兰有一点点喜欢。在他眼里，今天赛场上这些姑娘都不符合他的审美要求。这些生长在大山里的姑娘都很健壮，她们热情大方，并且有着高原特色的深色皮肤。虽然她们的五官长得也挺美，但刘县长还是更喜欢洁白柔软的女人。

他喝着茶，尽量压抑着慢慢从灵魂深处泛起来的烟瘾，感到周身疲乏。他又大大地打了几个呵欠说："土司啊，这赛衣会什么时候才结束？"

土司没注意到刘县长情绪的变化，说："结束？还没开始呢。"

"呵，看来我得先回去了……"刘县长颇不耐烦地打着呵欠说着，干脆闭上了眼睛。

忽然人群骚动起来，又一下子清静了。三弦笛子都停住了。有什么惊奇的东西出现了吗？刘县长睁开眼睛——一位他理想中的美女，不，比他梦想中的美人还要美——她肤色如雪，明眸皓齿，轻盈如风。她就站在这群跳舞的姑娘外面。正是她让全场的人都变成了呆子——甚至连骄傲的莫尼若也不例外。刘县长一下站起来，半个呵欠卡在喉咙里。

"她是谁？"土司也发现了这个美人儿。

人群中有人就说："啊，是拉措啊，她也来了。"说话的是曾经跑去老茶山见过她的小伙子们。

人们的眼光就"刷"地朝拉措扫过去，像探照灯一样把她罩住了。拉措赶紧左右望一望，自己身边除了像炭一样黑的少年周复生，没有其他人。没错，这些人就是在看自己。她一下子就不自在了，脸哗地红起来。

脸红了的拉措显得更可爱了。刘县长甚至不由自主朝前走了几步，"扑通"一下被脚下的树枝绊了个趔趄。

轰！人群里发出了哄笑。

土司用庄严的咳嗽声提醒了人们要注意体面。他朝拉措招招手，说："我看你挺面熟的。如果没有猜错，你爹是我家的杨茶师吧？就在不久前，他说过要盖姑娘房，那姑娘是你吧？”

拉措赶紧低下头，向土司老爷行了礼，说自己正是杨清远的女儿。

这时世雄在不远处看妹妹被一群人包围起来了。他不知发生了什么事，赶紧跑了过来。等他明白过来这些人原来是被妹妹的姿色镇住了，心里不禁很是得意，就抱着双手，看起热闹来。

土司觉得拉措姿色不同凡响，但隔得太远，他又不可能像刘县长那样不顾身份地走上前去。他对拉措说：“你走近些。”

拉措就一步步走上前去。她小心翼翼地穿行在这一片黑压压的眼光之中，就像穿过一个凝重的惊叹号。她穿着自己与青珍耗时半年缝制的新衣服，上身是宝石蓝配黑色描金绣花衣领上衣，下身是黑色大摆裙，由红、黄、绿、蓝四色层层镶边，再配上由珍贵的胭脂虫染成的红色绣花围腰，脚上的八宝鞋像一片五彩祥云，托着她衣袂飘飘，步履如风。

拉措的出现，让全场的姑娘们黯然失色，就连天上的太阳、盛开的鲜花，瞬间都失去了光彩。

“天呐，是仙女下凡吗？”人群中不知是谁这样说。女人们都显出难以克制的嫉妒，尤其是那些姑娘看见莫尼若也两眼发直地望着拉措的时候。

苏吉土司也喜欢美女，不过当他看见大夫人和三太太越来越阴沉的脸，就使劲把那份非分的激情压下去了。再一看刘县长，他的口水都要掉下来了——其实刘县长淌口水主要是因为犯了烟瘾，不过土司不知道。土司心底就鄙夷地想，这个县长老倌，也太没自知之明了吧。

但土司不想因为一个姑娘而得罪刘县长。他悄悄地问县长：“看上了？”

刘县长答非所问如梦如幻地说：“啊呀，真乃人间绝色啊。”

土司说：“嗨，那也没什么，不就是个姑娘么？你喜欢，我就把她送给你。”

土司对刘县长的文绉绉非常不耐烦。在他的概念里没有什么姑娘是不得了的。如果换作自己，他是可以立马就把这小姑娘带回府中当四太太的。汉人难道就是这么假正经？

于是土司站起来大手一挥说：“毫无疑问，拉措姑娘是今天赛衣会上最美的姑娘。她身上的衣服是我们罗玛沼最优秀的印染和手工，没有谁能比得过。”

人们惊喜地欢呼起来，把拉措吓了一大跳。最美的姑娘一旦选出，就是宣布赛衣会的高潮时分到来了。这也是把自由还给平民们的时候，人们可以不顾贵族们的眼光，自由歌舞和恋爱了。老百姓们其实等的就是一刻。

土司又说：“今天到场的最尊贵的客人是刘县长，他有权决定这位最美的姑娘的命运。拉措，刘县长看上你了，你就要成为城里的女人了。”

人们更加激动了。罗玛沼赛衣会上最美的姑娘，一转眼就要成为县太爷的人了，有人觉得好，有人觉得不好，他们吵吵嚷嚷地争论起来。

刘县长表现出一副大官的派头，不置可否地说：“苏吉老爷，您太客气了。”

不过嘴上这么说，他的眼睛像刷了牛皮胶，牢牢盯在拉措脸上。

拉措很惊讶。她抬头一看那个刘县长，五十多岁，还谢了顶。这个老头看上了自己？她上前两步对土司说：“尊敬的苏吉老爷，我不明白您的意思。”

土司说：“我的意思，就是刘县长的意思。如果刘县长想带你走，你就可以跟他去县城里享受荣华富贵了。”

拉措说：“老爷，我不会跟他走。”土司听了，就把目光定在拉措身上。这姑娘是汉人和倮倮人生的，长得美如天仙，他还是第一次见到。这两年以来，值得土司把眼睛定在身上的女人已经不多。大多数女人被土司注目时，大体可分为两类：巴结讨好或者惊慌失措，不管她们漂不漂亮。

可眼前这小姑娘就怪了。她看土司的眼神，就像看一棵树、一块石头、一条河流、一块泥巴，或者一张桌子那样自然，没有任何情绪色彩。没有惊慌恐惧，也没有巴结讨好。土司盯着她一分钟，她也盯着土司一分钟，目光明澈干净，没有杂质，反而显得异常深沉。这样的女孩，土司还是头一次见。

土司说：“你是罗玛沼的奴隶，得听主人的话。”

拉措便从腰间抽出一把小刀抵在脖子上。“那就在此把我杀了吧！”她的眼神冷冷的，姿态却很优美。

威胁土司，这事可大了。世雄赶紧钻进来跪在土司面前求情：“老爷，我妹妹年纪还小，她不懂事，求老爷宽恕。再说她还没有资格参加赛衣会，所以也没有资格成为今天最美的姑娘。”

土司不满地哼了一声说：“你们的爹娘教给你们的，就是违抗土司的命令吗？”

拉措心中涌起巨大的悲愤，她一着急心中反而就有了一些力量。她想这事没人能帮得了自己，只有自己帮自己了。她慢慢地一步步向刘县长走过去，用那双秋水般明净的眼睛坦然地望着这个五十多岁、头发花白、身材瘦小、满口黄牙的大官用汉话说：“县长大人，我是一个十四岁的山野丫头，只跟我爹学过不多的汉字。但我爹曾经告诉我，汉地的好官与良民，就像是父与子、鱼与水的关系一般。汉人自小得饱读诗书，接受圣贤教诲，才能做得一个好官。您是我见到的第一个汉人大官。可是，跑到罗玛沼这样的蛮夷部落来逗姑娘找乐子，是你们的为官之道吗？”

她说的汉话罗玛沼人都听不懂，他们惊愕而兴奋地议论说：这真是一出好戏！但世雄听懂了，他震惊地张大了嘴，不敢相信这样胆大妄为的话是出自年仅十四岁的妹妹的口中。他带着大难临头的表情，拼命地向拉措比手势，叫她不要再说这些会惹来大祸的话。

拉措一口流利的汉话把刘县长再一次镇住了，他完全没有想到这蛮夷部落里会有如此口齿伶俐的姑娘。她咄咄逼人振振有词，还摆出了一番为官的道理。她本应该卑躬屈膝，本应该战战兢兢。她爹娘都是土司家的仆人。可她不仅没有这样，还无情地剥下了他身上那层挡在倮倮人面前的“汉官”的神秘面纱。她步步逼近，一种无形而明亮的气场压得他挺不自在。她太美，她的美已经能够成为武器了。她的眼睛太亮太干净，让他自惭形秽地退后了几步。

苏吉土司也没怎么听懂拉措说了些什么。他看刘县长一脸尴尬之色，觉得很有趣。他哈哈笑起来说：“刘县长，这小姑娘在骂你吗？”

刘县长忽地一个机灵就明白过来了——自己以一个汉人官员的身份在民族地区引起争议那纯属自找麻烦。这一来他有些清醒了，对美色一清醒，大烟的狠劲儿就上来了，“哗”地一下直冲脑门。

刘县长忽然对着天空连打了十几个呵欠便眼泪口水直流，面条似的软倒在旁边的仆人身上。

“嗡”的一下，现场就乱了。土司大吃一惊：“这是怎么回事？”

“他被妖女诅咒了……这女孩盯着县长大人的眼睛叽里咕噜，她在念咒呢……”有人惊恐地说。

“哗”的一声，围在拉措身边的人群整齐地往后退开。

土司大叫：“先把这姑娘抓起来。”

莫尼若走到拉措跟前，弯腰向土司行礼：“父亲，我保证这女孩没有施咒。”

土司生气地说：“你拿什么来证明？刘县长是我请来的贵客！在罗玛沼他连一根头发都不能少。”

“我没有施咒！我只是跟他说了汉话。”拉措着急地说。她不明白刘县长怎么会突然发病了。

可看上去刘县长却越发痛苦的样子，鼻涕眼泪淌了一脸，害冷病似的浑身颤抖，缩成一团。

土司大声叫哈比来看看刘县长。可哈比正被更远一些的人群围住了唱调子，一阵风过来，土司的声音就被吹散了，这让土司气急败坏地摔了一只酒杯，泥水溅到了两位夫人的裙子上。

“啊啊，我可以证明拉措没有施咒。”一个皮肤黝黑的少年拨开人群走了进来。他穿着奇异的服装，可长相却很英俊，一口白牙，身材笔挺。是拉措刚刚认识的汉人少年周复生。

“土司老爷，这位官老爷没有病，他只是犯了烟瘾。”周复生说着指了指拉措，“这位小姑娘，就更没有施什么妖术了。”

“小子，胡乱说话是要掉脑袋的！”土司身边的亲兵总管鹿丫对他拔出腰刀。

周复生给土司行了个大礼说：“尊敬的老爷，这位汉官吸的烟不是你们的兰花烟。喏，跟我娘一样，那叫作大烟。”他朝不远处的山坡上指了指，那里有一个同样身着奇异服装的妇人半躺在马缨花树下，手里拿着什么东西看不清楚，但从她的姿势来看她非常舒服。

周复生说完就朝那个妇人走去。他再回来时，手里拿着一支烟枪。

刘县长得到这支烟枪，就活过来了。

土司大开眼界，拿过烟枪看来看去不无惊叹。他亲自扶着刘县长去搭在树下的青棚里休息，又转回头吩咐鹿丫看好拉措，说这姑娘犯了错，不能让她走。

“还有你，小子，明天到土司府来领奖赏吧。”土司冲周复生说。

一身黑衣的莫尼若懒洋洋地走到土司面前说：“父亲，拉措姑娘的阿妈是自由人身份，她不完全是你的奴隶。这样随便把她送给人家，不符合罗玛沼的法度。”

莫尼若就像带着魔力，他往哪里一站，就像一道明媚的阳光照亮了众人的眼睛。于是人们都纷纷附和起他来。几个老人表示他们可没想到那么美的小姑娘竟然要被送给这个汉人老头。小伙子们不满地嚷嚷着，说这个赛衣会不公平，美丽的花朵怎么能还没有散发芬芳就给外人摘走了？

土司摆了摆手说：“等刘县长发话再说。”

大少爷莫尼若可不听土司的话。他笑了笑悄悄对土司说：“父亲，你是罗玛沼的王，保护你的子民是王的责任。”

不等土司说话，他就像一朵黑色的云彩那样优美轻盈地走到人群中去了。他俯下身子对着拉措的耳朵轻轻说：“还不跑？丫头。”

拉措抬头看了莫尼若少爷一眼，她看到一张俊美无比的脸和一双泉水般明澈的眼睛。这个美丽的男人说完就双手一抬脱下了那件油光水滑的狐皮大氅，举在空中旋风一样舞了两圈，大声说：“跳起来啊，姑娘们！”

一片狂喜尖叫立刻炸开了锅似的在姑娘们中间响起，她们迫不及待地让领舞弦头赶紧弹起调子，色彩缤纷的花衣花帽就像艳丽的鲜花，立刻就把莫尼若淹没了。拉措就在莫尼若身边，她也陷入了花团锦簇、粉面香腮的漩涡之中。她明白了莫尼若的意思，立刻趁乱钻出人群朝山上跑去。

等鹿丫发现，拉措已经跑远了。鹿丫立刻带领几个家兵去追赶。

刘县长抽了大烟，现在又精神抖擞了。但他对拉措跑掉的事倒显得无所谓，呵呵笑着说："土司大人，怎么能跟小娃娃计较呢？这姑娘不同寻常啊！长得漂亮又有个性，就让她这朵野山茶自由地开着吧。"说完他端起酒杯找大毕摩哈比喝酒去了。

一切紧张和不愉快很快就被欢歌热舞掩盖了。

世雄这才醒过来似的，冲出人群去追拉措。

黑不溜秋的少年周复生张大了嘴，像是看了一场大戏一样嘿嘿地笑了，自语说："哦，原来赛衣会好像赌博啊，手气好的就赌得个如意郎君，手气背的就得担心把自己的下半生赔进去了。"

拉措一边跑一边心中满是委屈，满是失落。她没想到第一次参加赛衣会的结局会这样尴尬，这样凶险。不说相中一个如意郎君吧，就连一个可爱的小伙子都没遇上，她就成了最美的牺牲品，要被赏给那个老头子。

她没有注意到一旦进入山林，自己身上那种与众不同的力量就显现出来了。她很快与山林融为一体，就像一棵树融进了森林，一滴水融进了大海。追在她身后的人，包括世雄，忽然发现那个身着五彩衣裳的拉措消失了。就连她身上的气息，也变得跟森林的气味一样，就算是猎狗，这时也闻不出东西南北了。

所有追过来的人都茫然地停住了脚步。

拉措就这样跑掉了。她跑进了森林，顺着一条小溪一路往高处和深处走去。太阳的光线在高大的树林里忽隐忽现，四周都是鸟啼和虫鸣，脚下的山路变成了松软厚实的落叶。拉措知道自己已经来到了森林的深处。她舒了一口气想：这下终于离开那群无聊的人了。

她放松下来，轻轻地哼起歌，心情慢慢地好了。于是她想起哥哥世雄来：不对，我这样走掉，哥哥找不到我，那怎么办？

拉措又停下脚步。可是折回去，遇上土司的追兵怎么办呢？

当她正在举棋不定时，密林里“哗”的一声响，钻出一个人来。

他有一头深棕色微卷的长发和一双深奥明亮的眼睛，年纪不大，十五六岁的样子。他的肩膀上扛着一个软绵绵的人，像是昏过去了。

他见到拉措，怔在原地几秒钟，忽然准确地叫出了她的名字：“你是拉措？”

拉措也几乎是同时想起了这个人，就是十年前把她从土司府的水池里拉上来、和她一起吃水煮鸡蛋的土司少爷热雷阿鲁。

12

事实上，阿鲁和布勒在摩玛山迷路了一整天，今天才算找着下山的路。

那天清晨，阿鲁和布勒进入大沼泽后不久就进入了一片茂密的树林，如果天上有只眼睛，会看见他们像两只自由的小动物漫游在茫茫的林海之中。可他们自己并不知道这个林子有多大。森林茂密幽暗如迷宫，他们觉得总也看不清前方。原来摩玛山根本不是他们想象的那样美好，会朝他们张开温暖的怀抱。它对谁都一样，永远深邃冷酷。头顶上全是古蛮的野藤，蛇一样缠满了巨大的青钩栲和水青树。红豆杉和雪松的树冠足以遮天蔽日，所以他们也分不清是天真黑了，还是太阳被树遮住了。他们脚下是一层不知道沉积了几百年的寄生草，厚厚的，走在上面像飘在云层里。亲切的粉红杜鹃在这里消失了，取而代之的是植株高大的曼陀罗，巨大的雪白花朵绽放出惊人的野性和明艳，它总是像一个身穿白衣的女人忽然闪现在前方黑暗拐角处，让人大吃一惊。它们经历了若干年的风雨，长得无比高大肥壮，野气十足，骄傲地散发着让小昆虫自投罗网的香气。

气温也随之降下来了。这意味着他们进入了森林的深处。树与树的暗影中，像是多出许多窥探的眼睛，仔细一看，又没了。两个人有些害怕，森林变得陌生而诡异起来，翻脸不认人了。他们不知不觉就手拉着手，互相把冷汗捏得吧吱响。布勒说："少爷，咱们没走错吧？这地方没有路啊。"

阿鲁说："我听说去英雄崖要经过一片黑森林，大概说的就是这里了。"

一声尖厉的号叫忽然从身旁掠过，紧接着又是一声。一些毛乎乎的身影在昏暗的树林里躲闪着逼近。

"别怕，别怕，是野猴。"阿鲁安慰着胆小的布勒。一边摸出弓箭来。

忽然布勒"啊"地惊叫一声，一只动物"嗖"地从树下飞下来，朝布勒手上拍过来一爪子，挠出几道血痕，还抢走了他手里提着的葫芦水壶。整个森林里发出了一片骇人的尖叫声，东西南北有无数条黑影在林子里飞来飞去，迅速向他们逼近。阿鲁说："糟了，遇着猴群了，至少有一百只。"

布勒浑身发抖，他听说过进摩玛山的猎人被猴群咬死的事。阿鲁也知道对付一百只野猴比对付一头狼更难。它们狡猾，野性十足，动作又快，单个的杀伤力并不大，但如果成群地发起攻击，也是非常危险的。他大叫 声："走！"拉起布勒拔足狂奔。

两个人东奔西窜，毫无头绪地一阵冲撞，发现森林更黑了、更迷茫了。也不知奔逃了多久，忽然两人一脚踩空，从一个山坡上滚了下来，重重地摔在一堆坚硬的卵石里。他们来到了一条溪流边。虽然两人摔得不轻，但他们终于脱离了黑森林的梦魇，白色曼陀罗的迷惑，还有野猴们的追赶和嘲笑。

两个少年躺在乱石堆中喘息了一阵，阿鲁哼哼着说："哎哟，我舌头都快掉出来了。"

两人呵呵地笑着爬起来，到溪水里清洗身上的泥沙和伤口，重新寻找出路。他们顺着溪水走，但并不清楚溪流的去向。很快再次筋疲力尽，天也黑了。

阿鲁非常乐观。他首先安慰布勒："别怕，我们在河边住一宿，天亮了再走。现在，我们去捡些树枝。"

布勒听从阿鲁的话，阿鲁说一，他不会说二。两个人立刻分头行动，找来一些干树枝，堆在一个背风的凹地里。布勒愁眉苦脸，说："没火种，怎么办？"

阿鲁拍了他一巴掌，说："我是奴仆么？什么都来问我？"

布勒眼泪汪汪，说："少爷，你打死我吧。"

阿鲁嘿嘿一笑，从怀里掏出一盒火柴来，兴奋地在布勒跟前晃了一下，说："瞧见没有？火种！这叫洋火，除了这只手电筒，这是我最喜欢的另一件东西。"

"嗤"的一声，一朵小小的亮亮的暖暖的火苗照亮了布勒惊喜的眼睛。只可惜，随着一股呛人的烟味儿，火苗只维持了短暂的一瞬。"啊！"布勒发出了无比惋惜的哀叹。

"别急，还有呢！"阿鲁轻轻抽出火柴盒，里面整齐地躺着十几根头顶小红帽的小木棍。

篝火燃起来了，两个男孩欣喜地望着越燃越旺的火焰，很有成就感。

阿鲁叹了口气说："汉人很聪明，他们做出了能随身携带的火种。还有这个，能把太阳光收进来藏好，用的时候再打开。"

他拿出手电筒，在手里爱抚着。

布勒说："嗯，难道汉人就是夜猫鬼？"

阿鲁说："他们比夜猫鬼还厉害呢。夜猫鬼只偷火种，但汉人创造了火种。"

阿鲁忽然竖起一根手指放在嘴唇上说："嘘！你听到什么了？"

布勒吓得头一缩。

却见阿鲁面露喜色，说："布勒，跟我来。你饿不饿？今晚我们有口福了。"

布勒说："我很饿，少爷。可这黑咕隆咚的，能有什么口福？"

阿鲁拉起布勒，小心地摸到河边，打开手电筒射向一条石缝。石蚌！它们黑亮的皮肤浸在清澈的溪水里，刚刚冬眠结束，出来觅食，为交配做准备。

祖先保佑！两人欢叫一声。布勒立刻去掰来了树枝，两人分工合作，由阿鲁认准目标后猛地一下打开手电筒。在强光之下，石蚌只有发呆的份。布勒趁机用树枝照它头上一打，它立刻白肚照天，晕倒啦！

两人冲进水里一阵扑腾，逮住了几只正在求偶的石蚌。片刻之后，这几只浮上水面寻找爱情的小动物已经被烤得皮焦肉嫩，成了两个男孩的美餐。

忽然布勒“呃”的一声，瞪大眼睛说：“少爷，大事不好了。”

阿鲁抹抹嘴呼了一口气，满足地拍拍肚子说：“哪里不好？不就是缺了点盐，但味道一样的好啊。”

布勒说：“就在刚才去掰树枝时，我好像被什么东西咬了一下……”

他捧着自己的左腿，人往旁边一歪就倒了下去。

“布勒！布勒！”阿鲁叫他，布勒微弱地说了一句：“蛇啊……”

阿鲁忙去拿手电筒，可是刚才因为捉石蚌，把电池给耗光了，电筒鬼眼似的闪了两下，彻底熄灭了。

就这样，等到天亮，布勒已经昏昏沉沉，话都说不出来了。

于是阿鲁只好背起布勒，顺着河流往下走了一个早上，累得筋疲力尽。这个十五岁的男孩第一次尝到了人生的苦味。水壶被猴子抢走了，苦荞饼和麂子肉早就吃完了。小马因为嫌麻烦在昨天早上就留在了大沼泽边，现在全靠两条腿啦。昨晚的几只烤石蚌早就在天亮后消化殆尽，而且布勒还为此付出了惨痛的代价。在背着布勒顺着河边的丛林瞎转悠的这一整天里，阿鲁吃了几只在鸟窝里啾啾待哺的雏鸟和没来得及孵化的鸟蛋以及一些没有熟透的老鸨果和许多刺白花。这是这个季节能找得到的，在他的认知范围里能吃的东西。结果他一边走，一边又拉又吐。现在，阿鲁已经饿得肚皮贴着背脊，眼前一会儿黑，一会儿亮，脚下一忽儿深，一忽儿浅，这可是土司少爷从来没有体验过的滋味。

嘿，嘿……阿鲁喘息着，跟自己斗着气说：“我不相信，会走不出去……死奴才，笨奴才……就是爬，我也要把你背着爬出去……”

可是背上的布勒越来越重了。最后阿鲁浑身淌着虚汗，脚再也抬不起来了。他嘿的一声，把布勒丢在一块大石头上，自己脚一软就瘫倒在草丛里，狗一样伸着舌头呵呵直喘气。布勒似乎是睡醒了一觉，睁开了眼睛，他看见阿鲁的后脑壳在星星的亮光里晃来晃去。

他微弱地发出了一点声音，他全身都已经麻木了。接着他听见阿鲁说："哎呀，你这个笨奴才，背得我快要死了。"

他明白是土司少爷一直在背着他走。接着阿鲁的脸探了过来，布勒想抬起手抚摸一下，但他的手也仿佛不是自己的了。"少爷……"他再次发出微弱的声音，"你把我放在这里，顺着河往山下走，就出去了。哪有……哪有主子背奴才的……"

阿鲁喘息着说："你想在这里喂狼吗？那不是水声，是狼在嚎。我们迷路了，嗨，这条河，也不知是流去哪儿。"

布勒又不说话了，他的眼睛重得睁不开。阿鲁摇晃着他，叫道："布勒，布勒，你别睡，跟我说话啊。"

布勒那只被蛇咬过的小腿已经变成紫色，肿得像一截紫萝卜。伤口周围起了一层小水泡，鲜活的，似乎可以听到它们滋滋隆起的声音，它们欢快地吮吸布勒身上的水分和精力，布勒在它们滋滋的歌声里迅速地委顿下去。

"是我害了你，布勒。我也快饿死了，背不动你啦。"阿鲁喃喃自语。他再也拿不动他的腰刀了——这一路上，他用腰刀劈开了各种挡住去路的荆棘，满手血泡，腿酸脚软。恐惧、饥饿、疲劳、疼痛占据了意识的大部分，英雄梦退缩到了背后，小得几乎看不见了。

他想起那条无声无息咬了布勒就立刻消失无踪的蛇，是一个多么迅捷高效的猎手啊！而在这样的猎手面前，他这个尚还没有成为英雄的二少爷，只剩下惊慌失措、笨拙和愚蠢。他看着布勒，心里很后悔，认识到了自己的莽撞和弱小。

"必须在天黑前走出去，不然布勒就没命了。"他自语着说，又把他扛在自己还不算很强壮的肩膀上。

"噢，布勒，你真瘦。"他说。布勒这次没再动了，他的呼吸一阵急促，一阵微弱，但他再次睡着了。

就在这时他听到了有人在唱歌，歌声很美。终于遇到个活人了！听声音还是个不错的姑娘。他高兴地扛着布勒冲出了树林……

结果，他就遇到了拉措。

13

阿鲁和拉措都认出了对方，开心地哈哈大笑，像是认识了多年的朋友一样亲切，一点也不生分。笑过了，阿鲁就上下打量着拉措说："你这是要去参加赛衣会？打扮得挺美的。这身衣服，像个新娘子似的。"

拉措脸红了，说："你说错了，我正从赛衣会上逃出来。"

阿鲁英俊的脸上全是汗水，就连身上的衣服都湿透了，散发出一股小动物般热气烘烘的味道。他咧开嘴笑了笑说："干吗要逃呢，难道赛衣会上有野兽吗？"

他说着就把肩膀上扛着的人放到路边的石头上，说："死奴才，别看你瘦，还挺沉的。"

拉措说："他怎么啦？"

阿鲁懊恼地说："他是布勒，半路上给蛇咬了！若不是他被咬了，我们早就爬上英雄崖了。"

布勒半睡半醒，哼哼着说：“少爷，奴才该死，竟然让少爷背奴才……”

阿鲁坐下来喘着气探过身子拍了拍布勒的脸说：“原来你还活着啊？”

拉措说：“别闹了，让我看看。”她想，这位土司少爷肯背着奴仆走那么远的路，没有把他丢在森林里，看来他良心挺不错的。

她凑过去，就看见那个叫作布勒的小奴青嘴白脸的，深一口浅一口地吐着气。“伤在哪儿？”她问阿鲁。

阿鲁挽起布勒的裤腿，说：“咬着小腿了。”

拉措一看，伤口在脚踝上方，青紫色，周边全是暗红的瘀点。阿鲁用一条布带子在伤口上边扎了一道，但他整条小腿已经肿起来了。拉措说：“是竹叶青咬的啊。”

阿鲁睁大眼睛惊奇地说：“你懂得医术吗？能治吗？”

拉措说：“把他搬到河边吧，要清洗伤口，河边有血水草，可以治蛇伤。”

阿鲁像是见着救星一样欣喜地扳起布勒的身子叫道：“死奴才，你有救了！”他一把抱住布勒使劲勒着，高兴地说：“好了好了，你不会死了。”

布勒苦着脸笑起来说：“少爷……少爷啊，布勒不会死的，你放心好了。”

拉措看着这一对主仆哭笑不得。

来到河边，拉措刷地从腰间的小包里抽出一把小刀。阿鲁一脸惊愕。在罗玛沼的传统里，倮倮女人是不带刀的。拉措便说：“别奇怪，我带着刀是用来挖药的，今天刚好派上用场了。”

她说着就抓住布勒的脚，一把将他的草鞋扯了下来。布勒虽然半昏迷，但被一个女孩脱掉鞋子，那可是有生以来第一次。作为奴仆，只有他为主人脱鞋的。他大为震惊，大为忸怩，便使劲儿睁大眼睛，定定地看了拉措一眼。这一看，布勒只觉得自己的心“轰”的一声，炸出无数绚丽火花：天啊，我不是在人间吧，我死了吧，我见着仙女啦！

他急促地喘了几声，头一歪就靠在阿鲁的怀里。如果这是梦，就让我永远不要醒来吧。他想着，激动加上病痛，他马上就要喘不上气啦！

拉措用刀把布勒的伤口割开了一个十字，说："布勒，你忍着点啊！"她说完就使劲挤他的伤口，紫黑色的血一股一股往外涌。阿鲁也不禁看得皱起了眉，嘴里吸了几口凉气。可布勒一点儿也不觉得疼，他的眼睛不敢看拉措，只敢看着她的一双雪白的小手被他的污血染红，这时他不是心疼自己，而是心疼起那双小手来。

更加令人震惊的事接着发生了。拉措抄起河水清洗了布勒的伤口，又仔细地挤捏了几下，皱着眉说："还有毒，但挤不出来了。"她说完就伏下身子，毫不犹豫地一口含住了布勒的伤口吮吸起来。

阿鲁大吃一惊，布勒更是"噢"地大叫了一声，他浑身一下子就僵住了，眼泪"哗"地流了出来。这美丽的姑娘竟然不顾自身危险用嘴去吮吸一个奴隶脚上那肮脏的毒血。真是天翻地覆了。阿鲁完全呆住了。他震惊地看着拉措秀美的侧脸伏在布勒的脚上，一头乌黑的头发垂落下来，随着她的动作轻轻摆动。慢慢地，他眼里的震惊变成了柔软的感动，晶莹的泪光微微地闪烁着。他伸了伸手，想要劝阻拉措，但他的手却停在了她的头发上。轻轻地，他没有再动。他年少的心灵第一次有了异样的悸动，是那样的震撼，却又无比柔和甜美。

一直到布勒的伤口里流出了鲜红的血，拉措才停止了吮吸。她累得满头大汗。接下来她又蹚过小河，到对岸的湿地里采来一大把血水草，用小刀切碎了，给布勒敷上。

"哈，小布勒，别哭了，一会儿就不疼了。"她看见布勒一直在流泪，就拍了拍布勒的脸说。她站起身来舒展了一下弯了半天的腰，脸上带着大功告成的喜悦。

布勒却"哇"的一声更大声地哭开了。他的表情像是受到了天大的委屈，又像是得到了天大的宝藏。

阿鲁则忽然发现自己一直都在仰望着拉措。他有些不好意思，便站起身来拍拍手上的灰土说："喂，你可真厉害。"

拉措说："他还没完全好呢！得吃上十多天药，要是不想把腿切掉的话。"

阿鲁听了，便摆起土司少爷的架子，一本正经地说："拉措，你好人做到底，把药给我吧。你看，布勒哭得多伤心。"

可布勒究竟是为什么哭？阿鲁可能永远也想不到。

拉措说："跟我走吧，我家里有药。"

阿鲁就扛着布勒跟着拉措往山下走，不一会儿正巧遇上来找拉措的世雄，世雄说："土司老爷的人走了，刘县长也走了。"拉措松了口气，说："好险！"

阿鲁说："发生什么事了？"

世雄没好气地说："土司老爷竟然想把我妹妹送给那个汉人老头。"

阿鲁愣住了，说："刘县长？哦，这太糟了。"

拉措用胳膊肘拐拐世雄说："别提这事了。特别不准跟阿爹和阿妈讲，不然他们要给急死。"世雄哼了一声不说话了。阿鲁想：原来这就是拉措要"逃出赛衣会"的原因。他小心地偷看拉措的脸色，正巧碰上拉措也看了他一眼。二人目光相对，"噗"地笑了起来。这时两个人都觉得对方是那么清纯剔透。

拉措和世雄带着土司少爷回家，可把青珍和杨清远吓坏了。他们做梦也没想到，自己的女儿去参加赛衣会，带回来的竟然是土司少爷。

拉措一看父母的神色，就知道父母有些误会。赶紧抢着对青珍说："阿妈，他们是来拿药的，那个……跟赛衣会没有关系的。"

青珍满心狐疑，但还是没有多问。她先给布勒看了伤，说拉措处理得很好。然后她让世雄把布勒扶到一间小客房的床上躺了下来，给他重新敷药包扎，又去柴房配好了一大包草药。

拉措呢，直接去了厨房，给阿鲁和布勒炒来两大碗鸡蛋炒饭。青珍看了，默默地去菜园子里拔来两棵青菜，煮了汤，端到土司少爷面前，然后惊讶地看着他狼吞虎咽。

阿鲁吃完，礼貌地朝青珍说了一句："谢谢大婶。"

然后他朝拉措笑了一笑说："我非常困，要在你家住一晚。"他打着呵欠，伸着懒腰，就往火塘边的地台上卷起了身子，掖了掖身上的羊毛披风，片刻就打起呼噜来。

对杨清远和青珍来说，这完全像梦境一样神奇。

他们目瞪口呆了一会儿，就把拉措拉进里屋，审问起她来。

但他们没想到拉措的答案会这样简单。拉措说："在赛衣会结束后，我在回家的路上遇着了土司少爷。他的仆人布勒被蛇咬了，我帮他敷了些药。为了让布勒好得更快一些，土司少爷说要跟我回家拿些药。所以他们就来了。"

青珍说："真是这样？"

拉措说："真是这样。"

但土司少爷说要在家里住一晚，这可麻烦了。杨清远家没有多余的房间，一间简陋的小客房已经给布勒睡下了，而且家里人睡过的床，他们都觉得不好意思给少爷睡，怕他嫌弃。青珍想了想，叫拉措去把姑娘房收拾出来，连地板也拿抹布去擦洗了两遍，才把家里最好的被褥拿来铺好，去把阿鲁叫过来睡下。

阿鲁被拉措叫醒，迷蒙着眼睛跟着她来到她的姑娘房。拉措点了一支蜡烛，说："住在大山里，你怕不怕？"

阿鲁故作深沉地说："小姑娘，你认为我胆子没你大么？"他说着拍了拍肩膀上的弓箭。

"你为什么要去摩玛山的英雄崖？那里是什么样子的？"拉措一边铺床一边问。

阿鲁没想到她会提起英雄崖。他的瞌睡一下子就跑了，他往地上打了个盘腿坐了下去，又拍拍身边说："来，坐着我给你说说英雄崖。"

拉措也很感兴趣。她挨着阿鲁坐在地上，把蜡烛支在两人中间，一团橘红色的光把两个人的眼睛照得亮亮的。

阿鲁开始描述英雄崖的模样：它应该很高，这是最基本的，站在那里，看得到整个罗玛沼小镇，以及小镇以外其他的部落。它应该有黑而发光的岩石，像星星一样棋布于宽广的山顶。云彩飘浮在半空，人一走动，雪白的云就像腰带一样缠住你。岩石下有水，有瀑布，野猴穿梭于其间；大王杜鹃一年四季都盛开，树上栖息着成双成对的相思鸟和能辨别方向的太阳鸟。花瓣布满地面，像红色的丝绸垫子，躺在上面正如躺在温暖舒适的大床上。成群的岩羊悠闲地吃草，它们数量之多，连猎豹也懒得看它们一眼——它太饱了。还有老鹰，他最爱的老鹰，老鹰应该飞得高一点，再高一点。它飞到天上看不见的地方，又像风一样飞回来，带回山那边的消息。英雄就驻扎在此地，他腰悬宝刀，踏上最高的那块岩石张弓搭箭，大风鼓起他的黑色大毡，如鹏鸟展翅，风云色变，万物都仰视他。

拉措听得入了神。她说："那块石碑上写的是什么呢？"

阿鲁叹了口气，从幻想中回了现实里。他说："这一切都是我想象的。如果布勒没被蛇咬，可能我已经见着那块一百年前的石碑了，也就能告诉你上面写的是什么了。"

拉措说："那么你也就是英雄了。"

阿鲁怔了一下说："你觉得我能当英雄吗？"

拉措说："当然能。你对一个奴仆都那么好，又善良又有胆量，为什么不能？"

阿鲁就定定地望着拉措说："真奇怪，第一个说我能当英雄的人竟然是你。"

拉措笑了笑说："我爹说，英雄扶贫济世，所以想当英雄的人一般都是好人，没有坏人。"

她将蜡烛从地板上拿到桌上支好就退出了房间，在门外轻轻地说："晚上要是有人拍门你可别开，那可能是熊。"

阿鲁坐在忽闪忽闪的烛光里，早被拉措那一番知己般的话弄得像个诗人似的深思起来。他想起拉措的笑脸，心里有种喝了蜂蜜水的感觉。

这个夜晚，拉措悄悄跑出来看了姑娘房两次，看到门窗好好地关着，才又放心地回去睡了。青珍把一切都看在了眼里，她想：这完全就是一个悬而未结的故事。

土司少爷阿鲁在得到一个长长的睡眠之后，终于在一阵中草药的苦香味里醒了过来。他睁开眼就看见自己躺在一间陌生的木头房子里，听到门外有火塘里的麻栗树噼噼剥剥燃烧的声音。空气中还有米饭的味道，这味道迅速唤醒了他的肠胃。肠胃一醒，再怎么困的人，都不会再睡了。他伸了个懒腰，习惯性地叫了声："布勒！"

"醒了醒了！"

他听到有人惊喜地说。

接着门被推开，有两个人弓着身子走进来跪在地上。"少爷，让您受苦了。"其中一人说。阿鲁看清了，是杨清远和拉措。他赶紧站起身来说："你们干吗跪着，赶紧起来呀。"他伸手就去扶拉措。

杨清远诚惶诚恐地说："少爷，咱们得讲主仆礼数。"

阿鲁的手停在半空，有些尴尬。他只好去挠挠后脑勺。

杨清远说："少爷，你的小奴布勒已经吃了药，我媳妇说他没有什么大碍了。"

阿鲁哦了一声，四下里看了看，门外就是一个鲜花盛开的小院落，却不见布勒。杨清远接着谦卑地说："尊贵的少爷，早饭已经做好啦，您能在我家吃上一顿饭，是我家的福气！布勒在草棚里敷药，我去叫他来。"他说完，爬起身来弓着腰谦卑地退了出去。

阿鲁跳下床，在这间弥漫着草药味的木屋里走了几步，试了试手脚——它们都还很灵光，很有力气，手上的血泡也给悉数挑破了，还上了药膏，已经不疼了。他的活力又回来了。他伸手将拉措拉了起来，小声说："你爹走了，还不起来？"

拉措就站起来，笑眯眯地望着阿鲁说："昨晚睡得好吧？"

她已经脱下了那身富丽的五彩绣衣，换上了简单的青灰色麻布贯头衣，乌黑的头发随意地落在纤巧的肩上，衬得她就像一朵洁白的莲花一般清秀可人。他们离得很近，一阵野姜花的清香从拉措身上飘过来拂过阿鲁的鼻端。阿鲁全身的血突然一下子全涌到脸上，心跳加速，窒息似的呼吸困难。他慌乱地放开拉措的手走开两步，说："拉措，给我倒杯水来。"

拉措说："已经泡好茶了。"

她像只欢快的小鸟一样轻盈地一转身，就跑到堂屋里端来一杯热乎乎的茶水。

阿鲁接过来喝了，心跳依然难以平复。

拉措完全没有注意到阿鲁的反应，说："你知道吗？你们土司府喝的茶，都是我采的。"说起茶叶，她就很开心很自豪地笑起来了。

阿鲁感到她的笑声像一串清脆的水晶珠子从天空落下，正正地落在他的头顶，从头发里钻到他心里去了。这样一来，往脸上跑的血更多了。

他一把拉住拉措的手："别笑了。"

拉措睁大眼睛不解地望着他。

阿鲁又不知道该怎么表达此刻的情绪了。他的手心出汗，心跳加剧，有一种想拥抱这个姑娘的冲动，但他却说："你懂那么多草药，是怎么做到的？"

拉措说："我六岁就跟我阿妈进山采药了。我阿妈说，世间万物，都是互相消长，一棵毒草旁边，常常会有它的解药；在毒蛇栖息的地方，也一定就有解毒的草。"

他们谈起草药，关于植物的话题终于让阿鲁觉得心跳缓下来了。

"对啦，我阿哥已经去土司府报信了，他们很快就会来接你回去的。"她说。

这时，布勒进来了。

"少爷！"他叫了一声，把阿鲁从脸红心跳的窘境里解救了出来。阿鲁回过神来，呼吸正常了，血也从脸上退回到它们该在的地方。

"布勒！"阿鲁跳起来，扑过去一把将布勒抱了起来。

布勒还很虚弱，他被阿鲁一下子就抱离了地面，晕乎乎地转了两圈，差点儿就被阿鲁勒昏了。

"噢噢……少爷放我下来。"布勒像被人捉住的小鸟那样可怜地叫着，一边又笑得流出了眼泪。

14

再说赛衣会结束后，苏吉土司回到府里，一直等到第二天也没有阿鲁的消息。土司心里就有些焦躁起来。他知道阿鲁是有点野，但这样三天不归家的事还从没有发生过。他毕竟只是一个十五六岁的孩子。他开始着急了。

土司派出了几十个人，到处搜寻失踪的土司少爷热雷阿鲁和奴仆布勒。三太太阿月秀在家中等待消息，不时地奔上碉楼用苏吉土司的望远镜毫无目的地张望。

当她失望地走下楼来，看见大少爷莫尼若独自坐在那棵红椿树下喝茶。她气不打一处来，冲过去对着莫尼若没头没脑地大叫了一声。她本来想骂他几句，可叫了这一声之后，莫尼若抬起头来看了她一眼，她就什么也说不出来了。

“莫尼若。”她气息微弱、低眉顺眼地叫了他一声。

莫尼若朝她笑了笑，说：“三娘，阿鲁只是迷路了而已。”

阿月秀张着嘴愣在那里，一脸迷惑，却又满心感激，不知道说什么好。她看见了自己倒影在莫尼若的瞳孔里。莫尼若的眼睛太清，太静，像一面镜子，与常人不同。她看见自己的样子在他瞳孔里龇牙咧嘴，形同鬼魅，心中便生出深深的惭愧。面对莫尼若的眼睛，多么像面对神仙脚下的一池幽深甘泉啊，她还能说什么呢？只有低眉顺眼的份，只有迷惑的份，只有感激的份。

她默默地转身走了，回到了自己的房间，打开尚未绣完的裙子，在那块黑色底布上密密麻麻地绣上一层黄色的丝线，也不知那是个什么图案。房间静得能听见钢针唰唰的声音，清脆悦耳。

钢针停止于土司老爷在门外的一声咳嗽。土司走了进来，他一副焦头烂额的模样，嘴边起了一层白色的燎泡。

“几十个人都找不着他！如果明天还是找不到，我就向隔壁的索呷土司开战！”他盲目地说。

阿月秀停下针线，惊讶地问：“为什么要向索呷土司开战？”

苏吉土司恨恨地说：“你不知道？他原来是想娶你的。可他不配！你嫁给我，他恨得要死。阿鲁肯定是被他掳走了。”

阿月秀张大嘴愣了一秒钟，生气地将手中的裙子扔在地上，叫道：“你疯啦？这都过去了十几年了。”

土司也觉得自己刚才的话有失体面，便说：“好吧好吧，我去看看哈比占卜的结果，听说他已经在议事厅求见了。”

土司老爷匆匆走了出去。阿月秀一手提着百褶裙，大步流星追了出来。

“老爷，卦象显示阿鲁还活着。”哈比激动地说。

土司松了一口气，问：“他在哪儿？看不看得出？”

“很模糊，只说在西边，黑暗的地方。”哈比说。

阿月秀眼泪就掉出来了，说：“黑暗的地方？老爷，你听听这是什么话？”

土司说：“再占一卦。”

哈比又占。这次说，他看见了蛇和曼陀罗。

“真不吉利。”阿月秀抽抽噎噎地说。

莫尼若这时走了进来，他一身黑衣，雪白的双脚趿着一双苎麻拖鞋，修长笔挺地站在哈比面前说：“这不一定是不吉利。我也看见了蛇和曼陀罗，但还有美丽的姑娘。”

土司很是惊讶，说：“莫尼若，怎么你也看得见？”

莫尼若笑了笑说：“阿鲁是我的兄弟啊，父亲。我怎么能看不见？”

土司满眼爱怜地冲莫尼若点了点头，对这个长子表示出很满意的样子。他以为莫尼若只是为了表示对阿鲁的关心而顺着哈比的话说着玩的。他加上一个“美丽的姑娘”，只是让这件事更有诗意一些。莫尼若很喜欢诗歌，他老早就从哈比那里学会了唱“梅葛”，比哈比唱得还好。其实他即使对阿鲁一点不关心，土司也不会怪他。他是土司的长子，有理由严格地将自己尊贵的身份与其他人区分开来，即便是自己的兄弟。

土司戏谑地说：“哈比，是不是法力不够啊？莫尼若都能说得和你一样，你可是罗玛沼的大毕摩。”

哈比低着头说：“老爷，莫尼若少爷能力非凡，据我所知……”

土司制止了他，说：“我知道，天下的事那么多，哪有你样样都知道的。”

莫尼若说：“父亲，你只管派人往西边的摩玛山去找吧。”

阿月秀说：“我相信莫尼若的话。”

土司点点头叫来管家，说：“命令下去，谁找到阿鲁，赏银元十块。”

于是黄昏时分，火把像成群的萤火虫一样，涌向了摩玛山。不久有人来报，说是在大沼泽边发现了阿鲁的小马。这是个振奋人心的消息。土司听说后，就立刻亲自带领十多个家兵，点上火把朝大沼泽奔去。

后来，有人声称看见莫尼若也在夜色即将来临之际，骑着一匹雪白的骏马往摩玛山方向去了。传言者惊羡不已地说莫尼若少爷缠着黑色包头的头顶上有一圈明亮的光环，黑色大氅迎风飞舞，像一只矫健的鹰那样乘风飞去，他身后跟着十八只大雁，清一色的脖子上戴着白环，翅膀足有三米长。

这传言与阿鲁失踪的事一样生出翅膀，迅速传遍了罗玛沼，也传到了大夫人和三太太阿月秀的耳朵里去了。

一相比，大夫人得意了，阿月秀郁闷了。莫尼若多么漂亮，他像鹰，像风，头上长着光环，身后跟着大雁，又能未卜先知，那分明是一个王者的气象。阿鲁呢？不明不白，东拉西扯，去向不清，完全是一个叫人操心的幼稚的孩子。

莫尼若来到大沼泽边，独自走进摩玛山的丛林里寻找弟弟阿鲁，深夜便露宿在大沼泽附近的桫椤树下。他解下腰间的酒葫芦，挖来野慈姑下酒。喝到半醉，眼前再次出现阿鲁和那位美丽姑娘的幻影，还依稀看到了姑娘身后的古茶树。

“拉措！”他叫一声，忽然醒来了。一只长着妩媚眼睛和金黄色皮毛的野狐正蹭在他的身边取暖，把他吃剩的野慈姑全吃了，看上去它还偷喝了他的酒，正睡得晕乎乎的。莫尼若抚摸着野狐，留下一块肉干给它，骑上马离开了大沼泽，毫不犹豫地朝老茶山走去。

当太阳晒化了路边水渠里的薄冰的时候，莫尼若来到了老茶山。这里地处摩玛山脚，人烟稀少之地，远离土司官寨，曾经一片荒芜，除了十几株百年老茶树，只有野鸽子和山猫驻守在这里。十多年前，他的父亲苏吉土司就把这个茶园交给那位名叫杨清远的外来汉人管理。从此，土司一家乃至整个罗玛沼，都喝上了味道甘醇的好茶。这些好茶还被土司家卖到外地，据说赚了好些钱。

而那个叫杨清远的汉人，算上管理茶园的这十年时间，他来到罗玛沼已经十八年了。

现在当莫尼若面对着这片葱茏繁茂的茶园的时候，不由得感到时光飞逝，昨日的记忆犹在眼前。那时，阿鲁还没出生，莫尼若呢，也才四岁多一点。

现在，这个制茶人的女儿，都已经长大成人了。拉措，莫尼若心里又唤了一声她的名字。赛衣会上匆匆一面，犹如惊鸿一瞥，给他留下难以忘怀的记忆。

离拉措家的木楞房不远的那条山道上，开满了芳香的野蔷薇，白的、粉的、单瓣的、复瓣的，它们恣意攀满了茶园的篱笆墙，新发出的枝条坠满了花朵，探出身子占据了一半的山道，招惹来成群的蜜蜂和蝴蝶。一匹雪白的马儿“得得得”地穿过嗡嗡飞舞的蜜蜂，停在这座骄横而美艳的花墙外。马上坐着黑衣少年莫尼若，他仰起头来看见茶园深处袅袅的炊烟，便朝那缕炊烟走去。然后，他就见着了正在把整个头都埋在饭碗里的弟弟阿鲁。

莫尼若的出现引起了茶园一家人的巨大惶恐。也没听见看家狗叫唤，杨清远就发现有一个人轻轻地走了进来。逆光的身影颀长修直，衣袂飘飘，像一个发着光的梦境。两条平素凶猛的看家狗，这时低着头，顺着耳，乖乖跟着这个发光的人，亲昵呜咽着。

这可奇了！杨清远定睛一望，坏了，瞧那相貌和穿戴，不正是尊贵的土司大少爷么？

制茶人杨清远惊呼道：“天呐，这是什么日子？土司家两位少爷都来齐了。”

他赶紧叫过正在给阿鲁煮茶叶蛋的妻子，齐齐地跪在门口。阿鲁和布勒也抛下饭碗，跑了出来，阿鲁叫了一声“哥”就跑过去亲热地拦腰抱住莫尼若，他闻到莫尼若身上有露水和泥土的气息，有野狐的味道，有野蔷薇的芬芳，有淡淡的酒香，还有烟草的辛辣。啊，这是他所熟悉和崇敬的兄长的味道！

阿鲁把头埋在哥哥的怀里，像小狗一样迷恋地嗅着他的气息。在莫尼若面前，硬朗的阿鲁也会偶尔撒一撒娇，耍一耍赖。这就是当弟弟的好处。

布勒则被吓得一脸惶恐，“嗵”地跪在莫尼若面前。

莫尼若温和地拍了拍阿鲁的肩，说：“吃饱了我们就回家吧。”

他拉着阿鲁，微笑着大步回到屋子里的饭桌前，看了看桌上的饭菜——花椒叶炒火腿，鸡蛋炒韭菜，黄焖兔子，土豆煮白菜。莫尼若说：“呵呵，吃得真不错。”他坐了下来，拿起阿鲁的筷子就吃了起来。

杨清远如梦初醒，跳进厨房找来碗筷双手递给莫尼若，说：“大少爷啊，是神仙把您带来的吧？您能吃一口我们家的粗茶淡饭，是我的莫大荣幸啊！”

莫尼若笑了笑说：“菜做得很好。是你的妻子青珍做的吧？”

青珍听见土司少爷叫得出自己的名字，感动得不知说什么好了，只一个劲地跪在那里绕自己的手指头。莫尼若又说：“青珍，你起来吧。你家就住在藕塘箐，那里的井水很甜。”

“是，是，少爷。”青珍答应着，偷偷抬起头瞄了莫尼若一眼，结果她被莫尼若美丽的相貌和高贵的气质感动得差点要哭了。没想到尊贵的土司大少爷会那么谦和，那么温柔。他的脸完美无瑕，他的声音如此仁厚温暖，罗玛沼有谁能比得上他？

阿鲁并没有意识到哥哥的出现已经把原来注视在自己身上的所有目光都吸引走了。跟莫尼若比起来，他在这些人眼里只是一个走丢了的小孩，与什么高贵、神圣、权势，基本都扯不上。可他一点儿也没为此而难过。他也在欣赏莫尼若，崇拜莫尼若，他的这位哥哥，从小优美文雅，神通广大。他在七岁的时候曾经告诉过大毕摩哈比老爹，神仙在他的梦里演绎了创造世界的故事。哈比当场就给他下跪了，称他讲述的梦境跟倮倮人的创世史诗“查姆”里唱的是一个样。而那时，莫尼若还没有听过哈比唱“查姆”呢。哈比称莫尼若是神子，从那时起，哈比对他比对土司老爷还尊重。莫尼若还曾经在阿鲁那么大的年纪里冷静地射杀了一只夜里跑到农庄偷袭羊群的狼，虽然过后他对着狼的尸体流下了怜悯的泪水，但这并没有影响他日后成为罗玛沼一名出色的神射手。

这样的兄长，阿鲁有什么理由不崇敬呢。

青珍把正在往兔子窝里丢青草的拉措叫了过来，往下按拉措的肩：“快给土司少爷磕个头，土司老爷是你爹的救命恩人呢！”

拉措略有些惊慌，忽闪着一对大眼睛望着这个在赛衣会上帮自己解围的美男子。今天是正面接触，莫尼若也把拉措望清楚了。他听见“叮”的一声脆响——那是一滴水从万里晴空落下，重重打在平静如镜的湖面上的声音，涟漪一直扩散到他的眼睛里。

拉措看到这双眼睛，心里也不禁惊叹了。如果没见过传说里的神仙是什么样，看看这位少爷就明白了。不过这位少爷，跟阿鲁明显是不同的。想到这里她心直口快地对莫尼若说：“噢，你和他不一样。”她指了指阿鲁。

莫尼若说：“当然不一样，他跟你一样，还是孩子。”

拉措说：“不，你像庙里的神，而他，是个凡人。”

这话让阿鲁不知道是高兴还是生气，但多少让他的自尊心受到了一点挫折。如果是别人说，也罢了，类似的话他也不是没听过。可从拉措嘴里说出来，效果就不一样了，她可是头一个让他呼吸困难的姑娘。

青珍“啪”地打了拉措一巴掌说：“拉措，不得无礼。”

拉措赶紧低了头，跑到一边去了。

莫尼若看出兄弟眼睛里的失落，岔开话题说：“杨清远，今年的春茶如何？”

杨清远说：“禀告少爷，今年茶树长得好，惊蛰过后的第一批春茶几天前已送到土司府了，现在正在采第二批呢。”

接下来，莫尼若带着阿鲁以土司的名义，视察了整个茶园。茶园的繁荣景象超出了莫尼若的预料，他们一直到了日上三竿，才汗淋淋地从茶园回来。这时青珍已经杀了鸡宰了兔子，做好一桌子丰盛的饭菜，准备再次款待两位土司少爷。

但莫尼若让杨清远牵来马匹，拒绝了青珍的盛情。

“我们要回去了，感谢你从黑森林里救出了我的兄弟。”莫尼若说。

杨清远和青珍都跪在地上。杨清远说：“少爷，请转告土司老爷，我们找到阿鲁少爷是天赐的福分，绝对不要他的奖赏。”

莫尼若点了点头，带上阿鲁打马走了。

对于莫尼若的决定，阿鲁不敢违抗，他心里很想回头去看一看拉措。可脖子对脑袋说：别看了，血跑到脸上来的滋味并不好受，不是吗？

于是他硬着脖子头也不回地跟在莫尼若的身后走了，野蔷薇的花瓣雨一般落在他们的身上，他心里莫名地涌起了一阵忧伤。

“少爷，阿鲁少爷！”忽然他听到身后传来拉措的声音。

忧伤之情就在这一声呼唤下突然中断了。阿鲁一激动，转身过猛，差点儿就从马上掉了下来。布勒赶紧扶着他，两个人的心都是怦怦直跳。

拉措正穿过开满野蔷薇的小道，朝他们跑来，她乌黑的头发被汗水粘到了粉红的脸蛋上，眼睛亮若星辰，灼得阿鲁再次呼吸困难。

拉措递过来一包草药，指了指布勒说：“这个，给他。捣碎了，敷在伤处，两天一换。”

拉措说完转身就走了。阿鲁这才回过神来，说：“布勒，瞧瞧你那傻样，都不对人家道声谢？”

布勒怀里抱着草药，眼睛湿湿地呃呃两声，说：“少爷，奴才不会说话。”

“嘿！你个笨奴才。”阿鲁骂道。心里却说：哈，瞧我自己，面对那女孩不一样说不出话来？真是怪事。

15

在半路上，莫尼若和阿鲁遇到了土司派来迎接他们的人马，还有去报信的拉措的哥哥杨世雄。这群人遇见土司少爷，就高兴地跳起舞，将阿鲁高高抛起来，又让他尖叫着落到他们用手臂搭起来的梯子上，像凯旋的勇士一样一路欢歌地朝集镇走去。

莫尼若在队伍后面停下马，叫住了世雄。世雄是杨清远与前一位汉人妻子所生，取了汉人的名字。他二十岁，一身结实的肌肉，一双锐利的眼睛——和他妹妹拉措长得几乎没一点相像的地方。

莫尼若看了他一会儿，说："没事了，你走吧。"

世雄摸摸头，朝莫尼若行了个礼，一脸疑惑地走了。

当土司府威严的大楼出现在他们视线中的时候，歌声停止了。除了阿鲁，队伍里的人都知道，这位淘气的少爷今晚一定没好果子吃。至于那个小奴隶布勒，说不定就要人头落地了。他们都目睹了这三天以来，土司府为了阿鲁的神秘失踪而乱成一锅粥。还有，土司悬赏的十块银元，是该莫尼若得呢，还是制茶人杨清远得呢？他们这些迎接的队伍，现在只是陪衬罢了。

所以大家都沉默了。

莫尼若在即将踏进土司府大门的时候，忽然转过身来拉住了阿鲁，说："你去英雄崖的事，暂时别告诉父亲。"

阿鲁愣了一下："你怎么知道我去英雄崖？"

莫尼若还没回答，里面就传来了土司老爷的声音："阿鲁！你活着回来啦？"

阿鲁"咚咚咚"地跑了进去，一边叫着："父亲，母亲，我回来了！"

他以为迎接他的是父母温暖热情的怀抱。那他就大错特错啦！

土司不准阿月秀来见阿鲁。他说阿鲁私自离家，已经犯了家规，得好好教训一下。而女人只知道哭哭啼啼，会坏了气氛。他摆出了家长的威严，端坐正堂之上，亲自审问阿鲁去哪儿了。

父亲的脸色如此严厉，阿鲁心里一阵发虚。他目光闪烁，小声地说："我去大沼泽放马了。"

土司扬起手，"啪"地给了他腿上一鞭子。说："放马是你干的事吗？怎么那么没规矩？"

土司下手也许狠了点儿，打得阿鲁闷哼了一声。于是，他忘记了莫尼若的忠告，脱口而出："父亲，如果不是布勒被蛇咬了，我已经登上英雄崖啦……"

去英雄崖，去干什么呢？当英雄啊，谁的父亲会不希望自己的儿子当英雄呢！可是，阿鲁想错了。土司听了英雄崖三个字，没有他预期中的高兴，反而脸色大变。刚才虽然严厉，但也不乏父子间的温情；此刻他整个人骤然已经变成了一块黑色的云，冷风阵阵，电闪雷鸣。

他像一只被激怒的老虎沉闷地咆哮着冲过来，一伸手就给了阿鲁一记耳光，吼道："你竟去了我列为禁地的英雄崖？"

父亲这一掌打得阿鲁眼冒金光，双耳轰鸣，他重重地跌到地上，半天爬不起来。他转过头震惊地望着父亲的脸，吓得说不出话来。

土司胸口起伏，大口地喘着气，像是有什么东西要从那里冲出来，而他得拼命压着不让它冲出来一样。他这样子让阿鲁觉得很难过，也很陌生。

土司就这样定定地望着跪在地上的被吓呆了的小儿子——他稚嫩的脸上带着被树枝划破的伤痕，经过他这一掌，现在迅速红肿起来。一双脚满是荆棘划破的血迹。现在，这双伤痕累累的腿上，又多了一道出自父亲之手的鞭痕。而这一切的起因，只是这个孩子有了一个不合时宜的英雄梦而已。

土司眼睛里快速地变幻着惊、怒、怨、哀四种情绪，像四季在飞速走过。最后，一丝怜悯终于定格在他的眼睛里。他垂下鞭子，长长地叹了口气，说："如果还有下次，就干脆死在外面得了！"

他背过身，脚步沉重地走了出去。

月亮升起来了，阿月秀来阿鲁房里，给挨了打的儿子敷药。

"你爹是怎么啦？下那么重的手。"阿月秀一边把药抹在阿鲁的身上，一边流着眼泪说。

阿鲁说："母亲，父亲好像很讨厌英雄崖，这是为什么？"

阿月秀叹了口气说："我也不知道。你去问问哈比吧，他博古通今，什么都知道。"

阿鲁说："一个男子汉想成为英雄，这也有错吗？"

阿月秀抚摸着阿鲁的脸，呆呆地看着他出了会儿神。在油灯下，阿鲁有棱有角的脸上那双深深的眼窝里闪烁着小豹子一样深邃坚定的目光。他那丝绸般细腻闪亮的栗色肌肤上留着许多细微的伤口，这些都是他一心想当英雄，在练武时留下的。他的鼻梁高挺，嘴角含笑，那么英俊硬朗的小子，哪里会比莫尼若差呢？

可是，他天生就只能当莫尼若的配角——这还得不出什么意外。土司家为了王权，兄弟反目，互相残杀的事，并不少见。

阿月秀用忧愁的眼睛注视着阿鲁，叹了口气说："你箭射得再好又有什么用，又有什么用！"

阿鲁或许不明白母亲深远的心思。他说："母亲，我是神射手，当英雄，为你争光啊。"

阿月秀把阿鲁搂过来，想像小时候一样把他抱在怀里——可阿鲁已经长得比她想象中要高大强壮，她只能半搂着他了。阿月秀依然忧愁地说："唉，儿子啊，如果当英雄能换来我们母子俩下半生的安稳，倒也值了。"

阿月秀的身上印度乳香的味道太浓了，阿鲁觉得很不自在。他打了一个喷嚏，挣脱了阿月秀的怀抱，说："我只是在我这个年纪里喜欢上了该喜欢的事。"

阿月秀望着窗外，隔了半晌忽然说："我在你这个年纪，已经喜欢上当土司的夫人了。"

她还想说什么，可是一转头，发现阿鲁已经倒在床上睡着了。

布勒的运气就差多了。他自进土司府大门那一刻起，就被关进了黑牢里。

牢房是除去土司楼之外最坚固的房子，这间严丝合缝的石头房子没有窗户，四个出气孔只有拳头那么大，分别位于四面墙壁正中央，意思是让被关着的人上下都够不着，只是保证你不被闷死。布勒被关进去的时候是晚上，里面黑得让人难以呼吸。他就靠着墙壁坐下来一动也不敢动，生怕一伸脚就会踩到一具骷髅。他的腿还有些不灵便，伤口很疼，但比起这一片比胶水还黏稠的黑，这并不算最难受的事。只有犯了大罪的人才会被关在这里，看来事情不妙了。

布勒心里很悲伤，他轻轻地哼起一首歌来，是很久以前听一个流浪孩子唱过的：

吹过的风，飞过的鸟，可以把我带走吗？高高的月亮，我的妈妈在那里吗？亮亮的月光，是妈妈在看着我吗？

他记得那个流浪的孩子在去年的雨季吃了有毒的菌子就死了。他唱着唱着，就流着眼泪睡着了。

“布勒，布勒！”有人叫他。

布勒惊跳起来，一看是守牢房的阿古。

他拿来一盏油灯和一床毛毯，还有几个荞麦饼和一壶水，说：“阿鲁少爷给你的。”

布勒说：“阿鲁挨打了吗？”

阿古说：“打惨了。”

布勒就说：“唉，他也可怜了。”

阿古说：“你管好自己吧。对了……”他又窸窸窣窣地从怀里拿出一包草药。

“阿鲁少爷说在他救你出去之前，这些药能让你的腿不至于死掉。”阿古说完就出去了。

他听见阿古和另一个值守的家兵在外头议论。阿古咕哝着说：“老爷已经很久没发那么大火啦，看来布勒这小子死定了……”布勒紧紧把那包草药抱在怀里，浑身发抖地哭起来。心里呼喊着：那个美丽的姑娘啊，我还能见着她么？

16

山谷里的薄霜在太阳下开始融化的时候，罗玛沼小镇的牛羊已经漫步在山林和草甸之中。在土司家里醉了五天的刘县长这时也打着呵欠走出了房门。土司大院里盛开的海棠和梨花清甜的香味混合在微冷的晨风之中，让他一下子就精神抖擞了。他站在楼廊之上，眯着眼睛眺望着金光灿灿的罗玛沼小镇，和远方层层叠叠的群山。

说实在的，这真是一个好地方。该有山的地方就有山，山都葱茏峻伟；该是水的地方就有河流，河都清澈丰沛。布谷声声，牛铃阵阵，旷野里飘荡着姑娘的歌声。油菜花、蚕豆花、冬小麦，在春风过处一片欢腾。一句话：很顺。“顺”，是一个非常好的字，顺就是合理，就是合乎天意。刘县长觉得自己给罗玛沼想到的这个“顺”字很好，便得意地“嘿嘿”笑了。

“扑哧！”一声清脆的笑声打断了刘县长。那个身材丰满结实的女仆阿兰端着一个木盆，给他送洗脸的热水来了。她年轻的脸轮廓紧致，肤色红润，两弯黑黑的眉毛生机勃勃。刘县长看到这个姑娘就笑了。他对这个叫阿兰的姑娘已经很熟悉了，这几天以来，阿兰为他端茶倒水，唱着小调给他铺床点灯，将羊角酒杯捧在胸口，高高挺立在绣着马缨花的围裙里的乳房随着她的敬酒歌上下起伏，让刘县长从早醉到晚。除了那天在赛衣会上遇见的拉措，他认为阿兰就是罗玛沼最美的姑娘。可拉措像浑身长刺的玫瑰，相比之下他觉得阿兰更加可亲可爱。

阿兰还在楼下，她就仰着脸问刘县长："刘老爷，想起什么高兴的事在那躲着笑呐？"

刘县长一见阿兰，心就怦怦跳，醉意似乎就上来了，他说："阿兰，洗脸水烫不烫啊？"

阿兰吃吃娇笑着说："烫啊，比我的心窝子还烫哩。"

刘县长说："那我摸摸是不是真的？"

阿兰端着洗脸水咚咚咚地上了楼，一侧身就进了房间，将脸盆放到桌子上。她擦了擦手上的水，说："来啊，来摸。"

她侧过身子来，挑衅地看着刘县长。朝阳将她的脸照得清晰无比，健康红润的皮肤上有一层细细的小绒毛，上面还挂着晶莹的水气，正如一朵红山茶初开时的娇嫩潮湿。

刘县长凑过去深深地吸了一口气，心里暗想这山里的姑娘大方野气，居然敢叫男人来摸。看她这一脸的毛毛，分明还是一个处子之身呢。唉，不施粉黛，可比城里的小姐迷人啊。

他将眼镜几乎都贴到了姑娘的脸上，闻到一股青草和萝卜干的味道。

刘县长笑嘻嘻地说："早饭又吃萝卜干炖猪脚？"

阿兰说："今天炖乌鸡给你吃，大补呢。"

刘县长一把就抱住姑娘的腰，说："让我先摸摸洗脸水烫不烫。"说着手就往姑娘怀里钻进去了。哇，真美啊。他惊叹着捧住手心里那只热乎乎的乳房说："生得真好，又软，又结实。"

阿兰笑着推他："呵呵，我可是大姑娘呢，松垮垮还要得成啊？"

刘县长激动地"噢噢"叫着，喷着热烘烘的气息将嘴巴凑上前去。阿兰回肘一挡，正中他的鼻梁骨，脸上的眼镜也挥落在地上。

阿兰整了整衣衫，说：“刘老爷，动手可以，不许咬人噢。”

“这死丫头……”刘县长捂着鼻子直打喷嚏，很是气恼，但也只敢小声地骂——苏吉土司一家，就住在他的楼上呢。可欲火却被逗起来了，他眼睛里烧起了某种火苗。他呵了两口气说：“死丫头，今天看我不收拾了你……”他扶正眼镜，做了个老虎扑食的姿势正待重新上阵。却听大夫人在楼上叫阿兰：“阿兰，快去煮茶啊。”

阿兰转头冲刘县长挤一挤眼睛，说：“老爷，待会下来喝茶吧。”

她一扭腰就像小鸟一样从刘县长的手心里飞走了。

“贱骨头，端个洗脸水，也弄得那么骚！”大夫人看见跑到面前的阿兰，笑着顺手就赏了她一个耳光。

阿兰红着脸，笑着小声说：“夫人，那汉人发情啦！”

两人就吃吃地笑起来，大夫人说：“发情的不只是那个汉人吧？这两天，整个罗玛沼都该发情了，清明都快到了嘛！”

三太太阿月秀的门“哗”地打开了。昨晚阿鲁挨了打，土司也没来她的房里，她这会儿正郁闷着呢。此时听见大夫人和阿兰的调笑，气就不打一处来。

大夫人和阿月秀房间在两对门，中间隔着几丈宽的天井。她看见阿月秀站在那里，两眼发直，白中泛黄的棉布睡袍像一只口袋套在她身上，她的脸色也一如这件棉布衣服，白中泛黄。看到这个比自己年轻十几岁的女人头一次披头散发、软不拉沓、无精打采地出现在自己面前，大夫人心里轻轻骂了一句：啊，阿鲁这不争气的小鬼，瞧把你妈折腾成什么样儿了。

接着，有一丝丝得意，便混杂在这同情心里了。大夫人叹了口气心中暗暗地说：这个白骨头女人，平日里那恃宠而骄的模样，叫人想同情她都难。

所以现在，她也不和她打招呼，自顾自和阿兰笑得更响。她手里端着翠玉烟杆，斜着身子依着朱红的楼栏，黑色丝绸大摆裙随着她的笑声流光溢彩，好不得意。阿兰仗了大夫人的势，平日就不怎么把这个平民出身的三太太放在眼里。她也朝三太太回眸一笑，还是那副春情荡漾的表情呢。

三太太阿月秀的血一下子就冲到脑门上来了，一双无形的巨手立刻就从她的心中生了出来，“哗”地一下越过天井，噼里啪啦就将对面那两个幸灾乐祸的骚女人打得跪地求饶。

直到那两个女人在惨叫声中灰飞烟灭，阿月秀才舒了一口气，收回了那只臆想中的巨手。这样一来，她就镇静了。当然，人还在那儿站着呢，还在那儿笑着呢。不过她们在阿月秀的心里已经被打得躺在地上苟延残喘了。

阿月秀的眼里就泛出了朝阳般的柔光，她长长地舒了一口气，土司也正在此时差人来叫她们下去为刘县长送行。

刘县长在罗玛沼做了五天的客，今天要回去了。他刚才还在跟阿兰调笑，现在已经正儿八经地坐在大厅里，跟土司老爷商议正事了——他答应土司，为他筹办一批枪支弹药。但这是有条件的。刘县长说：“不瞒你说，购置军火，我完全是看在咱们是老朋友的情分上。那事不是一般人办得了的，搞不好，是个大罪。”

土司赶紧说：“你不必担心银子的事。”

刘县长哈哈一笑：“我不担心银子。但我要你帮我办件事，这事办好了，我不仅给你枪，还反而会给你银子。”

他接着告诉土司，下一次他将带一些罂粟种子过来。“那是能让你的地里长满银子的宝贝。如今政府应对军阀混战，各地都在大量扩充军需，有些地方已经开放了禁烟令，你放心种就好了，到时我来收，你只管数银子。”

土司连连点头，这么好的事，真是让他喜出望外。他踌躇满志地说：“在我的父亲热雷同格那一代，罗玛沼有五个寨子，一千八百多户人家。罗玛沼算得上一个大镇子。可十年前那个苗人和汉人最多的碧格寨学着武定人闹独立，省政府就判给他们脱离了热雷家的管辖。他们说他们是自由人，不给我纳税了。热雷家真是养大了一群白眼狼啊。”

刘县长说：“那不一定。世界上那种地盘没中国大但比中国富有的国家有许多。地盘大不一定就富有嘛。”

土司心里说：只有地盘大才能说明土司有本事，你懂什么？但他嘴上是不好反驳刘县长的。

刘县长又说："看目前的局势，从中央政府到省政府，都暂时不会再提改土归流的事了——到处都在打仗，他们已经无暇理会这些边远寨子里的事。只要你们这些土司大人不要添乱就行了。有了枪和足够的银子，你就是最强大的土司了。要收复那些失去的寨子，都是轻而易举的事。"

苏吉土司点头说："这话说到我心坎上去了。"

刘县长吃过土司家为他准备的丰盛早餐，穿上了他的白皮鞋，金丝眼镜也擦得一尘不染。

土司为他准备了一马车腊肉、茶叶和美酒，又说："管家，把去年茶园送来的茶膏，拿一罐来送给我们的客人。"

刘县长对喝茶很讲究。他原本没想过会对倮倮人的茶发生什么兴趣。云南的好茶都在南边的汉人和傣家人那里呢。于是他就懒懒散散地接过老奴阿木诺捧上的茶汤喝了一口，不觉精神一爽。又打开茶罐一瞧，马上很在行地赞叹说："没想到罗玛沼还有这等精巧货。"

土司得意了，说："这是因为我的仁慈，上天给我带来的照顾呢。"

刘县长心中偷偷地笑了：还有自己夸自己仁慈的，这土司老爷还真不懂谦虚二字啊。

土司老爷呢？他才不管汉人心中想些什么。他认为自己是仁慈的，就一定是仁慈的，那是有根据的。于是他向刘县长讲述了当年收留杨清远的事。他说他完全是收留了一只招财猫。

"你知道吗？他就是拉措的阿爹。拉措，你还记得吧？"土司又着重地提醒了一下刘县长。

刘县长非常深沉地说："这正是因为你仁慈的善行得来的好果子啊！老爷，你就心安理得地享受这份福报吧。至于拉措啊，那是一个任谁见了都忘不了的姑娘。可是苏吉老爷啊，汉人有句话，说太过美艳，是为妖孽。在本官看来，那丫头只应待在天上，她跑来人间，怕是走错路咯。"

土司不以为然，说："她是倮倮人和汉人生的杂种。有些怪造，也是正常的。”

大夫人也嘟哝了一句，说：“这叫什么话？一大早在这咒人家姑娘。”

她瞅了刘县长一眼，说要去吃药，就扭着腰走了。她才不把这个汉官放在眼里。

土司一直把刘县长送到大门口，那群敬酒的姑娘早等在那里了。她们依然花枝招展，端来盛在羊角里的米酒，热情洋溢地请刘县长喝，只不过把迎客调改成了留客调——要走的客人啊，要走的客人啊，走一步要望两眼，哪个舍得你？哪个舍得你？

刘县长听着姑娘们清脆的歌声，喝着姑娘们送来的米酒，一边踮起脚尖朝门里张望——阿兰正站在一棵白玉兰下面，手中绞着围裙的飘带，也在朝他张望呢。

刘县长朝阿兰挥了挥手，眼含忧伤地向苏吉土司告别。

土司站在院子里，看着被马蹄扬起的黄灰渐渐落定，想了想这短短几天的时间里发生的各种烦琐之事。他莫名其妙地想起了杨清远，随口就说：“阿木诺，连刘县长也说杨清远做的茶膏好吃。如果杨清远死了茶膏谁来做？”

阿木诺正匆匆地从大门口跑进来，身后跟着六个缩着脖子的家兵。阿木诺一跑到土司老爷身边，就如同一本翻开的日记本一样思路清晰地回答了老爷的问题：“土司老爷，据我所知，杨茶师到了罗玛沼第三年时娶了青珍姑娘，他们第二年就生得一个娃娃。现在他有两个娃娃，无论如何，他的制茶技艺一定会有人继承的。”

阿木诺一口气说完，已经气喘吁吁了。他一手提着苏吉老爷的马鞭，一手挽起大裤腿，“扑通”一声跪了下去。他身后的六个家兵和管理牲口的查莱，“哗啦”一声跟着他跪倒。阿木诺说：“老爷，牧区来报，昨晚丢了二十只羊，他们怀疑是碧格寨的人干的。”

土司冷笑了两声，抬起眼来用鄙夷的眼神朝碧格寨的方向看了一眼说：“嘿！这群闹独立的贱奴过不下去了吧，干起偷羊的勾当来了。等着吧，我的枪买回来，一定让他们十倍奉还！”

17

刘县长才走，武定银商周老板就前来求见土司。他的马上驮着一只鹿皮箱子，箱子不大，但看上去很沉，很讲究。

“我是武定做银饰的商人，刚从缅甸回来，想来拜见你家老爷。”他用流利的倮倮话，对土司府的老仆说。

土司得报后说：“真是春天了，罗玛沼的客人多起来了。去，把大夫人和三太太都叫来，让她们来挑些首饰。”

他想到自己不久就可以得到枪支，很快就要成为最强大的土司了。就感到现在必须大方地花一些钱出去。

周老板给苏吉土司看了他箱子里的银饰。他打开箱子，一层一层地将暗屉抽出来，红色的丝绸里裹着一件件做工精细、成色上佳的银镯子、银项圈、银耳环、银泡和坠子，还有专门用于围腰飘带上的银流苏。银光闪耀，好不漂亮。两位夫人高兴坏了，这个瞧瞧，那个瞅瞅，容光焕发。苏吉土司高兴地暗想：女人啊，不管什么身份，什么年纪，金银珠宝总是喜欢的。给她们送首饰，比跟她们睡还让她们高兴。

武定商人自称姓周，他的倮倮话有浓重的武定罗婺口音，在某些字的发音上跟罗玛沼的方言有些偏差，但交流着做生意是没有问题的。他殷勤地给两位夫人介绍着：这个是武定传统手艺，那个是出自大理，而这个呢又是西藏的风格。他拿起几只镯子，指点着给两位夫人看，解释着武定的银饰和大理的银饰，这样不同，那里也不一样，各有各的讲究，各有各的特色，等等。

土司在旁边坐着，吸着兰花烟，欣赏女人们和银商的议论。

不一会儿，两位夫人各自都选了一堆首饰。大夫人说：“可惜，这次的项圈，我都没看上的。”

周老板脸都笑成花了。他弓着腰，一边夸赞两位夫人的眼光好，一边神秘地笑着，抽出最后一层抽屉：“这里还有几件特别的货，夫人看看，这样子的，喜不喜欢？”

他拿出几样做工和花样奇特的烟壶、高脚杯和项链。项链上还坠着绿松石和红宝石，非常漂亮。

大夫人眼睛一亮，三太太也眼睛一亮。但她没打算和大夫人争。她收起自己挑好的一堆东西，走到旁边去了。土司看出这几件东西不是常见的货，便也凑过去瞧瞧。

有一个纯银镂花小烟壶，美人肩，盖子上坠一颗红玛瑙，很是精致。苏吉土司多看了两眼，周老板立刻拿起烟壶说：“苏吉老爷，这个烟壶来自尼泊尔——那是一个很远的国度。如果您看得上，就算我送您的一个见面礼，望您别嫌弃。”

土司很高兴，接过来左看右看，说：“嗯，那谢了。”

土司让管家去拿钱来。周老板却收起鹿皮箱子，对土司说，今天的这些东西他都不收钱。土司一家都以为遇上了说疯话的人。那一堆银饰，加起来最少也值二十多银元。

周老板却说：“苏吉老爷，我一家三口在外漂泊了十多年，今天来到罗玛沼，都非常喜欢这个地方——这里人口不多不少，个个都温厚有礼。山水风光又那么美，让人一住下来就不想离开了。我那老婆也快生了，她想为罗玛沼再添一只小老虎。我也想在小镇上开一间银铺，成为苏吉老爷的子民。不知土司老爷肯不肯接纳我们一家？”

土司见周老板虽是汉人却很是爽快大方，笑脸又好，再看夫人们都喜欢他的银饰，心中大为高兴。说：“这事不急，咱们先喝两杯再说吧。来倮倮人家，哪有不喝酒的？”

周老板爽快地放下箱子说：“那得谢谢土司老爷啦！”

仆人们张罗出几样菜来摆在春光明媚的院子里，土司又叫来莫尼若和阿鲁，一家人与周老板坐在海棠树下对饮开来。

阿鲁自那天被训斥之后，还没缓过劲来。他蔫蔫地坐在那儿，心事重重。莫尼若依然丰姿俊朗，气宇轩昂，他一出现，就引起了周老板的赞叹：“啊呀，这孩子，长得多像画中的人儿啊！”

土司嘿嘿地笑，眼角不时瞟一瞟阿鲁，心中不免为这个无论哪方面似乎都差了哥哥一截的愣小子着急起来。

大夫人很得意，首先给周老板敬了酒。阿月秀的心情则像打翻了五味瓶，那复杂，简直无法形容了。

酒喝到高兴，话也多起来了，聊着聊着，太阳就升高了。海棠花瓣儿随风落下，他们就着酒菜，一起吃到肚子里，都觉得很有情趣，彼此觉得意气相投。一杯、两杯、三杯、五杯地喝下去，周老板也不见醉意，土司越发喜欢他了。酒量好的人，在罗玛沼是很招人喜欢的。大夫人眼看土司老爷竟然不顾身份跟一个生意人喝得称兄道弟，心中非常不屑。她几次用眼神提醒土司，让他顾及身份。可土司已经喝高兴了，根本没打算把眼睛停留在已经年过五十的女人脸上。大夫人挺生气。她可不愿陪着男人们瞎耗着——她太了解土司老爷了，当他正眼都不想看自己一眼的时候，他就可以端着酒杯把一顿早饭延续一至四天。

大夫人懒懒地站起来，她说要去量衣服。然后她拍了拍喝得满脸桃花色的阿月秀说："量衣服，是不是需要一个帮手呀？"

阿月秀只好低着头和大夫人离开了。她倒是很愿留下来和土司一块儿陪客人喝酒的，她酒量大着呢，可以和土司老爷一较高下。但谁叫自己是个"格"呢？头上还压着黑骨头的大夫人呢！

周老板接下来给土司讲了他这几年走南闯北的各种见闻，包括去逛窑子的事：那些小妞儿们，水灵着呢。一掐，都能出水……

土司听到这里，就让莫尼若和阿鲁走开了。

他说："你们俩，别听这些脏了耳朵的事。"

周老板哈哈地笑了，说："汉人有句话，叫非礼勿听。土司老爷教子有方啊！不过，男孩子嘛，有些事早点知道还是好的……"

土司打断他说："周老板，喝酒。你可能不知道，为了保证血统干净，土司家的儿子，是要跟贵族联姻的。这不，等过了中秋，哀牢山鄂加土司的小姐就要来相亲了。所以你说的那些地方，倮倮人是用不着去玩的。我们罗玛沼，好姑娘多的是。倮倮人家的男孩儿，长大了去两趟姑娘房，自然就明白事理了。"

周老板有些尴尬，嘿嘿笑着："是，是，土司老爷，是我失语。"

不过周老板毕竟酒量不及土司老爷。酒醉人胆大，说话也随便起来："我头几天去了一趟楚雄。去干什么呢？把赚到的钱存到银行里。银行你听说过吗？富滇银行，把钱放在里头，能生出一些小钱来。"

土司说："是不是票号？"

"道理差不多，不过银行是官办的，票号是私人的。钱拿去银行存着，政府给你利息，用的时候再去取，很方便呢。"

土司说："我有自己的领地，整个罗玛沼都是我的银行。我的利息不用政府给，罗玛沼的土地每年都给我丰厚的利息。"

周老板说："那当然，你现在是领地的主人，可这领地，万一哪天被人抢走了，就不能再为你生出利息了。可你的钱要是放在银行，他们就抢不走，政府会保护你的。"

土司说："领地会被人抢走吗？"

周老板大声说："当然会！"

他掷地有声，把土司吓了一跳。

周老板接着说："我走了二三百里路，来到罗玛沼，这里真是世外桃源啊，村庄美丽干净，安安静静的。特别是居民们对土司老爷毕恭毕敬的样子，令我非常感慨。这里毕竟太闭塞了，外面的世界多大啊，每天都流传着惊人的消息。热雷老爷，你不会没听说吧，中国有好些地方的土司都已经被赶下台了。像罗玛沼这样过得好的土司如今已经不多了。农民们安居乐业，没有一点乱的意思，真是难得啊。"

热雷土司很吃惊，说："把土司赶下台，那不是造反吗？"

周老板说："外面，很远的地方，几万人——比几万人更多的人，正在闹革命。说白了，也就是造反。政府虽然在管，可革命像趁着大风的火，唰唰地烧过来了，保不准，哪天就烧到你罗玛沼——烧到你土司府的大门前也未可知啊。"

土司问："革命？什么叫革命？"

周老板说："革命就是革新，把以前的东西消灭掉。改朝换代就叫革命。我的老家武定，已经有农民把某个小土司抓起来干掉了。"

土司说："他们杀了土司自己来当吗？这就是改朝换代的革命？"

周老板挥舞着手，做了一个嘲笑土司的手势，说："你不懂了吧？他们不当土司，他们要求把土地归还给农民，让那个地方再也没有土司。"

土司说："土地是土司的，这是大清皇帝的封地。"

周老板满不在乎地笑了笑，说："大清朝都倒了多少年了？现在中央政府是蒋主席做主，云南政府是龙云老大哥说了算。人家用的是步枪大炮，'轰'的一下，能把整个罗玛沼炸飞了。土司老爷，你可真落后啊，改朝换代之后，就没有封地了。农民和地主、土司一样，平起平坐，谁也不向谁交租纳贡。地主和土司得和平民一样下地劳动，才能养活自己。土司就当不成白虱子了……"

热雷土司不高兴了，脸色一路阴沉下去，但周老板浑然不觉。他还哈哈地笑着说："你知道白虱子是什么意思吗？就是吃人又羞人的，吸人血，却又装清白的。"

土司端详着周老板，目光已经变得非常阴险。如果周老板没喝醉，在这样的目光之下他就要找地缝逃跑了。可不知道有不知道的好处，不知道危险，有时反而会化险为夷。周老板话锋一转，自然而然就赞扬起热雷土司来："罗玛沼不一样啊！我进来的时候，特意观察了这里的农民，没有看见穿不起衣服，住不起房子的人，农田里的庄稼管理得也好。他们脸上都还有笑容。这说明什么呢？说明这里的土司对他们都挺好的……"

热雷土司沉吟良久，说："罗玛沼的农民，倒还算老实。只要肯劳作，他们过得都还不错。"

周老板说："喝酒，喝酒。罗玛沼是世外桃源，热雷老爷的福气大着呢。"

土司的心情却就此低落下去了。心里想：周老板莫不是前来罗玛沼蛊惑人心的？不能让他走出罗玛沼。

两人一直喝到太阳偏西。周老板这才摇摇晃晃站起身来，说得走了，再不走，天就要黑了。

热雷土司使了一个眼色，旁边的老仆立即换上一壶酒。热雷土司给周老板斟满，说："周老板，傈僳人喝酒喝三巡。你要走了，这最后一杯得干了才行。"

周老板哈哈笑着接过来一口喝了，说："走了，走了。"

土司不动声色，看着周老板背起箱子，往大门口走去。他刚走到照壁旁的桂花树下，身子忽然晃了一晃，两腿一软就倒在地上，嘴里还笑着，说："不好意思，喝多了。"

两个随从一边一个挟住周老板，他想走也走不了啦。

18

土司把武定银商周老板关起来后，头疼了一个晚上。第二天一大早，他叫阿木诺去传话，让莫尼若带着阿鲁去镇上巡视领地。

蓝天一碧如洗，连日的晴天已经显露出了干旱的迹象。一阵大风，就会飞沙走石，干猪屎、干稻草、枯树叶这些陈旧肮脏的东西和桃花、杏花、李子花、迎春花这些美好事物混作一团，到处迎风飞舞。柳树和香樟的嫩叶还不足以抵挡春日的干燥，因此这几天罗玛沼小镇看上去总是春机勃发，却又灰头土脸。

在这样的天气里，人很容易肝火上升，口苦咽干，头疼困倦。阿鲁首先患上了春困的毛病。布勒被关起来后，他少了一个贴心玩伴，门口原先布勒睡觉的地方，换成了诺玛。她的待遇可比布勒好多了，有一块厚厚的羊皮垫子和松软的棉被，睡觉时发出淡淡的香味和很细很细的鼻息。可跟一个姑娘同睡一屋，阿鲁很不习惯。三太太说这是让他熟悉一下姑娘的气息，以后才不会怕媳妇。可阿鲁习惯了夜里听着布勒的磨牙声入睡。这几天以来，他总是睁着眼醒到天亮，诺玛起身出门，才又昏昏睡去。可今天呢，刚一睡着，就被阿木诺叫了起来，说是土司命令他随莫尼若去巡视领地。他一边打呵欠一边由诺玛摆布着穿上了正式服制，用二丈长的黑绸布给打了包头，又配上银饰和象牙坠子。土司之子巡视领地，可代行土司之职，见到不守礼法的人，可以鞭挞训责。这可不是阿鲁喜欢干的事。才走了不到四公里，他就呵欠连天，说："哥，我头疼，要回去睡觉了。这瞎转悠的差事，就辛苦哥去完成啦。"

明天是马缨花节赶会的日子，镇子里家家户户门头都插上了马缨花，祈求花神的降临——土掌房也好，茅草房、木楞房也罢，千篇一律。阿鲁望了一眼那些闪烁在灰色小镇中的点点猩红，说："这些长在深山里的野花一旦离开大山里的泥土和空气，沾上世间的俗气很快就会枯萎。你瞧，那些被整枝地砍下来插在门头上的马缨花并不鲜艳。这样的花，怎么会招来花神呢？"

莫尼若说："小子，我也想睡觉，不想看这些花。可这是父亲交派的任务，好歹咱们得去农田里看看。"

阿鲁不满地嘟囔着："哥哥天资非凡，有神灵护佑，自然是神清气爽。可我肉眼凡胎，真是要昏了。"

莫尼若眼神温和地看着阿鲁笑了一笑说："你不就是想回去看布勒？"

阿鲁笑嘻嘻地说："真是怪啊，什么都瞒不了你。莫尼若，你跟了哈比这几年，难道真的通神啦？"

莫尼若却话锋一转说："说正经的，你想去看布勒就抓紧啊，再晚了怕来不及了。"

阿鲁的背就僵住了，他停止了嬉笑，震惊地说："哥，这是什么意思？"

莫尼若叹了口气说："让我告诉你父亲为什么讨厌英雄崖吧。其实在他心里，那山上的不是英雄，而是逆贼。"

"如果你跟哈比学过罗玛沼的历史，你就会知道这样一件事。在道光年间，我们父亲的爷爷，也就是我们的曾爷爷那一代时，出现过一次叛乱。叛乱是土司的弟弟发起的。土司弟弟其实也不算坏人。他勇武过人，为土司打过好几次胜仗，对稳固罗玛沼的疆域功不可没。他还曾几次劝当土司的哥哥减轻农奴的徭役，是一个受到罗玛沼人爱戴的人。后来，他不满土司的统治，用数年时间暗中组建了强大的兵马发动了叛乱，攻陷了土司府，掳去土司的妻儿，逼迫土司让位。然而，结果出人意料。土司为了切断叛乱者的念想，不仅没有去援救自己的妻儿，却派人暗地里去谋杀了他们。土司派去的杀手失利，事情败露了，连土司府的人都暗地里骂土司无情无义。土司妻子知道后，羞愤自尽，反而被叛乱者救了下来。叛军再次攻打土司，但这次土司有了时间和准备，从外面请来了大批援军。叛军被打败了，他们逃进了摩玛山的深处。土司残忍地在罗玛沼进行了一次大清洗，杀光了叛军所有的亲人。据说那次罗玛沼被土司杀掉的人全被丢到大沼泽北部的一个天坑里，填了一半多……”

“土司弟弟跑到英雄崖上去了，是吗？”阿鲁问。他听得心里生起阵阵冷风。

莫尼若点点头：“事情还没完。叛乱者见大势已去便把之前掳去的土司夫人和儿子送回去。从这一点上来看，叛乱者——土司的弟弟，其实还是讲义气的，至少他不杀妇女和小孩，这是符合我们祖先的规矩的。可是，当哥哥的土司却没那么仁慈了，他怕人知道自己曾派人去谋杀妻儿的真相，又怀疑自己曾被掳走的妻子不忠，竟狠心把自己的妻子杀了。”

“啊！”阿鲁头上冒出了冷汗。

“叛军在英雄崖做了一段时间的困兽之斗，最后全都死在那里。叛乱者在那里留下了一块石碑，称自己为英雄，称土司——也就是我们的曾爷爷为奸人。”

阿鲁早就目瞪口呆。

“这次事件，让罗玛沼的青壮年死伤大半，田地荒芜，损失惨重。道光皇帝知道后，差点就把热雷家的土司封赐摘走了。也就是父亲常说的，领地这只老虎，差点就把热雷家族吃掉了。”

莫尼若说完，眼中露出了惯有的深沉和忧伤。

原来，英雄崖竟是这样的一个悲惨之地。在土司眼里，去了英雄崖的人并不是英雄，而是叛乱和谋逆的代名词。

“不可能。”阿鲁摇摇头不肯相信，“我从小听罗玛沼的人说，谁能上得去英雄崖，谁就是英雄。”

莫尼若的神情像是在谈一件无聊的事那样淡然。他拍了拍阿鲁的肩膀说：“你必须知道，有时候百姓眼里的英雄，并不是土司眼里的英雄。”

阿鲁明白了，他无意中犯了父亲和哥哥的忌讳。非常巧合地，他的身份和曾经谋反的“土司弟弟”是一样的——他们都是弟弟，他们都当不了土司。可是，他们却能当“英雄”。真是让人恐惧的巧合啊！他的英雄梦得罪了土司父亲深藏不露的自卑感，触痛了莫尼若这个未来土司的敏感神经。

莫尼若说：“父亲明知你是无心之失。但是，又必须有人受到处罚。所以，若是处罚一个小奴隶就可以平息事态，难道他还会手软？如果我没有猜错，父亲会杀了布勒。”

阿鲁不打算再听下去了。他的英雄梦走得太意外、太仓促了，简直可以用狼狈和可笑来形容。他恨恨地看着莫尼若。是这个人，他这个被人们捧上天的兄长，残忍地把他的梦想撕碎了。他像神一样高高在上地拆穿了一个谎言，转过身来又维护这个谎言。阿鲁说：“是我的天真搭上了布勒的命，虽然他只是一个奴仆，但在我心里，他也是一条人命，跟我一样有血有肉，会疼，会死的命。”

阿鲁转回身，重重地给了马一鞭子，朝旷野奔去。腾起的黄灰很快模糊了他的身影。

莫尼若望着阿鲁倔强而又孤单的背影说：“弟弟，抱歉让你在那么小的年纪里就背负了如此沉重的真相。要知道，你想在父亲面前证明自己是英雄，现在还为时太早。再说，爬上个山顶，又能证明什么呢？”

莫尼若骑着马，朝牧区走去。他要继续去了解土司府羊群失窃的事。

19

阿木诺请来了哈比给土司看头疼病。哈比匆匆来到，看见土司半躺在床上，表情痛苦。

哈比立即在手掌心里洒上“神仙水”给土司进行了头部按摩。土司在一阵强烈的薄荷、罗勒和松脂的清香中舒服地哼哼着，说：“你占一卦，看看牢里的两个人是该杀还是该放。”

阿鲁就在这个时候冲到土司门外。一路上他想好了要请求父亲宽恕布勒的说辞，只要父亲不杀布勒，他愿意承受父亲的任何责罚。可到门口他就被阿木诺拦下了。阿木诺面带慈祥的笑容，用毫不置疑的口气告诉他土司老爷头痛发作正在治疗，任何人都不能见。

阿鲁说：“阿木诺，我见父亲，是要救一条人命。”

阿木诺的表情就更加慈祥了，他谦卑但坚定地说：“少爷啊，我知道你的心意。可即便如此，你也不能进去打扰老爷。”

阿鲁颓然低下头，悲伤地说：“他不能杀布勒，因为错不在他。”他的眼睛盯着自己的脚面，喉头里哽得难受。

唉，这少爷，平日里生龙活虎的，这时多么孤单无助啊。阿木诺看在眼里，有些心酸。他轻轻拍了拍阿鲁的头说：“可怜的少爷，布勒不会死的。我向你保证。”

阿鲁惊讶地抬起头来望着阿木诺。

阿木诺朝阿鲁点了点头，轻轻地说：“去吧，什么事都讲个缘分，也都有个过程。”

阿木诺是家里最年长、最受人尊敬的仆人。阿鲁看着他的眼睛，呆呆地看了一会儿。他愿意相信这双眼睛。它们经过岁月的沉淀，因深沉睿智而显得可靠。

阿鲁离开阿木诺，来到了土司府的大牢看布勒。土司家有自己的牢房，建在土司府四合大院以外的不远处。土司自己也养着行刑的人，但土司要处置一个人，得和几位执事的长老商议一下。商议其实也是做样子的，表示土司尊重长老。最终对犯人如何处置，还是土司说了算。

牢房里现在关着两个人：布勒和周老板。

武定银商周老板一觉醒来，发现自己身陷囹圄，周遭一片霉干草味儿，墙上爬满了灰绿的苔藓和千足虫。周老板大吃一惊，扑到门上一阵大喊大叫，呼天抢地。心想着我的银饰啊，我的钱啊，我的妻儿啊！看守阿古提着棍子进来，说：“你叫什么？你都把土司老爷骂得整个晚上睡不着觉，你还好意思叫。”

周老板不相信自己敢在罗玛沼骂土司老爷。他说：“你打死我吧，打死我也不可能骂土司老爷。”

阿古笑嘻嘻地冲周老板的屁股上打了两棍子，说：“你说要改朝换代，让土司去种地，还骂他是白虱子。我们老爷请你喝酒，你还骂他，真是吃着棺材菌，你疯了。”

周老板一下子跌坐在地上，也顾不得屁股生疼。他略略一回忆，就恍然大悟了。他掐着自己的大腿在心里骂自己：我憨啊，我跟一个倮倮头人讲什么改朝换代？我这是把自己当成一只羊往老虎跟前凑嘛！这都是酒惹的祸！喝了酒的人就是变得傻里叭叽自以为是，我以为我走的地方多了，见多识广了，可以在倮倮人面前自作聪明了……

看守说："掐吧，掐死自己吧，明天插花节土司老爷要祭土主，刚好有你一个人头。"

周老板差点吓瘫了。他顾不得男人的尊严，呜呜地哭起来。看守阿古哼着小调，自顾自地走了。

忽然有人在旁边叹息了一声，把周老板的哭给止住了。他转脸一看，原来他还有一个黑黑瘦瘦的小室友。他正睁着一双亮晶晶的大眼睛看着自己，倒是不好意思哭了。

周老板爬过去，小心翼翼地问："喂，小子，听得懂我说话？"

黑小子摇了摇头，又点了点头。

周老板改用倮倮话问："我进来的时候，你已经在这里了？"

点头。

"那你知道我们会在这里待多久？"

摇头。

"明天你们过节，要祭祖？"

点头。

"那……不会真拿人头祭献吧？"

摇头。

"是什么意思？是不会，还是不知道呢？"

还是摇头。

"我的天呐！我该怎么办？喂喂小子，你知道怎样逃出去？告诉我，我出去之后，一定给你很多很多银子！"

摇头。

"那么，你知道如何求见土司老爷？"

又是摇头。

“唉……”周老板的眼泪又掉出来了。

“我怎么办，我到底该怎么办？该怎么办？”

忽然门外有人叫布勒的名字。布勒一听，惊喜地扑到门上，叫：“少爷，少爷！”

接着他们听到外面的看守阿古说：“少爷，老爷交代过不许跟犯人接触的。”

阿鲁说：“大胆的奴才，还不快开了门！你难道比我的小奴尊贵么？”

过一会儿，门被打开了。阳光倾泻进来，刺得牢房里的两人睁不开眼睛。

“布勒！”阿鲁叫他。

一个人影闪了进来，接着布勒就闻到了少爷身上熟悉的味道。布勒是多么依恋和信任这个味道啊，十四年来，他几乎每时每刻都跟随着散发这个味道的男孩。他是主人，而自己是他的影子。“少爷，你是来救我出去的，是吗？”布勒热切地望着他的主人。

阿鲁皱起眉头，继而他又笑了，说：“没错，不过布勒，你要再等一下。最多明天，我就叫父亲放了你。”

布勒听出来了，事情没那么简单。他黯然说道：“少爷，无论如何，你都是我的救命恩人。还有那个给我治了蛇毒的拉措姑娘，如果你见得着她，告诉她我下辈子当牛做马也要报答她。”

阿鲁一句话也说不出来，他抱住布勒瘦小的肩膀，伤心地流着眼泪说：“布勒，是我害了你啊。”他心痛地想，如果自己早知道英雄崖原来是那么一个是非之地，就不会拼了命想往那里钻。现在，不仅得罪了父亲，还害了布勒。

周老板倒是不哭了。他就着门被打开后透进的光线，发现自己的箱子赫然放在墙角。他奔过去打开，里面的货物和钱财竟如数还在。

真是又惊又喜，原来土司虽然关了他，却并没有夺去他的钱财。唉，这个土司老爷，真是叫人捉摸不透啊！莫非……

周老板一想到这里，才热起来的心马上冰凉下去：莫非他很快就要杀我？所以才不在乎箱子在哪儿呢，反正我一死，箱子的去处就只有土司说了算啦！

这念头一起，周老板浑身都凉了。他“噌噌噌”地爬到阿鲁的脚边，一把就抱住了阿鲁，说：“阿鲁少爷，您还记得我吧？我是周老板啊。”

阿鲁这时才发现牢房里还有一个人。

“咦！怎么你也被关起来了？”阿鲁大为惊讶。

“唉，说来话长！都是酒惹的祸啊！少爷啊，您能不能帮帮我？尊贵的土司老爷是误会了我啊！我千万不能再待在这里啦！我老婆儿子都还在家等着我呢……我都快急死啦！”周老板气急败坏地诉说着，在阿鲁身边转来转去。

阿鲁却说：“周老板，你怎么像个猴子似的？”

周老板一愣，低下头看了看自己，忽然发现自己跟个猴似的四肢着地，正在爬来爬去。

周老板吃了一惊，想：怎么人一着急，就变得不像人了？

他赶紧站了起来，拍拍身上的灰，又给这位土司少爷行了一个恭恭敬敬的礼，说：“不好意思，我这人一急就失了分寸。少爷，我家里还有两个孩子，其中一个马上就要出世了，您想，他若生下来就不见爹爹回去，那该多悲惨啊……”

阿鲁说：“你不要啰唆了，你想叫我做什么？赶紧说吧。”

周老板这才说：“请少爷帮我捎封信给土司老爷吧！”

阿鲁说：“这事不好办。你写汉字吧，土司老爷看不懂。写倮倮文吧，估计你不会写。”

周老板一脸失望，眼泪又快要掉下来了。

阿鲁说：“你要说什么，我替你写吧。”

布勒惊奇地说：“少爷，你学会写字啦？”

阿鲁自信满满地说：“前久在哈比那里学了一点儿，写个信，怕不成问题吧？”

周老板奔过去打开箱子取出纸笔。阿鲁在周老板的授意下，歪歪扭扭地写下了一篇周老板看不懂的字符。

多年以后，周老板回想阿鲁少爷当初就蹲在地上，为他写了下了那封救命的信。周老板当时想要表达的意思，是多么复杂啊！他从他的家庭情况，讲到他对土司老爷的忠心，表达了酒后失言的内疚和思念家小的急迫之情，强调了他绝非土司想象的坏人，又保证回去后，要送来大量银饰孝敬土司，以感谢土司老爷的不杀之恩。

可是，那时阿鲁少爷会写的字不多，因此那是一封词不达意、语言简陋的信。其实他只写下这几个词：妻了、儿子、恳求、忠心、孝敬、银饰。当时周老板看着那封由十来个字符组成的信，一度失望得心都碎了。

可过了两天，周老板竟真的如愿以偿，土司把他放出来了。他眯着眼睛佝偻着身子走出土司府的大牢，发现天还是一样的蓝，阳光还是一样的温暖，这座恐怖的黑牢居然地处鲜花丛中，周遭的波斯菊争奇斗艳，云南松青翠挺拔。周老板看着这美景张大了嘴，迷惑极了：这难道是一场梦吗?

紧接着还发生了一件意想不到的喜事，他的妻子挺着大肚子，带着儿子周复生来接他了。她还告诉他，是土司老爷恩准他们进府来接他的。周老板觉得难以置信。这时苏吉土司出现在高高的石阶上，他像是忘记了他把周老板关起来这件事一样，惊讶地说：“周老板，三天了，怎么你还没有走出土司府吗？”

继而他看了看周老板那一身的褴褛与狼狈，便开起玩笑来，说：“土司府那么大吗？会让走南闯北的周老板迷了路。”

周老板“扑通”一声就跪下了，他干燥沙哑的喉咙里发出哽咽的声音说：“小人还活着，这是老爷的仁慈与恩德。”

土司瞟了他一眼，脸上浮现出得意的笑容说：“你儿子在赛衣会上曾用烟枪救过尊贵的刘县长一命，我答应过要奖赏他。放你出来，就当作兑现承诺了。”

土司接着说：“另外，你竟然会写倮倮文！知道吗？倮倮人的文字是神圣的，只有贵族和有学问的人才能写。我的祭司说杀一个能写倮倮文字的人会冒犯天神，所以你暂时不用死了。”

原来阿鲁谎称这封信是周老板写的，土司对汉人居然能写傈傈文感到非常惊讶和得意，认为周老板是个人才，如果因为他那天的言论就杀了他，倒显得自己小气，所以便把周老板放了。

“土司老爷，罗玛沼就是我的家乡了。”周老板诚惶诚恐地说。

苏吉土司哈哈大笑，说：“得了吧，外乡人。当时你跟我喝酒时，可不是这样说的。你那个革命的火，现在不知烧到哪儿去啦？”

周老板不急不躁地在灰尘和汗水底下微笑着：“老爷，我们在烤荞饼的时候，单烤一面只会把饼烤焦。革命的火没烧对地方，就会把事情搞砸。您说，是不是这样？比如武定慕连土司的地盘确实大，可那里连一个鸡份子地都没有我的！农民们要求李土司把土地还给农民，取消杂税，可李土司不干，联合了其他土司变本加厉地到处收租。他们天天打仗，闹得鸡犬不宁，没法生活了。罗玛沼哪怕是给小人一个鸡份子地，小人也是万分感激的。”

在土司的领地里，常常把田地分成几等，地势平坦土质肥沃的，是土司家的田地，称为“庄田”，然后根据土质、地势、离镇子距离的远近，依次分为“马份子地”“羊份子地”和“鸡份子地”。

苏吉土司说：“看在你老婆儿子的分上，我让罗吉管家给你挪个地方吧！这大太阳底下的，就不与你多说了。”

土司带着仆人随众走下台阶，浩浩荡荡地走远了。

对于苏吉土司来说，周老板的事很好安排。罗玛沼经过一百多年前的那次叛乱，也就是莫尼若讲过的关于英雄崖事件之后，罗玛沼人员伤亡过大，一直没有恢复元气，人丁不旺。光是属于热雷家的庄田就有千亩，何况目前还有很多没有分出去的份地，连马份子地、羊份子地都还多着呢，何况区区一块鸡份子地。罗玛沼人口不多，为了让自己的领地更加繁荣热闹，热雷土司并不介意外地人前来这里定居。尤其是像周老板这样有手艺的人。当然，土司对周老板，是有另外的打算的。他不会让任何人在罗玛沼土地上白吃白住。

只不过他还没有把自己的打算告诉周老板。所以，周老板甚至连请求租地的贡献礼都没给土司上，就从热雷土司那里得到了一块不算小的地。这块地还很平整，超出了周老板一家人的预期，这让他满心欢喜，由衷地感慨着自己柳暗花明的时运。

两天后，罗吉管家将租地凭据交给了周老板，告诉他，他们一家已经获得了在罗玛沼的永久居住权。他说："这是土司老爷特别关照的，好让你盖个像样的房子。老爷说了，好歹你也是个'格'的身份，别舍不得口袋里的银子，给老婆孩子好好建个窝吧。"

周老板一家于是从此变成了罗玛沼的居民，他打算在这里开一家银铺，好让老婆肚子里的孩子出生时，给他一个安定温暖的家。他对他的大儿子周复生说："这流浪的日子，咱们就暂时结束吧，人不可能一辈子流浪，但也不可能一辈子只有一个故乡。"

20

周老板走了，牢房里又只剩下布勒一个人。阿鲁非常焦急和恼火。可阿木诺让他再等等，叫他不要着急，说时候未到，现在去说什么都不管用。阿鲁救出了一个不相关的人，而他关心的人还是一点希望都没有。布勒不在，他就觉得身边少了一件很重要的东西，空落落的，非常无聊。他派人去把周老板的儿子周复生叫来府里，命令他陪着自己遛马和射箭，晚上也不准周复生回家，让他像布勒一样睡在自己的门口。他对周复生说，有得必有失，这道理你懂吧？

没有人敢惹阿鲁少爷，这几天他的脾气大得很。土司对此也爱理不理，罗玛沼所有的人都是他家的仆人，自己的儿子想跟谁玩，那还不让他尽情任性去。

可周复生不是布勒，他虽然碍于身份和地位对阿鲁也算恭敬，可他不会像布勒那样对阿鲁既依赖又宠爱。那是一种既复杂又特殊的感情，既温暖又忧伤的友爱。千依百顺，细致体贴，充满默契。阿鲁可以从布勒的眼神里看到这些东西，从布勒的气息里感受到这些东西，那是定心丸，在任何时候，只要这枚定心丸在，阿鲁都是安心的。可是周复生这里，这枚定心丸失效了。和布勒比起来，周复生独立强悍，身上带着见多识广而显现出来傲慢和散漫气质，这对阿鲁来说，就像一种另类的挑战，既觉得刺激，又很让人生气。他就折磨周复生。让他劳累，让他当箭靶，让他像布勒一样服侍自己穿衣吃饭，还要求他像布勒一样睡觉时磨牙。

周老板听说后，很着急。但他打听到阿鲁和布勒的关系后，就明白了一些东西。他打算明后天就带上足够的礼品，去土司老爷那里为那个至今还关在牢里的小室友求求情，布勒出来陪阿鲁少爷了，自己的儿子才能早日回来。

不过周老板还没有动身，周复生和阿鲁的关系就改善了，这是因为他们今天见到了个共同认识的人，谈到了一个共同的话题。

那个人就是拉措。一大早，她随父亲杨清远、哥哥世雄来土司府送今年的最后一批春茶，一共赶来四匹骡马，驮来八大筐茶叶。

土司亲兵房总管鹿丫在门口拦住了他们，说要检查茶叶里有没有藏着武器。这真是闻所未闻，杨清远给土司府送了十几年茶叶，他出入土司府从来没有受到过阻挠，谁人不认识著名的杨茶师啊？他觉得鹿丫今天是不是昏了头了。他说：“总管，你怎么啦？你不认识我啦？”

他还迷惑地观察了一下鹿丫的眼睛。他听青珍说过罗玛沼有一种迷惑人心、吸人脑子的“蛊”，样子像大蝴蝶，被它咬过之后，人的眼睛就没有白眼仁，全部变黑，然后人就变疯了。

鹿丫是苏吉土司堂叔的儿子，他十多岁就在土司府当差，早年跟着土司出征打仗，战功赫赫，当上了土司府亲兵房的总管。现在太平盛世，大地方有汉官、有土司来管，各寨子也有等级不同的头人，已经好多年没有打仗了。四十二岁的鹿丫手下管着三百亲兵，其中常驻土司府的有六十人，其余平时在田间务农，一经鹿丫号召立即结集听命。鹿丫有一身好武艺，手握兵权，地位尊贵。苏吉土司兄弟离散，护印一职空着，鹿丫基本上就充当了这个角色，从形式和职位上来讲，他是罗玛沼除了苏吉土司以外，最有发言权的人。

他抱着双臂，睨视杨清远说："从今天开始，出入土司府的人都要搜身。"

杨清远听了，老老实实地说："好吧好吧，你来搜吧。"

鹿丫就对身旁的卫兵使了使眼色，说："你们两个去搜老头和男孩，那姑娘我来搜。"

杨清远一听，心里嗖地一激灵，明白了。鹿丫拦的不是自己，而是拉措，他想搜的也不是武器，而是想占拉措的便宜。

杨清远赶紧上前一步拦在拉措前面，说："我儿子和姑娘都不用搜，他们不进府里，就在门外等我。"

鹿丫说："来到门口的都得搜。"

杨清远说："队长，我不会让我姑娘给任何人搜身的。"

鹿丫嘿嘿笑了几声，说："罗玛沼有你说话的份吗？"

拉措听得心里冒火，又不敢得罪鹿丫。便朝鹿丫行了个礼，说："队长，我这就走。"

拉措转身就走。鹿丫跳过来张开双臂拦住她，说："来了就不准走。"他的眼睛里伸出一条舌头，往拉措全身上下舔来舔去，把拉措刷得不寒而栗。鹿丫咽了口唾液说："上次在赛衣会上让你跑掉，土司老爷生气得很，他命令我随时都可以抓你。"

没想他话音一落，世雄就扑了上来当胸推了他一把，他不防着，噔噔往后退了几步差点跌倒了。世雄愤怒地冲他挥舞着拳头说："不要脸，想欺负人是不是？"

这下不得了了，鹿丫大发雷霆，几个卫兵一拥而上就把世雄按在地上。世雄的脸被踩在脚下，变了形，还在不服气地大声骂着，鹿丫朝他背上狠踹了两脚说："臭奴才，你当土司府是谁家的地盘，你当老子是谁呢……"

拉措惊叫着要冲上去，被杨清远死死拉住了。

这时阿鲁和周复生刚好出来。阿鲁少爷一般是目不斜视的，府里的奴才们每天都闹闹哄哄，他可不感兴趣。

可周复生忽然说：“哦，赛衣会上的仙女怎么在这里？”

阿鲁闻言一转头，就看见了拉措。

“你们在这干什么？”阿鲁赶紧走上去问。

鹿丫见是阿鲁，气焰稍微降温，他朝阿鲁略略地躬一躬身子，算是给他行了礼。“把这个奴才拉去关起来。”他指着世雄，吩咐卫兵说。

杨清远急忙求鹿丫说：“总管啊，你大人大量，原谅这个不懂事的娃娃吧！”

拉措在旁边吓得直哭，全身发抖地躲在杨清远身后，只敢露出眼睛朝阿鲁望了一眼。

阿鲁见拉措那可怜的样子，心里挺难受。这一家人明显是被鹿丫欺负了，鹿丫跋扈，他是知道的。但鹿丫要抓人，他这个没有任何职务的二少爷，也管不了。他顶多就是劝说一下，如果事情不是很严重，鹿丫也愿意买他的面子，可能会放人。所以阿鲁一般是不会管鹿丫的事。可这回不同了，拉措在那儿，就像一份考卷摆在他面前。他也不是很明白自己的心思，但见着拉措高兴，他就很开心，见她受气，他就难受。他想帮她，就一定得帮她。

“总管，把人放了吧。”阿鲁说。

鹿丫愣了一下。他摸了摸后脑勺，不紧不慢地说：“少爷，鹿丫这是在办公事呢。”

阿鲁说：“我知道。但是，杨清远是老爷赏识的茶师，世雄的阿妈是三太太的好朋友。他们一家人对土司忠心耿耿。看在这些分上，你就从轻处置吧。”

鹿丫说：“放了这娃娃，倒是小事。可是这家人违抗命令，拒绝搜查，犯了不敬之罪。这可怎么办呢？”

阿鲁气生地说：“你别说了，有什么事我担着。”

杨清远“扑通”一声跪在阿鲁面前说：“少爷，我们都是老实的奴仆，从来没有违抗过土司老爷的命令。今天队长要搜我们的身，可我闺女一个小姑娘家，如何可以让男人随意搜身呐？我这就让她赶紧回去，以后再也不得来府里，这样行了吧？”

阿鲁听完震惊地望着鹿丫，一股怒火“噌噌”地从胸膛里往上冒。周复生在旁边小声骂道：“他妈的，不要脸，老汉子想占人家便宜，欺负小姑娘呢。”

鹿丫立刻冲上来就要打周复生，被阿鲁拦住了。阿鲁一把就捉住鹿丫挥过来的手掌，怒喝道：“你是土司的护卫官，别张牙舞爪失了体面。”

鹿丫挣了一下居然没有从阿鲁的手里挣脱，心想：这小子人长大了，小时候缠着我学武功练箭术，现在竟敢跟我作对。他阴下脸来，不满地说：“哈，少爷，他们只是土司的奴仆而已。”

阿鲁松了手，严肃地板起面孔，尽量把自己的身子挺得笔直，让自己在鹿丫面前显得个更高一点。他清清喉咙，学着兄长莫尼若的样子，把自己显得更像个高贵的少爷。“鹿丫，你也只是土司的臣民。让我再说明白一点，你是我们家的臣民。”他说。

鹿丫眼里的光就慢慢收回去了。

“好，好，我们的少爷真的长大了，好样的。”鹿丫嘿嘿干笑几声，又大声命令卫兵将世雄绑回牢里关着。他对阿鲁说：“杨清远和这小姑娘，我就不追究了。可这小子竟敢动手打我，他犯了大不敬的罪过。”

阿鲁摆摆手说：“你们去吧。”

杨清远和拉措着急地看着阿鲁想说什么，但阿鲁默默地向他们摇了摇头。

世雄被他们拉走了。

杨清远悲苦地哭了起来，说：“这是造了什么孽啊，平白无故地就下了大牢，世雄啊……”

拉措拉着父亲的手，不知所措地流眼泪。她的脸被吓得惨白，泪珠子一颗颗挂在尖尖的下巴上，楚楚可怜的样子让阿鲁觉得好心疼。

但他知道自己只能做到这一步。他难过地安慰杨清远说：“世雄的事我会向父亲求情的。”

拉措望了他一眼，眼睛红红地说：“我还给布勒送了点药来。”

阿鲁心里难过得翻江倒海，也只能点着头强露微笑。接过药的时候他拉住了拉措的手，说："拉措，对不起……"

周复生在旁边长叹了一声，说："阿鲁，你又不是大少爷，府里的奴才们当然不怕你。"

阿鲁听了，脸色更加难看。

罗吉管家这时从大门里出来了，他看见了杨清远，就笑眯眯地冲他招手，说："茶师啊，你来啦，赶快进来吧。"跟在管家身后的两个小奴就出来帮着杨清远把骡马牵进去了。

阿鲁什么话都说不出来，他只得放开拉措的手，又说了一句："对不起！"

杨清远满心苦楚，他不明白这土司府的人是怎么了，今天怎么那么背时，那么倒霉。他决定待会要求见土司老爷，把事情讲清楚一下，求他放了世雄。

可是罗吉管家告诉杨清远，土司老爷昨天就带着大少爷莫尼若去了楚雄县，家里的事务，都交给他和鹿丫队长暂代管理呢。

拉措就向罗吉管家求情，她哭着说哥哥是为了保护她，才冒犯了鹿丫。

罗吉管家听了，心里就明白了。鹿丫现在还没有成亲，但被他欺负过的姑娘不计其数。他想了想，就对杨清远说："你觉得是世雄被关上几天好，还是让鹿丫来欺负拉措好呢？"

杨清远痛苦极了，他明白管家的意思，要鹿丫放了世雄，他就会继续盯着拉措。拉措说："罗吉管家，就没有人管得了鹿丫吗？"

罗吉管家笑了笑说："当然有，但那个人不是我，也不是你们。"

杨清远让拉措什么也别说了。他们匆匆办了茶叶交接手续，就向管家告别。管家把杨清远拉到一旁，说："别让你姑娘来府上了，美丽的花朵总是招人喜爱，也总是招人摧折啊。"

杨清远张大嘴怔了一下，立刻冲管家点点头，拉着拉措急急忙忙出了茶坊。拉措牵肠挂肚地说："不知世雄要受什么样的苦。"

她的眼泪又涌了出来。杨清远说："现在别说什么了，赶紧回去吧。"

来到院子里，拉措看见周复生还站在那里，但不见阿鲁。周复生像是在等她一样，见了她就跑过来，悄悄说：“阿鲁在外面路上等你们，让我叫上你们赶紧去。他怕鹿丫又来找你们麻烦。”

出了院门，阿鲁果然骑着马在路旁的核桃树下。他闷闷不乐地望着远处，心事重重的样子。不过他身形挺直，身上黑色的大氅显得很高贵。所以他即便是闷闷不乐，也还是一副王族气派。

周复生看了阿鲁一眼，叹了口气说：“瞧见了吧，那鹿丫厉害，他根本不把阿鲁少爷放在眼里。我看阿鲁少爷也帮不了你，说不定他还受鹿丫的气呢。”

拉措说：“他尽力就好了……”

她害怕再碰见鹿丫，就快步朝阿鲁跑去。她想阿鲁虽是少爷，可也不过是个十五六岁的孩子。她已经很感激阿鲁了。

21

布勒已经被关了十多天，他气息奄奄，百无聊赖，心中充满了恐惧。忽然阿古打开了牢门，说：“布勒，你有伴了。”

又一个人被关了进来，就着光线一看，原来是拉措的哥哥世雄。世雄一进来，就大骂不止，一开始骂鹿丫，接着骂土司府，骂着骂着就骂土司。再过一会儿，他开始骂自己，骂自己的命运。外面的看守一天之中冲进来打了他三次，可打完了，他还继续骂。

布勒惊讶地听着，他第一次听到那么多骂土司的话，也第一次见到那么不服气的人。一直到了深夜，世雄才停止叫骂，抱着头蹲在墙角，高一声低一声地哼起来。布勒知道他一定很疼，但他也没有办法，牢房里什么都没有。布勒把阿鲁送给他的唯一一床毛毯披在世雄身上，世雄一动不动，只在那里喘息。

再过一会儿，阿古又来了。他在门口说：“布勒，阿鲁少爷来看你了。”

布勒激动地扑到门上。他听见阿鲁在门外对阿古说：“这个你拿着。”

阿古哼哼叽叽地，又听阿鲁说：“你讨打吧？”

阿古就说：“不不，少爷是慈悲心肠，小人不敢收。”

接着阿鲁哼了一声，好像是“嘭”地打了阿古一拳。布勒心想：少爷为何要打阿古啊？

却又听阿古笑着说：“谢谢少爷。”

阿鲁说：“这些药赶紧拿去捣碎了，烧壶开水过来。”

阿古打开牢门，阿鲁就进来了，一起来的还有一个黑黑的少年，周复生。

布勒赶紧问阿鲁，给了阿古什么？为什么阿古挨了打还会笑？

阿鲁说：“我给他银子。”

布勒就不问了，心里涌起一阵巨大的温暖，以及一阵无边的悲伤。他知道阿鲁给阿古银子，只是为了自己和世雄在牢里能好过一点。但那也同时证明自己在牢里的日子还很长。

阿鲁对世雄说：“你妹妹我已经送回去了。对不起，在我父亲回来之前，我可能也帮不了你。这里有些药，是你阿妈给你的。你一定受了伤。”

世雄抬起头来看了阿鲁一眼，说：“你要我对你说谢谢呢，还是叫我骂你呢？”

阿鲁说：“你喜欢骂就骂吧。”

世雄说：“土司府没一个好东西。冤枉好人，欺负百姓，见我妹妹长得漂亮，个个都想占她便宜，那天在赛衣会，你爹差点就把我妹妹送给了县里那糟老头子。你们还是不是人，还有没有良心？”

阿鲁沉默不语，布勒紧张地说：“世雄，你少说两句，阿鲁少爷是好人，他是土司府里最好的人。”

阿古提着棍子进来了，说：“少爷，这小子还没打够。”

阿鲁说：“阿古，牢里要是出了人命，你是担当不起的。我劝你那根棍子还是长着点眼睛。”

阿古立刻闷声不响了。阿鲁说：“我走了，布勒。你再等些时间，父亲一定会放你出去的。”

阿鲁说完，就带着周复生走了。隔了一会儿，阿古又来了，他打开门底下的小洞——那是专门隔着门给犯人送饭的，从那里递进来一包捣碎的药和一茶壶热水，说："布勒，这是你的。少爷说是拉措送来的。"

布勒拿到药，人就呆在那里了。拉措帮他疗伤、用嘴吮吸蛇毒的一幕，他从来都没有忘记。现在这一包药，更是叫他百感交集。他在黑暗里流下了滚热的泪水，心里喊了拉措的名字一百遍。他想就算为了报答拉措，他也一定得活下去。这种想法让他忽然有了力量，他倒了些开水，把药弄湿，然后解下脚上原来的绷带，开始换药。原来的药已经发黑发硬了，布勒脱下自己的外衣，把这些药渣包了起来。在他看来，这些药渣都带着拉措的气息和感情，是弥足珍贵的，他要一辈子珍藏着。

阿鲁回到房间，衣服也不脱就倒在床上。他盯着房顶出了会儿神，情绪低落地说："周复生，你回去吧。以后也不用来了。"

周复生一下子有点反应不过来，说："不用我陪了？"

阿鲁说："是啊，陪着我有什么用呢？我是个没有用的人。布勒跟了我十多年，他得到了什么呢？"

周复生沉默了一下，便在阿鲁床边的地上打了个盘腿坐下来。

两个少年静静地待在黑暗里，月亮慢慢升了起来，透过窗棂照在他们身上。周复生忽然发现阿鲁的脸上挂着亮晶晶的泪水。经过几天相处，他发现阿鲁其实是个很孤独的人。他在这个大家族里，表面上被人们捧着，实际上除了他的生母三太太，人们都不怎么把他当回事，位分稍高的一些奴才，对他也常常阳奉阴违。道理很简单，阿鲁长大了，是没有实权的，说不定，还会被他的土司哥哥随便给一块封地，就流放到远处去。阿鲁就布勒一个贴身小奴，可就为一点小事，土司也可以剥夺他们的友谊，一点也不顾阿鲁的感受。

周复生想到这里，就同情起阿鲁来。他拍拍阿鲁搭在床边的脚说："少爷啊，你莫哭了。以后咱俩当兄弟吧，只要你不嫌弃。"

阿鲁说："我有什么资格嫌弃别人？"他想：拉措也一定是这样想的，我连保护她的资格都没有。

周复生说："嗨，看开点儿，我跟我爹在外边这些年，看到的世界都是变化多端的，没有什么事会一成不变。今天这个是大官，是富人，说不定明天他就成阶下囚，成流浪汉。而那个昨天还露宿街头的穷鬼，也有可能一夜之间成了富翁。你知道我们为什么不回武定老家吗？我爹说，我们老家的奴隶跟土司打仗，打了几年了，他们不让土司管他们，不交税给土司。土司当然不干，没了奴隶他们怎么生活呢？结果，我们老家变成了一个无法生活的地方，给战火烧得乱七八糟，我们不回去了，回去了也没地方在。罗玛沼挺好的，我感觉你们土司家人也不错，对老百姓挺好的，大家都过得很安稳。我爹说我们要暂时把这里当作故乡，不走了。"

阿鲁听了，半天不说话。隔了好一会儿，才说："如果我们家真是好的，拉措他们怎么会受到欺负呢？"

周复生立刻就答复了阿鲁："鹿丫能代表你们家吗？你觉得拉措受了欺负，你设法保护她对她好就行啦。"

阿鲁听了一下子就坐起来，瞪着周复生说："我可以吗？"

周复生说："真奇怪啊，你为什么不可以？不说鹿丫是奴才，你是主子吧，只不过你现在还小一点，打不过他罢了。可你会一直这样小吗？拉措姑娘人见人爱，我也喜欢她，我就愿意保护她。"

周复生的话就像一道光，阿鲁觉得心里忽然就不那么暗了。阿鲁大叫一声，跳下床来一把抱住了周复生，哈哈笑着说："周复生，你真是个鬼！你一定是夜猫鬼变的！"

"什么夜猫鬼啊？"周复生给阿鲁勒得大笑起来，他也回抱着阿鲁，心里觉得有个朋友真好。

四天后，土司老爷和莫尼若回来了。他一回来，就先向大夫人和三太太宣布他收复失地的日子很快就要到了。他说不管外面的世界闹成什么样，他也不会再让热雷家的势力在他手上减少半分。

大夫人和三太太问他为什么那么有信心。她们还记得十年前碧格寨头人带领一百多人马为了闹独立而与热雷家兵刃相向的那件事。那是一群骁勇善战的傈僳人和苗人，他们用一百多人将土司府的三百多亲兵打得落花流水。战后，苏吉土司同意碧格寨的二百户人家独立于罗玛沼之外，不向热雷家纳税上贡。那真是一件不堪回首的往事，也是亲兵总管鹿丫最为惨痛的一次失败。鹿丫的威名在那次失败之后大打折扣，但土司为了稳住军心，并没有撤掉他，还好言劝慰。一想到这些，两位太太都表示出对鹿丫的极大不满。

苏吉土司止住了她们对此事的评判。他比了一个枪的手势，说："这些让罗玛沼的武器成为历史的新东西，会让我们家越来越强大的。"

他让管家去请来四个寨子的头人、五位长老和大毕摩哈比，杀了三头肥羊、一头大猪，在家里大摆筵席，还用上了不久前从昆明新买回来的全套描金珐琅餐具。在明晃晃的烛火之下，整个土司府大餐厅显得金碧辉煌，气派极了。

土司这样显摆，当然就是想告诉今天上门来做客的这些人，他们热雷家的气脉还如日中天呢。

土司喝下了两大碗酒之后，意气风发地说："当初碧格寨头人带着那伙苗人和傈僳人闹翻了天，我看他们现在过得也不好——就在不久前，还有人来偷走了我们的几十只羊。年初时，他领地里的十多个人还跑到我官寨里请求租地呢。我要让他明白，即使暂时让他单独过了一段时间，并不代表热雷家对他们就放任不管了。那个寨子，我能让他管，也能不让他管。"

头人们面面相觑，他们发现苏吉土司虽然已经五十五岁了，倒显得愈加信心十足、勇气可嘉了。他们婉转地向土司试探究竟是什么原因让他忘记了碧格寨头人的厉害，突然间有了要收复他们的冲动和信心。但土司笑而不答，只说一定要让碧格寨头人悔不当初。头人们便从土司的笑容里看到了食肉动物的杀气。他们立刻逐一向他敬酒，说的都是些好听的奉承话，把土司捧得笑逐颜开。

阿鲁坐在莫尼若身边，问莫尼若是不是买到了枪。莫尼若说要再等十多天，枪才会到罗玛沼。他说跟随枪支一起来的，还有刘县长的罂粟种子，这是刘县长帮土司买枪的条件。

阿鲁说："罂粟是什么样的？种它可以换来枪支弹药，那么值钱吗？"

莫尼若说："我只知道那东西价比黄金。政府曾经禁止种植，但现在有本事的人还是可以种它。那应该就是一种既让人喜欢又让人畏惧的东西了。"

阿鲁说："这不是好东西吧。"

莫尼若说："无论它是不是好东西，这都是父亲的决定。"

宴会结束后，土司又张罗起今年的第一次狩猎活动。他像吃了棺材菌一样兴奋，说再不去打猎，今年就去不了了。因为再过半个月，罗玛沼的勇士们就要开始操刀练枪，农忙季节一到，他就要往地上散满罂粟种子。

"到时，罗玛沼大地上将遍地都是银子。为了守护这些银子，我哪都不能去了。"他说。

土司说这话的时候，大夫人、三太太、罗吉管家都在场。大夫人瞥了土司一眼，对他一心想着吃喝玩乐很是不满。她说："狩猎是你们男人的事——呵，其实那些都是玩乐的事。我作为莫尼若的母亲，这几天也有一件事要做，而且这是一件正经的大事。"

她接着提出了要扩建土司府的计划。她说："该给莫尼若建一个单独的别院了。哀牢山鄂加土司的阿果小姐中秋就要来相亲，我听说阿果小姐才十五岁时就拥有了自己别院。所以我们也要让她看见莫尼若的尊贵和气派，绝不在她家之下。这可关系到咱们罗玛沼的脸面！"

土司听了连连点头，立即招来几位长老和罗吉管家商量了一番，同意了大夫人的提议。莫尼若是未来的土司，而且他现在已经成年了，拥有自己的府邸是迟早的事。

于是大夫人找来镇上最好的工匠，让他去设计一幢不亚于现在土司府规模的四合院。

苏吉土司把建别院的大权交给大夫人后，选好了在一个温暖的春日里带着莫尼若和阿鲁以及三十多名猎手浩浩荡荡地朝摩玛山进军。

这样的狩猎活动在罗玛沼每年只有一次，一般在春季或在秋冬季。活动由土司领头，带上所有罗玛沼的猎手，可以猎杀罗玛沼领地上的任何野兽。而在平时，虎、豹、长臂猿、灵猫、林麝、熊，以及孔雀和鸳鸯是不能捕杀的，它们属于山神保护的对象。猎人上山，只能打一些野鸡、野兔、野猪、狼、獾等等普通猎物。打回猎物，还要上贡给土司。而在每年一次土司举行的狩猎活动中，不仅可以猎杀任何野兽，土司也不收税，那简直就是罗玛沼猎人们的狂欢节。当狩猎的队伍凯旋时，留守家中的亲属们要在毕摩的主持下，举行盛大的祭祀活动，感谢山神，感谢母虎给罗玛沼的猎人们带来丰厚的战利品。他们跳起十二兽舞，挨家分发狩猎所得，届时罗玛沼的篝火三天三夜不熄，整个大空都飘荡着烤肉的香味和欢歌笑语。

若是在以往，这可是阿鲁最高兴的时候。可这次出发在即，他发现自己无论如何都提不起兴趣。有一些别的事把他的心占领了。他总是想起拉措泪眼汪汪的眼睛，想起她在鹿丫面前那可怜的样子，想起她的手在自己手里的温度，还有她那因为采茶而变成淡绿色的指甲。他为她的眼泪和指甲而心疼。

还有，大牢里的布勒和世雄也让他揪心。

再这么关下去，他担心布勒的眼睛要瞎了。布勒要是瞎了，那就跟死了没区别。土司府是不会要一个瞎眼的奴仆的，他会被丢出大门，像一只流浪狗那样自生自灭。

那可真是太糟了。阿鲁很烦躁，恨自己的弱小和无能。他想起前几日周复生的那一番话，觉得虽有道理，但现在一点忙也帮不上。天黑了，天又亮了，自己还是一样的无能，一样的弱小，一样的不被人重视。

他怏怏地来到他的生母三太太的房间门口，在那里犹豫不决。他本来想请母亲向土司求情放了世雄和布勒，又担心母亲也没有这个能力，这样反而让母亲为难。想来想去，正想悄悄走掉，三太太却在里头叫了一声："阿鲁，进来吧。"

阿月秀把阿鲁叫进屋子里，给他试了一套新衣服，就叫他回去早些睡觉。阿鲁说："你知道我在外头？"

阿月秀说："你魂不守舍，我当然知道。你想说的话我都知道，所以你什么都不用说，只管回去吧。明天去打猎，要好好跟着你父亲，别被野兽伤了。”

阿月秀不让阿鲁多说，推着他出了门，挥手让他快走。阿鲁心里闷闷地想：奇怪了，大人们怎么那么容易就能看清我们的心思，而他们究竟在想什么，我却很难猜到？

他穿过花园里层层盛开的鲜花和果树，月光将他的影子拉得细长而孤寂。

回到房间，他也不点灯，从墙上取下箭囊，就着白白的月光一支一支地擦拭起那些无羽箭来。

青色的箭头与月光交相辉映，发出冷冷的光芒。阿鲁细心地擦着，直到那些青光有了赭红的暖色。慢慢地，一股力量就从这微凉的金属里传到他的手心里，他的心随之安定下来，仿佛从箭的身上获取了勇气。然后他又细心地擦拭那把长弓。这套弓箭出自一个来历不明的匠人。此人无名无姓，是个哑巴，却能制出无人可比的强弓利箭。二十年前他来罗玛沼后，在镇子西边的角落里搭个草棚制作弓箭。他一年只做五把弓，百十支浸过异毒的青铜箭，卖得很贵。罗玛沼没有几个人用得起，都被外地人买走了。阿鲁十二岁时，土司送去白银五十两，为他求得这把由紫杉、牛角、鹿筋复合制成的长弓，和二十支青铜无羽箭。如此名贵、优美、无坚不摧的武器，整个罗玛沼只有一件，土司就送给了酷爱射箭的阿鲁。

阿鲁记得他刚得到这把弓时欣喜若狂，可却丝毫都拉不动，是土司手把手教他把弓拉开了。现在回想土司那慈爱的眼神，阿鲁依然很感动。他抚摸着这只弓，心想连莫尼若也没有这样的弓箭，足见父亲还是珍视自己的。或许是自己年少无知，贪图玩乐，未曾体会到父亲对自己的期盼。他这样想着，摆开架势，慢慢将弓拉开，又慢慢放松。这样练习了几十次，感觉双臂已有些发酸，心里也更加地安定充实。他将弓抱在怀里倒在床上，深沉的睡意慢慢升起来了。他想起土司将这套弓箭送给他时说：“兵刃虽为利器，却能给人以安全感。”此刻他已体会到了这话的真意。

为了这次狩猎，土司在临行前要一个人睡。他说跟女人睡觉会让自己手气不好，射歪了箭。

临睡前，罗吉管家来了。他送来一壶温过的首乌酒、两样下酒菜，说是三太太阿月秀的心意。在府里，阿木诺跟大夫人关系好，而罗吉管家与三太太走得近，土司是知道的。所以管家替三太太送夜宵过来，是常有的事。

土司心情大好，笑眯眯地让管家一起喝两口，说："还是年纪小的婆娘懂得心疼人啊。"

管家便抓住机会，把鹿丫关押了世雄的事告诉了土司。他说，这事的起因是鹿丫看上了杨茶师的女儿拉措。土司听了，皱起眉头说："也该给鹿丫说个媳妇了。"

罗吉管家观察着土司的表情，又说："鹿丫地位尊宠，手握大权，他要是想说媳妇，有多少人家愿意攀着呢。这倒不急。可是这次他连阿鲁少爷的劝说也不当回事儿，还想动手打阿鲁的朋友周复生。鹿丫跋扈，他绑了茶师家的娃娃，对茶师家来说有失公允。现在茶场事多，茶师家里正缺人手啊……"

土司摆一摆手叹气说："差人去放了世雄。鹿丫不肯，让他来找我。"

罗吉管家赶紧起身说："仁慈的老爷，您真是菩萨心肠。那另外一个人……"

土司警觉起来，说："管家，布勒只是一个无足轻重的小奴隶，即便让他在牢里慢慢饿死，也不是不可以。"

罗吉管家不敢再往下说，忙躬身退出。管家径直去了大牢，宣布土司的命令，让世雄即刻就回家去。大黑天的，世雄出来也没地方去。管家又给了他一点碎银子，让他去镇上的马店过了一夜。

罗吉管家做完了这些事，悄悄来到三太太阿月秀的门前，说："太太，世雄走了。"

阿月秀在里头嗯了一声，说："好，睡了。"

22

土司的狩猎大军离开了罗玛沼的这几天，小镇变得就像飓风扫荡过一样的萧条冷清。也难怪，土司带走的不是几十个人，而是由这些人散发出来的阳气和热气。这群人都是罗玛沼的勇士，他们手握屠刀，杀生无数，身上散发着浓重的阳刚气息，为罗玛沼竖起一道无形的阳刚之墙，让镇子里那些阳气虚弱的妇孺感到心安，也能熏得狐精鬼魅退避三舍。

大夫人倒像是很享受这样的宁静。这几天她起得早，每天都去查看莫尼若府邸的工程。其实连基脚都还没开挖呢，但她已经是一副日理万机的样子了。她舒心地叹了口气，抬头望望碧蓝如洗的天空说："唉，真是难得的清静。"

阿兰说："那伙猎人身上的味道真大。有他们在，镇上总有一股味儿。"

大夫人笑笑说："这味道，人们都称之为男人味。"

阿兰说："是吗，我可不喜欢。"

大夫人说："你喜欢刘县长嘛，那是个读书人，身上没有这种味儿的。"

阿兰红着脸说：“夫人取笑我。”

二人见三太太阿月秀的房门还紧紧地关着。大夫人就说：“莫尼若的府邸正在修建，她怕是连一片瓦都不想瞧见吧。”

阿月秀正在房间里收拾衣服。她确实不想见着莫尼若别院里的任何一样东西，哪怕只是一粒沙，都会硌得她眼睛疼。

但事实上那是无法避免的。眼见着大夫人满面春风忙出忙进地为莫尼若筹备着盖新房，耳边听到最多的也是关于各种对莫尼若的褒奖之词，她变得心烦气躁，焦虑不安。自从阿鲁去英雄崖被土司责罚后，土司连她也一并冷淡了。她并不知道阿鲁犯了什么错，土司何必要跟一个十五岁的孩子那么计较。他正需要父母的疼爱和指引。可是，土司来了一个大大的反常规。就连这次狩猎活动，土司虽然带了两个儿子，可他俩有着怎么的区别呢？阿鲁的马，只有莫尼若的一半高。莫尼若身后跟着十名随从，阿鲁只有三个。莫尼若的衣服上绣着金灿灿的四方虎图，阿鲁的衣服上绣的是几只黄色的雏鹰——在阿月秀看来，那更像几只小鸡。

土司一旦冷落了她，就自然是跟大夫人更好了。大夫人提出的建议，他都采纳。莫尼若还没当上土司，就开始修建别院了。而她和阿鲁，连一间属于自己的小客厅都还没有，完全过着寄人篱下的日子。当她听说鹿丫在欺负杨清远一家时对阿鲁也大为不敬的时候，这种悲愤就愈加强烈了——这奴才的眼睛长到头顶上去了！

一大早，为了打发时间，又不想看见大夫人春风得意的样子，阿月秀就带着两名仆人，回娘家去了。

阿月秀娘家并不远。从土司府下来，骑马也就是五里多路程。可她自从嫁到土司府，十多年来也就回过家三趟。所以，当她一身光鲜地到达娘家的院墙外时，三间五架梁瓦房和四五间低矮破旧的土坯房让她觉得很陌生。其实这样的房子在罗玛沼算是日子过得不错的人家了。只不过阿月秀已经住惯了土司府的高宅大院，一下子有点不适应平民的生活罢了。

娘家人看见阿月秀，愣了半晌，才高兴地大哭着把她迎进家门。她当初也是这样高兴地大哭着嫁给苏吉土司的。在罗玛沼，“哭”的意思很丰富，有时代表悲伤，有时代表喜悦，有时代表感恩，有时代表思念。这就看当时唱的是什么调子了。

阿月秀的阿爹自然是吆五喝六招呼亲戚，赶紧杀鸡宰羊去了，她阿妈张罗出一簸箕土豆和干蚕豆，埋在火塘边滚烫的灶灰里慢慢焖着，一会儿火灰里已经冒出了蚕豆的煳香味，土豆也“啵啵”地喷着气，将灶灰吹出一个个小漩涡，它即将成为一道皮焦肉嫩风味独特的小吃。三脚架上的山泉水也烧开了，热气吱吱叫着冲得老高。阿妈在陶罐里加了茶叶，托住了罐子把手拿到火上边慢慢烘焙，说：“来，烤茶吃。女儿啊，好多年没喝过阿妈的烤茶了吧！”

阿月秀却看着母亲粗黑的手和布满皱纹的脸想：如果不嫁入富贵人家，我现在又当如何？是否已变成这样一个老太婆了？

娘家人还在用古老而粗糙的方式喝着罗玛沼本地出产的大叶种茶，他们粗放地将茶叶放进土罐里架在火上烤一烤，香气四溢时，加上一点盐，冲入滚烫的开水。喝进嘴里，又苦又涩，茶汤进入喉咙后，又狂放地回过一道甘甜——很像罗玛沼人的性格。

阿月秀端坐在火塘边的草墩上，双手抱膝，脸庞映照在火光之中，娴静如未嫁之时。

阿妈看着女儿过了三十但依然白嫩如昨，一身的绫罗绸缎和精美银饰，心中颇为宽慰。但阿月秀却满腹心事，不知道该和阿妈讲些什么，她是因为心情不好才回来的。可是回来之后，她又发现不能把这些烦心事讲给家人听。那些事说到底，都是跟自己的身份有关。而身份是谁带给她的？不正是自己的爹娘么。她的委屈，归根到底是跟她有着同一血脉的家人决定的，这是烙印，烙在她骨子里了，没法改变。

因此阿月秀拿了些银饰和布匹给阿妈，把从土司府里带来的上等草烟和几盒洋火留给阿爹，饭也没吃就走了。她阿爹和兄弟望着刚刚杀了的一头羊，眼睁睁看着土司夫人走远了，百思不得其解。

路上，随身女仆问她，她只是淡淡答一句：“留的时间越长，越是不想走了，所以不如走利索点。反正见着他们都好好的，就行了。”

而她心里，是翻江倒海一般的不平。正因为她不是大夫人，不是正妻，她总是在风光的背后，有那么点尴尬，总是在富贵之间，又横隔着那么一些贫贱。这让她异常恼火，但又无计可施。毕竟，这是由一些无法改变的事实造成的。

阿月秀郁郁不乐地回到土司府，天已经黑下来了，土司府的灯笼一个接一个地亮了起来。大门早早地闭上了。土司不在家的这几天，她感到天地无比宽大，无比寂寞，这偌大的府邸，也显得很是陌生。吃晚饭时，大夫人叉着腰，吩咐侍女阿兰待会儿到她房中为她做艾灸。她特意说明，是因为操心莫尼若的新房子，才累得腰酸背疼。

这话到了阿月秀心里，就变成了明显的炫耀和挑衅。一股酸涩之味立刻就从她的胃中涌起，让她食不下咽。但即便如此，她还是按照日常程序，喝完了最后一口汤，恭敬地向大夫道别后，才离开了餐厅。

一进到自己的房间，阿月秀就对自己的随身女仆巧云说：“今晚要多点几盏灯，把房间照得像白天一样。”

灯点了八盏，巧云的脸都被照得红扑扑的了。可阿月秀还说：“再点，不够亮。”

最后巧云一共点了十五盏灯，才算可以。

阿月秀端坐在桌子边的太太椅上，怔怔地望着这些灯，她睁大眼睛，十五根灯芯在她的瞳孔里跳动。巧云说：“夫人，您要绣花吗？我给您支花绷。”

阿月秀答非所问，说：“巧云，你来土司府多少年了？有没有回过家？”

长相平凡的巧云是个做事轻巧稳当的姑娘，她虽远没有大夫人的贴身女仆阿兰漂亮伶俐，但阿月秀倒觉得巧云比阿兰好。一介女仆，何须比主子妖娆呢？狐媚的女仆，往往是个祸害。

巧云说：“夫人，我父母双亡，是婶婶带大的，所以自七岁进了土司府，现在已十二年，没有回去过。”

“唉，可怜的姑娘！”阿月秀说着，竟红了眼眶，把巧云吓了一跳。阿月秀说：“巧云啊，你让我想起了我的爹娘。”

这样一说，阿月秀就干脆让眼泪“哗哗”地流下来。这些眼泪，有很多心思在里面。可她让巧云看到的，只有对父母的思念。她哭着说：“父母生养一个孩子多不容易，都盼望着孩子成器，能光宗耀祖。哪个父母不希望老了之后，能依靠孩子的肩膀，过上安稳日子呢？”

巧云点头说：“老了依靠不着孩子的父母，就跟小时候没有父母疼爱的孩子是一样，都是可怜人啊。”

阿月秀听了，止住了眼泪。她沉默了一下，说：“你出去吧。”

巧云走后，阿月秀拿过一条正在加工的围腰，理了丝线，开始绣上面的一朵山茶花。可她脑子里却在不停地咀嚼着巧云的那句话：“老了依靠不着孩子的父母，就跟小时候没有父母疼爱的孩子是一样，都是可怜人啊。”

“轰轰轰”，这句话像对着她耳朵的一只大喇叭，吵得她心乱如麻。突然钢针戳破了手指，她才发现山茶花绣成了喇叭花。

唉！她长长地叹了口气，把围腰扔到了地上，又跳上去踩了两脚。然后她停了下来，脸上挂着赴死式的表情“嘿嘿嘿”地笑了。

“阿鲁，如果你当不了土司，你妈就没法翻身了！”她咬着牙在心里说。

这一晚，阿月秀失眠了。可她并不因为失眠而难过，相反，她感觉非常兴奋。思绪清晰的夜晚，她开始想一个人——青珍。

儿时好友青珍是巫医世家。她天资聪敏，当年阿月秀一句话救下了制茶人杨清远，又给他和青珍牵了红线，成全了他们俩的姻缘。可现在，她在失眠的夜晚想起青珍，并不是回味她们儿时的快乐时光。她想青珍，只是想她的药——毒药。青珍变成一条蛇，冰冷、滑腻、妖异地钻进了她的被子，嘴里衔着剧毒的草药，说：“夫人，现在是我该报恩的时候了。”

是的，她救出了世雄，下一步，她得救一救那个被鹿丫看上的拉措了。那么，青珍就更应该报答她了。

阿月秀想到这里，冷似的裹紧被子，一会儿又热得大汗淋淋，像怒海中的小船沉浸在兴奋而又恐惧的波涛之中万般起伏。整整一个晚上她都在听着窗外各种虫子的叫声。夏天将至，它们已经全都觉醒，该是为了生存求偶、为了后代厮杀的时候了。

23

周复生近来成了拉措家的常客。他母亲快要生了，可她却戒不了大烟。她的身体日渐虚弱，近来又得了感冒，总不见好。周复生就隔三岔五地跑来老茶山求医问药。

今天他来到拉措家的时候，只有杨清远在家。他说青珍和拉措都进山采药去了。周复生在杨清远家坐了一会儿，世雄背着满满一筐青草回来了。

世雄脸上还带着些瘀青，给差房里那帮看守打的。见了周复生，世雄就拿出自己制作的一把长刀，请周复生帮着在刀柄上缠上布条。周复生说缠了布条要用蜡封一下，这样更稳固。

两个少年坐在院子的梨树下谈起外面的世界。当周复生讲起他在伊洛瓦底江上见到蒸汽大船的景象时，世雄听得如痴如醉。他对周复生的见识无比羡慕，说他已经厌倦了抬头只见天、低头只见地的生活，罗玛沼只有大山，像笼子一样迟早要把自己活活困死。

“我也想去看看大江和大船。只要能离开这里，就算在外头流浪也是好的。”世雄说。他把眼光尽量放得远远的，可还是被一座座大山挡了回来。

周复生说：“等你出去一段时间，又会觉得家乡好了。大船好是好看，但那是英国人的，他们都长着蓝色眼睛，全身白毛，带着枪，我们只能远远地望望。如果上面有中国人和缅甸人，那也一定是干苦力的。呸，有如去给英国人干苦力，我还不如就待在罗玛沼种苦荞呢。”

正说着，看门狗汪汪叫起来。杨清远跑出来一看，竟然是土司的三太太阿月秀来了。

三太太没有带任何仆人，骑着一匹漂亮的白马，独自一人来老茶山找青珍。事实上她的平民出身决定了她是个能吃苦的人，在土司府养尊处优的日子并没有改变她少年时期就积累起来的健康体魄和生存能力。所以今天她脱掉华丽的大摆裙，穿上绣花长裤，就觉得身子一轻，似乎能飞起来。能飞起来的还有她的心思，那是一个她耗费了十多天精力构思起来的伟大计划。

这个计划要用到的第一个人就是青珍。

贵客临门，杨清远赶紧把三太太迎进家里，吩咐世雄去山上把青珍找回来，自己又忙着去烧水泡茶。

三太太看见周复生，她知道这个小伙子近来成了阿鲁的好朋友，他爹就是那个见多识广的巧手银匠。于是她问起周复生家的情况，得知他的阿妈快要生孩子了，就说到时她一定登门祝贺，以表当初周老板送给她那些漂亮银饰的谢意。

青珍和拉措并没有走得很远。她们采了益母草、菟丝子、牛膝、车前子和川芎，还挖到了太子参。这些药在周复生的妈妈生孩子时都用得上。

拉措不再像过去那样有说有笑。她静静地在绿色的森林里穿行，精灵似的若隐若现，落地无声。青珍过一阵就要叫她一声，以免自己一转头间就找不着她。可她每次一叫拉措，拉措却明明就在眼前。

青珍说：“拉措，你是不是山神的姑娘啊？为什么一到山里你就变得让人看不见了。”

拉措笑了笑说："如果我是山神的姑娘，那你就是山神咯。"

她的笑容有点勉强，眼神迷蒙，心事重重的样子。

青珍知道拉措不是山神的女儿，她跟所有镇子里的姑娘一样，会生会死，要嫁人，会被人欺负。她现在对自己让拉措去参加赛衣会和去土司府送茶的事很后悔，她没想到女儿会因为长得美丽而遇到那么多麻烦。可谁知道呢？哪家的姑娘不都是要出去过节、出去劳作，没有谁一辈子躲在家里不出门的。

太阳升高了，森林里腾起带着植物泥土芳香的热气。她们听见山下有人叫唤，是世雄的声音。

青珍和拉措赶回去，见了三太太，千恩万谢，感谢她把世雄救了出来。她们好久没有见面，这几天发生的几件事，都让青珍愤愤不已。而三太太出手相助，让她再次确信她就是自己的贵人。拉措和世雄都来向阿月秀行礼谢恩，阿月秀拉着拉措的手左看右看，感叹说："这姑娘，那天在赛衣会上艳压群芳，今天近了看，真是美如仙子啊。"

她接着长长地叹口气，又把鹿丫的恶行复述了一遍，再度激起青珍和拉措的悲愤。

"那奴才，今年已经四十二了，上个月还有个姑娘大着肚子来府里找他……"

青珍赶紧让拉措和世雄走开了。阿月秀就拉着青珍，两人去火塘边坐下来继续小声嘀咕。拉措不知道她们在说什么，但她看见青珍一会儿大惊失色，一会儿焦虑不已，还不时朝自己望上一眼。拉措只好去马厩帮哥哥喂马。她碰碰世雄混在马料里的胳膊说："哥，三太太来找阿妈干吗呢？"

"那天罗吉管家说，是三太太放了我的，她是来家里邀功请赏吧。"世雄满不在乎地说，"土司家没一个好人。全是白虱子，吃人又羞人。"

他被关了四天，受尽那帮看守的打骂，心里恨透了。

拉措说："可是我感觉这事跟我有关。"

世雄就停下手来想了想，说："莫非要来帮鹿丫那狗奴才提亲？拉措，你等着，我去看看，要是这样，我先下山去把那狗日的宰了。"

拉措一把拉住他说："你瞎说些什么？我们现在最好的办法就是安静地待着，尽量别去惹麻烦。"

世雄不同意妹妹的意见："有哪次麻烦是我们自己惹来的？你倒说说看。不都是人家欺到头上来的！"

拉措不说话了，她低下头难过地想：是啊，这些麻烦，似乎都是因我而起，但那并不是我自己找来的，我也不愿意。

布勒这时也正在想拉措。他在黑暗里待的时间太久了，已经不怎么计较看不看得见了。看不见世界，就更加看得清自己的内心，他有时反而会沉浸在这一片黑暗中享受清理内心的感觉。作为一个出身卑贱的奴隶，布勒并不惧怕黑暗，或者说，他在心中早就把黑暗当成了自己的盟友。因为只有在黑夜里，土司老爷和夫人及各种管家兵丁都陷入寂静的时候，他才可以静静地睡在阿鲁少爷的身边，怀想素未谋面的父母。这时，他才感觉到自己的存在。

起初阿鲁几乎每天都跑来看他，还带着许多吃的。这些吃的不仅给了布勒，还分给了看守牢房的阿古，其中竟然有他们从未见过的昆明吉庆祥的"四两坨"火腿红饼和玉溪水晶蜜饯。有了这些东西，阿古就对小奴隶布勒有了一些特别的关照，也隔三岔五地给布勒送来开水或米酒。

可现在，阿鲁已经连着七天没有来了。布勒从不习惯，变成了习惯，慢慢地，他又发现自己其实不怎么期待阿鲁的出现了。他知道阿鲁是少爷，他的天地跟自己的不一样，他有很多事要干，身边也有许多小奴隶跟着，个个都争着跟他玩呢，他不缺玩伴。他心里更多地想着的人变成了拉措。只有这个姑娘是真心对自己好。他告诉自己，你瞧布勒，她不在乎你是奴隶，跟你也没有什么主仆关系，但她救你的命，牵挂你，大老远给你送药来。为了送药给你，还受了鹿丫的气，她哥哥也给关了几天。这样的姑娘，就是九天仙女，就是观音菩萨，就是值得你铭记一生的人。

布勒一厢情愿地把拉措当成了知己，在心里跟她"对话"。不过对话的内容常常只是他自己说，因为他想不出拉措会说怎样的话，会以什么样的表情来跟自己讲话。这让他很苦恼。想拉措想不下去的时候，他就只好静静地待在黑暗里倾听千足虫沙沙走动的声音，和永不停歇地从阴暗角落里渗出地面的地下水发出的咕嘟声。

这样又不知过了多久。布勒睡醒了好多次，直到再也无法睡着。但睡不着又能怎样？他仍是除了睡觉，别无去处。于是他翻了个身，闭上眼睛，在黑暗中让自己陷入更深更广的黑暗里去。他想起了一个许久未见的朋友。这是一个藏在他心底深处的、只能在黑暗中叫醒的朋友。布勒近来只想拉措，已经很长时间没约它出来玩了。那个朋友并不是人，它是夜猫鬼，是布勒心灵深处的游戏伙伴。现在，布勒又叫醒了夜猫鬼，开始在心里玩自己的游戏。

夜猫鬼可以从任何地方钻出来。有时是屋顶，有时是地下，有时是墙缝里，有时是一棵灯芯草上，有时是一粒小石子中，有时是挂在空气里。这次，夜猫鬼从布勒昨天拉的一堆屎中间跳出来了。它愤怒地叫喊道："你怎么那么缺德？瞧我这一身！"

它在布勒面前"扑啦啦"地拼命抖动了一下皮毛，把屎溅得四下乱飞。布勒赶紧捂住嘴巴。夜猫鬼抖完身子，舒了口气，大大地伸了个懒腰，一边舔着爪子，一边说："呵，可怜的布勒，今天饿肚子了吧？瞧你昨天的屎，里面还有一星星儿猪肉末，今天怕是拉不出来了吧？"

布勒说："你恶心吧？干吗去分析别人的屎？"

夜猫鬼说："每次出现，我都要经过不同的通道，可这不是我能决定的，是神的旨意！这次从屎中出来，下次也有可能从你的饭碗里出来，哼哼，到时你别怪我在你饭中拉屎噢。"

布勒说："好吧，随你便。今天我们来玩石头剪刀布，输的人要回答对方一句真心话。"

夜猫鬼"喵喵"地笑了，跳起来竖起尾巴绕了两圈说："好主意！"

第一轮布勒就输了。夜猫鬼斜靠在布勒的草窝里跷着二郎腿说："该你回答我的问题了——你最爱谁？"

布勒说："阿鲁少爷。"

第二轮布勒又输了。

夜猫鬼又问："你最爱谁？"

布勒说："你已经问过了。"

夜猫鬼说："没错，我是问过你了，但你再仔细想想。"

布勒犹豫地说："还有一个……"

夜猫鬼说："是个女孩儿吧？"

布勒的脸红了，说："不告诉你。"

夜猫鬼诡黠地忽闪着大眼睛说："她是你的救命恩人。你被蛇咬的时候，她嚼碎了草药，给你敷了伤口，还撬开你的嘴，灌你汤药。说真的，那女孩，是个美人呢。"

布勒脸更红了，说："你乱讲。我……我怎么配？"

夜猫鬼不在乎地摇摇头说："好吧，我们再来过。"

又赌。布勒再输。夜猫鬼笑得按住了肚子："哎哟布勒，你水平真臭。下一个问题：你怕死吗？"

布勒觉得一阵冷风吹过。他忽然悲从中来，说："死？谁不怕啊。不过……对于我来说死了或许就能见到我的爹娘了……"

夜猫鬼冷笑了两声："你认得他们长什么样？即使老哈比给你指了路，你怕也认不出他们吧。"

布勒在不知不觉中眼泪已模糊了眼眶。他揪住衣襟，紧紧攥住，仿佛想拉住一个什么承诺似的说："你能不能也告诉我一句真话？我想知道我的父母在哪里。"

夜猫鬼说："好啊，按规则来。你赢了，我就告诉你。"

两人又赌："石头，剪刀，布。"

布勒还是输。

"不对，不对。"布勒叫起来，"你一定使诈，怎么每次都是这样？"

"哈哈哈，你看看你的手吧。你只有两个手指头，每次出的都是剪刀。而我——"夜猫鬼举起爪子晃了一晃，"我永远出的都是石头。"

布勒大吃一惊，低头一看，自己的右手真的只有两个手指头！只有食指和中指，所以他出的只能是剪刀。

“啊！啊！啊！”布勒惊惧地大叫起来，像一只被猫追逐的老鼠在狭小的黑房子里东奔西窜。

“哗”的一下，梦醒了。布勒猛地翻身坐了起来，浑身大汗淋漓。“阿古，阿古！”他大叫着奔到门前，“求求你开开门，让我看看我的手！”

阿古打开门，一脸酡红，满嘴酒气，说：“小子，你疯啦？”

布勒把手伸到亮光里左看右看，好好的，两只手一共十个指头。他又细细地数了一遍，问阿古：“是十个手指吧？每只五个？没错吧？”

阿古不耐烦地说：“布勒，阿鲁少爷打猎去了，他让我告诉你，好好等他，他回来就会有好消息了。你别疯了，来，给你一壶酒，喝了好好去睡吧。”

布勒接过阿古递来的酒壶，浑身发抖，慢慢蜷缩到草窝里去。他的眼泪无声地流下，流了很长很长时间。

24

在摩玛山深处的狩猎大军营地，却是另一番欢乐兴奋的景象。傍晚，营房中央的草甸上就已经篝火通明，猎人们喝酒烤肉，载歌载舞，欢乐无比。今天的中心人物是阿鲁少爷。他做了一件震撼了所有猎人的事，包括土司老爷在内，他们一致承认了阿鲁是此次狩猎活动的英雄。

被他杀死的黑熊就躺在边上，像一座黑色的小山包。这头熊的死，可以用不可思议来形容。

正午时分，这头在春天醒来的野兽离开它的巢穴，懒洋洋地拖着略显消瘦的身体出来觅食。它毛皮斑驳，新毛长出来，旧毛还没有脱落，一跑动，就有细毛挂在树枝上。这给猎人们留下了跟踪的信息。土司带领着十几名猎人，其中包括阿鲁和莫尼若，他们花了大半天的时间，终于发现了这头熊的身影。熊也老早就发现了他们。它不顾在冬天里变得僵硬的关节发出隐隐的疼痛，“呼哧呼哧”地加快步子奔跑起来，穿过一片茂密的小阔叶林，消失在更加幽深的雪松林间。猎人们的箭已经搭在弦上，猎物却不见了。土司下令分头寻找，生气而兴奋地嚷嚷着要是谁杀了这头畜生谁就是罗玛沼的英雄。

猎手们分头散去。土司只带着一名随从，一晃身进入了丛林，来到一条小溪边。年纪不饶人，一个上午的追踪让他觉得很累，他便取下腰间的葫芦喝了口酒。这一路上他喝了不少酒。身旁的小仆提醒他说："老爷，喝酒会让您的箭射偏了方向。"

土司哈哈一笑说："酒的味道并不好，但我喝的并不是味道，而是胆量。"

土司说的没错，酒在倮倮人那里是个神奇的东西，能化腐朽为神奇。但是，也能化神奇为腐朽。

这样的事马上就出现了——土司喝了酒，将弓弩挎在肩上，下马准备撒泡尿。那头逃跑的熊像是得到神的指引忽然出现在小溪对岸。它抖动着一身褴褛的皮毛，无比愤怒。它才从漫长的睡眠中醒过来，春情萌动，饥肠辘辘，心烦气躁。可心情如此恶劣的它却遭到了这群人的穷追不舍。它的怒吼声震耳欲聋，传到十里以外，嘴里喷出了腥臭的白沫飞过小溪几乎要溅到土司的脸上。土司的马一声惊叫就冲出了树林，顺便把仆人带得飞了起来。土司来不及张弓搭箭就被熊的气势掀翻在地，本应该射向野兽的雉尾箭飞向了天空。熊像一座小山那样蹚进小溪，"轰轰轰"地朝土司奔来。猎手们听到响动前来营救，但面对如此情景他们和土司一样也乱了阵脚，张大嘴巴叫不出声，全都吓傻了——来不及了，来不及了。他们全都这样想，箭弩生了锈一样陷在手里动弹不得。眼看指甲足有五寸长的熊掌马上就要把土司的脑袋掀下来。

"莫尼若！"不知是谁发出了求救的呼喊。

"哈！"忽然有一声轻盈的喘息掠过弓弩手们的耳边，一匹小马闪电一样蹿上前去，"嗖"的一声，一支箭射穿了黑熊的眼睛。在熊的惨呼声中，马上的骑士轻捷如燕一跃下马，双膝跪地滑向直立起来的大熊。他像一条贴着水面飞行的鱼，一眨眼的时间就到达熊的肚子下方，用他手中的利剑，深深地切开了大熊的胸膛。

这一切，只是一瞬间的事。熊“嗷嗷”巨吼着轰然倒下了，压住了那个飞过来杀死自己的人，一摊血慢慢地渗了出来，迅速染红了一大片溪水。

“是阿鲁少爷！”有人回过神来，大叫了一声。

是阿鲁，而不是莫尼若！

可阿鲁呢？他被熊压住了。

“阿鲁！阿鲁！”土司反应过来，冲上前和众人一起大叫着掀起了气息未绝的黑熊，他们以为阿鲁被熊压死了。阿鲁却一身血红地晃悠着站了起来，说：“啊哈，闷死我啦！”

所有人再次震惊不已——即使是一个大人，被两百多斤的熊压住，除了被压死，还有怎样的结果呢？然而奇迹就是这样发生了，这少年居然活着。得感谢山神，在阿鲁倒下的地方放了一块岩石，它撑住了熊身体的一角，提供了一个生存的小空间。人们拉起阿鲁，在他身上又拍又打又亲又抱，他的小马走过来，舔了舔他的脸，被血腥味冲得打了个喷嚏，打着响鼻走开了。他如此自然淡定，把惊慌失措的众人臊红了脸。

苏吉土司的脸色还没有恢复正常，他一把将阿鲁举起来，紧紧地抱在怀里。他甚至有了流泪的冲动。他冲儿子的屁股上打了两巴掌，说：“你干什么？你干什么？要是你死了，我怎么办？”

他热泪盈眶地感到了阿鲁那一片舍身救父的赤子之心。那是高难度的猎杀技巧。那是只有信心和勇气都非常人所及的猎手才做得出来的事。忽然，这样的事就发生在一个十五岁的少年身上。这是叫众人难以相信却又不得不相信的事。众人怎么等得及土司表达父子情深呢！他们抢过阿鲁，狂喜地将他捧起来抛上蓝天，又让他尖叫着落在他们的臂膀中间。噢，阿鲁！噢，阿鲁！他们欢呼着，这是罗玛沼人对胜利者表达祝贺的方式。

阿鲁大叫：“啊，好疼啊，你们这些笨奴才……”

可大家都高兴坏了，没人理会阿鲁少爷的呼叫。罗玛沼人就是这样，他们的热情像太阳，能把人烤焦。阿鲁和熊一块儿，被众人抬回了营地，目睹这惊心动魄一幕的猎人们向营地所有的人宣布，阿鲁少爷今天以神一样的勇气和智慧杀死了意图杀死土司老爷的黑熊，他是罗玛沼的英雄，当之无愧。

夜晚，营地的人们迅速把这件事编成了调子，他们一个装成大熊，一个装成阿鲁，一个装成土司，在酒肉飘香的篝火边活灵活现地说唱，引起了阵阵开怀大笑。

毫无疑问，今天是此次狩猎活动的高潮时分。苏吉土司惯于见好就收，他宣布捕猎大军的战利品已经装满了马车，明天就班师回府，今晚大家可以尽情娱乐，一醉方休。

阿鲁呢？他作为今天的主角，此次狩猎活动中的英雄，早被那些粗犷的猎人们灌下了十几杯米酒，头重脚轻，满脸通红，眼看就要醉倒。还好莫尼若挤进人群，把他从众人手中抢了出来，送回到了土司的帐房。

土司拉过阿鲁的手，紧紧握在自己手中。他第一次为这个淘气的小儿子感到自豪，而且这自豪一来就是一大片，把他的心全部都占满了。

“阿鲁，你今天真了不起。”土司说。

阿鲁并不如人们所期望的那样，因为当了英雄而兴奋。他像是累极了的样子，脸色通红，神情疲惫，声音嘶哑，脚步蹒跚着低声说：“父亲，让我睡会儿吧。”

他的样子单纯又倔强，土司忍不住眼睛有点潮湿，阿鲁的手本来已在他手里了，他又用力地握了握，说：“嗯，好儿子。你的手比去年长大了一些。”

阿鲁说：“我都长那么高了，手不会再小。”

“当然，你长得很快。”土司说。

阿鲁打了一个长长的哈欠，脚一软就往土司怀里靠，像条没有骨头的蛇软软地顺着往下溜。土司忙抱起他，把他放到羊毛褥子上去。“唉，真是小娃娃啊，说睡就睡着了。”他笑着，满脸慈爱之情。

莫尼若说：“父亲，阿鲁受了伤，他的身上好多地方磨破了，最严重的是受了熊的重压，别伤到内脏才好。回去得好好吃几天药。”

土司点点头。莫尼若向父亲行了礼，就出去继续和猎人们狂欢去了。猎人们一边跳舞，一边喝酒，话题从阿鲁今天的壮举过渡到了姑娘们身上去了。他们满嘴粗话，讲到有趣处放声大笑，毫无顾忌，身上散发出雄性动物的气息，招来无数雌性飞虫。莫尼若很乐于与这些粗俗的猎人一起玩乐，他发现如果不把自己的身份与他们区分开来，快乐会来得更容易些。他喝一口酒，抬头一望，满天繁星都在说：看啊，阿鲁已经当了英雄了。

阿鲁当了英雄，让莫尼若的心事忽然多得像天上的星星。熊扑向土司的时候，他分明听见有人叫了一声“莫尼若”。是谁？为什么要叫莫尼若而不是别的人呢？他是长子，他经过了成年礼，他是未来的土司，所以力挽狂澜舍身救父的人应该是他而不是阿鲁。可他那时，分明没想过要冲上前去。也不只是碍于熊的气势。其实一点儿也不复杂，那就是最原始的自我保护的本能。谁都是血肉之躯，为什么当危险出现时，一些人必须为另外一些人去承担风险呢？

可是，为什么阿鲁的想法跟自己不一样？他在冲到熊肚子下面时，有没有想过用自己十五岁的生命去换父亲五十五岁的生命是否值得？

莫尼若忽然发现了自己与弟弟的差别，在于他比弟弟更爱惜自己。十五岁的小兄弟阿鲁，是个为了爱，能够付出自己生命的人。而他不是。他举起酒杯敬了一下星星，说：“为阿鲁干杯！”

他站起来，摇摇晃晃地加入到篝火边的舞蹈队里去。跺起脚来，他的牛皮鞋子比那些草鞋可有劲多了。

土司坐在帐中，点着油灯用烧酒擦过的锋利腰刀，轻轻为熟睡中的阿鲁挑出伤口中的木刺和沙砾，又用棉布沾着烈酒，轻轻给他擦拭伤口。

阿鲁在梦中发出轻微的颤抖。他正在做着一个焦虑而恐惧的梦——那头大熊死而复生，并且抓住了他。熊抓住他的脚，将他头朝下倒提起来，像玩具一样来甩来甩去，哇哇大吼。他分明看见熊的心脏在裂开的胸膛里跳动，惨烈无比。忽然熊变成了一个人。他的脸藏在暗处，但阿鲁却能看清他脸上有晶莹的眼泪。他轻启嘴唇，露出雪白的牙：“阿鲁少爷，我死了，你却活着，是谁给你这样的胆子，是谁给你这样的权利？”

这个人转过脸来，竟然是布勒！阿鲁“啊”的一声大叫，一挥手就将土司正在给他清理伤口的腰刀打落了。

“阿鲁！”土司震惊地拉住了儿子的手，“你做噩梦啦！白天一定被吓坏了吧？”

阿鲁清醒过来，心有余悸。他望着父亲的脸喘息着，额头上全是一层冷汗。“父亲，其实我很害怕！我没想到我还能活着。”他低声说。

苏吉土司认真地点了点头。他搂过阿鲁拍了拍他的背，安慰说：“那种事谁不害怕？除非他是个白痴！但你真的是个英雄，当之无愧。”

阿鲁头一偏又睡着了。土司借着油灯一看，阿鲁的两只手从手腕到小臂全都像发面一样肿起来了。一个十多岁的少年要在瞬间将刀刺进熊的胸膛，那得把他全身的力气都集中在手腕上。过度的力量爆发后，肌肉和筋络便会受损。

土司抚摸着儿子的伤处，口中含了血竭酒“嗤”地喷上去，轻轻按摩起来。他低头看着这个从自己身上的骨血分离出来的小子，他的脸纯净无邪，他的肩膀也还不够强大，却在危难的关头救了自己的性命。他引起了一场狂欢，自己却又丝毫不受打扰，瞧他睡得多香啊，只有心里干净的人，才能在做出这惊人的大事之后还能睡得这么香！土司想起自己前些天因为英雄崖的事而赏给儿子的那一顿斥责，深感心痛和后悔：瞧瞧我自己，我都干了些什么？怎么能拿我这颗饱经世俗沾染的心，去衡量这少年月亮一样皎洁纯净的心呢？

一整个晚上，土司都带着纯粹是父亲的表情，紧紧握着儿子的手，在失眠中享受着久违的慈爱与感激。

25

土司的狩猎大军班师回府，走到老茶山的时候，土司想起了杨清远的好茶，嘴里就泛起口水。出来这么多天，喝的茶都是粗枝大叶的，他已经不习惯了。

这时杨清远和拉措、世雄正在茶山上呢，忽闻远处传来一片人马之声，杨清远站在高处举目一望，一队人马出现在对面的山谷中。原来是罗玛沼的狩猎大军回来了。

这队人马在浓郁的阔叶林中时隐时现，一会儿就来到离茶山不远处的河边。很快杨清远就能听到马蹄声了。他赶紧跟拉措打了个招呼，就跑下山去。

以苏吉土司为首的狩猎队伍大约有三十多个人。他们都是罗玛沼优秀猎人中的少壮派，最年轻的应该就是阿鲁少爷了。包括土司老爷在内，他们神采奕奕，目露精光，十几天的丛林生活和猎杀行动让这群人变得更黑更壮，身上流满了浸淫着雄性动物味道的汗水。他们全身都充斥着野性和嗜杀的气息，让吃素的杨清远不敢正视他们。马队的身后跟着两辆拉满了野味的马车，嗜血的昆虫成群地在马车上空飞舞。迎头的高头大马配着镶满银饰的华丽马鞍，上面坐着苏吉土司，他看见了杨清远，就勒住了马说：“制茶人，我正要去你家喝杯茶呢。”

杨清远赶紧说：“那真是求之不得。”

土司说：“好，你带路。”

他转头对鹿丫说：“你们先回去。只要莫尼若、阿鲁和两个亲兵跟着我就行了。让罗吉管家准备好今晚的狩猎狂欢节——让他准备好英雄的桂冠，今晚我要亲自把它戴到阿鲁的头上！”

拉措和世雄都被杨清远从茶山叫下来，一同回去服侍土司的人马。拉措远远地躲在世雄身后，不敢露出头来。土司让鹿丫先回去，这让他很不情愿。他想：如果去杨清远家就可以多看几眼美人儿拉措了。他像鸭子那样脖子伸得老长往拉措那边望，看见世雄站在不远处狠狠地看着自己。他说：“老爷，还是让我跟着你吧，把你留在茶山我不放心。”

土司说：“茶师为热雷家效忠这么多年，就像一家人一样。你怕什么？”

鹿丫听了，觉得土司话里有话，只得悻悻地走了。路上，他从一个家兵口中得知世雄在狩猎活动的前一夜被土司亲自下令放走了，便哈哈笑起来，说：“杨清远想跟土司做一家人，那得赶紧把拉措那小妮子许配给我才对啊。”

拉措穿着青灰色的麻布衣裳，靛蓝布裙子，包着蓝色头帕，脚上是一双露出脚趾的草鞋。她低着头，不看任何人。她这个样子，倒显得清新朴素，再没有赛衣会上的华光四射咄咄逼人了。土司望见她，便笑着说：“拉措，刘县长走了，他说你还是个小娃娃，不要你呢。所以你用不着躲着啦！”

拉措小声说：“是，老爷。”

世雄走过来，有意把妹妹拦在身后。土司看了世雄一眼，饶有意味地点了点头，说：“茶师，你这儿子也长成壮小伙了。走，喝茶去。”他打马带头往前走了。

拉措忍不住悄悄地探着头朝阿鲁张望了一下。正巧，阿鲁也在看她，两个人目光一对，都微微地笑了。

莫尼若看见了，就若有所思地说："真是个好姑娘呢。"

他注意到这话才说完，阿鲁的脸就红了。阿鲁故意放慢了马，落在后面等拉措。

阿鲁脸红了，莫尼若就明白了些什么。阿鲁的马放慢了，他和拉措都落在了后面。莫尼若的心里就难受起来，酸酸的，闷闷的。他捶了自己的胸膛两拳，说："咳咳，混蛋！"

他想，阿鲁确实比他有勇气，无论是杀熊的时候，还是面对拉措的时候。

拉措见阿鲁慢下马来等她，心里很高兴。可世雄不让她和阿鲁一块儿走。他总是把拉措往自己身后拉。

拉措说："哥，阿鲁少爷是我的朋友。"

世雄说："贵族和奴隶永远都不可能成朋友。"

阿鲁却从马上跳下来，他让拉措把肩膀上的茶筐取下驮到马背上去。拉措推了推世雄："让我跟他说会儿话吧。"

世雄哼了一声，像个小公鸡一样盯了阿鲁两眼，不情愿地走开了。

阿鲁将拉措背着的茶筐取下放到马背上。茶筐很重，他感觉到了，就心疼起拉措来。她天天都这样，真是不简单。一句话不假思索地就说出来了："你肩膀一定很疼吧……"

拉措就定定地望着他，说："你在乎我疼不疼？"

阿鲁说："是，我在乎。"

拉措说："你当英雄了，祝贺你！"

阿鲁说："你真心为我高兴？"

拉措说："是，我高兴。"

两人就站在树荫下，你望着我我望着你，眼睛都水汪汪的，心里都软软的。一种奇妙的东西就在这对少男少女心中生根发芽了。

下山后，穿过几亩苦荞地和一片水冬瓜树林，再越过一条两岸长满了柳树、唐菖蒲和水百合的小河，就来到了杨清远的家。

在杨清远家院子里，青珍正在把茶叶铺在巨大的簸箕里晾晒。但院子里并不只有她一个人，还有三太太阿月秀。她昨天晚上就住在青珍家，跟青珍睡一张床，讲了一夜的悄悄话。

这一夜的悄悄话在后来改变了好几人的命运。但此时此刻，青珍做梦也没有想到阿月秀有着更加深远阴险的心思。昨晚悄悄话的内容只是商量如何帮助拉措摆脱鹿丫的纠缠。最后阿月秀出了一个点子，她说："青珍你不是配药的高手吗？你就配一种药，吃了能让人慢慢骨头变软，最后站不起来，筋疲力尽而死。我负责下药给鹿丫，让他永远也别再打拉措的主意。"

青珍说不行不行，把他害死了要背过失的。

阿月秀说那就不让他死，只让他生病，这样可以吗？生病的人就不会再打拉措的主意了。

青珍动心了，说："我试试看，但分量你一定要拿捏得住。"

现在，这两个女人正在为自己的聪明才智而扬扬得意地坐在院子里铺晒茶叶，享受温暖阳光的照耀和花香四溢的美景，心情非常舒畅，不想却迎来了狩猎归来的土司大军。

土司一进门看见阿月秀，惊讶极了："你怎么在这？"

接着他不等阿月秀回答，就高兴地把阿鲁成为此次狩猎活动的英雄这事告诉了阿月秀。

"我们的儿子真了不起，他像一只小豹子，虽然年纪还小，但锋利的牙已经露出来了！他的非凡勇气是罗玛沼猎人们的榜样！"

土司用了"我们的儿子"这个词，并且对"我们的儿子"进行了极高的褒奖。这是一个极微妙的信号，让阿月秀心里大为惊喜。可以看出这次狩猎，阿鲁又重新扳回了父亲的垂爱。她问："阿鲁呢？他有没有受伤？"

当她得知阿鲁还落在后面的时候，立刻将热情转在土司身上了。她忙着拿出手绢，给土司擦去脸上的尘土和汗水，暧昧的手指柔中带刚地在男人的腰间捏了几下，说："累了吗？有没有闪着腰？"

土司哈哈大笑，在半途遇见太太，他心情大好。这时杨清远已经泡好了茶，摆在院子里那棵彩霞般铺满半边天空的紫薇树下，毕恭毕敬地请土司过去坐下品茶。

土司喝了两口，说："好茶。有股子说不出的香。杨清远，这是什么香？"

杨清远弓着腰说："老爷，您喝的茶叫女儿香。茶叶经过一季冬天的休养，又汲取了春日温和雾露的滋润，此时的一芽一叶初展茶是口感最好的。此茶得由我那十四岁的小女儿每天在日出之前采下，置于胸窝子的麻布袋中，不让风吹日晒，自然阴干。这茶每年惊蛰后、清明前采摘，需得少女亲手撩采，每年只得十斤左右，全都送往府里，这是今年刚刚做好的，请您先尝尝。"

土司听了，又抿了一口，含在嘴里回一回，说："那么麻烦？不过确实好喝。"

杨清远说："这茶之所以一定要少女亲手采摘，就是为了保证这茶树春后第一芽的淡雅纯正，柔和甘甜，正如少女的纯洁无邪。若是经了我这样老男人的手，就无此味了。"

土司哈哈地笑道："汉人的讲究也太多了。杨清远，今晚你就带上你的女儿来参加狩猎的祭祀吧，我会把野猪的大腿分给你，算是对你的嘉奖。"

杨清远对野猪肉并不感兴趣，但还是千恩万谢。

土司转回头来，又追问三太太到底来青珍家干什么？三太太眼波流转，故作神秘地说："我是来找青珍配药的。"

土司说："你哪里疼呢？"

三太太媚眼如丝，说："这药是给老爷您配的。吃了让您有力气的那种药。"

土司哈哈地笑起来，悄悄地对三太太说："你还想再生个儿子？"

阿月秀立刻感觉到，由于阿鲁重新讨得了土司的欢心，她这个做娘的也跟着沾光了。于是她原先想好的那个要树立儿子地位的决心就更坚定了。

狩猎大军的归来，即将为罗玛沼开启今年继赛衣会后的第二个狂欢节。这个节日跟赛衣会不一样，赛衣会是为美女举办，而它是为英雄而举办的。在罗玛沼有一个不成文的习惯：赛衣会夺冠的姑娘，会和狩猎狂欢节上公认的英雄结成伴侣，如果碰巧他们都是单身男女的话。

阿鲁是今天的英雄，而拉措是赛衣会的花魁。虽然当初她为了推脱刘县长的青睐而逃跑了，但那天她艳压群芳，有目共睹。所以，今天这事儿，就有些巧了。所有的人都在期待着看这对金童玉女的节目，那将是怎样的精彩！

这让莫尼若心里非常难受。他说不清自己为什么那么难受，难道他喜欢上拉措了吗？难道他嫉妒阿鲁了吗？

他是那么骄傲，从来不知嫉妒为何物，向来只有别人羡慕他的。所有的姑娘都期待着向他投怀送抱，何须他主动追求。

可这次，挑战真的来了。莫尼若呆坐在自己房中，拥着一堆丫头刚刚送来的换洗衣服，忽然感觉到了一种从没有过的不知所措。

可对于众人期待的女主角拉措来说，这个节日为她带来了人生中第一次巨大的悲痛。她父亲杨清远在这个狂欢的晚会上被人用枪打死了。

说起来也怪，拉措得知父亲要去参加狂欢节时，就感到莫名地不安，于是极力反对。特别是听说土司要赏给她家一只野猪腿，她大为恼火。她把竹筐扔得远远的，使劲拍打着鞋子上的灰。她很少在父母面前撒娇和表现不满。但这次，她噘着小嘴，大眼睛瞅着地面不肯看父亲。她不停地嘟囔着：“路太远了，返回时肯定是深夜了，遇着狼怎么办？我们全家人都喜欢吃素，谁稀奇去分什么野猪肉，你恶心不恶心？”

其实杨清远的心里也不想去。妻子青珍怀着第二个孩子，已经五个多月了，做不了重活，他得让拉措帮着他利用晚上的时间分拣茶叶。可他是个老实人，白天土司老爷当着那么多人的面说过要他去的话，如果他不去，那不是驳了土司老爷的面子吗。

拉措只好又让了一步：“那你带上哥哥做个伴。”

可杨清远说什么也要让世雄留在家里陪伴妻子和女儿。他们独家独户，地处深山，有个男孩子在家，总归要放心些。

拉措拗不过父亲，忽然哭了起来，说："怎么你一点也不肯听我的话？"

杨清远生气地说："拉措，是你该听我的话，我是你爹。"

青珍也责备女儿耍小孩脾气。

拉措抽抽噎噎地说："好吧，那你答应我，不赶夜路，在镇上住一晚，明天再回来。"

杨清远点点头，不觉心里有些发酸。他伸过粗黑的大手擦去女儿脸上的泪水，心疼地抱了抱她。唉，十四岁的女儿还很小。她像一朵粉白的小百合花，那么娇美柔嫩，她正需要父亲的保护。

"我答应你，不走夜路。"杨清远说。这是他这辈子最后跟女儿说的话。

他骑上马出了家门，不知为什么，他又回头望了两眼。忽然，他看见拉措追了出来，她脸上又沾满了眼泪。他不明白女儿今天为什么那么爱哭。他心里当时只有一片温馨，人们常说女儿恋父，看来真是这样的。

拉措往他的手心里塞了一些碎银子，说："找个好一点的马店住着！"

她站在暮色里，一直等到看不见父亲的背影才转回去。

现在谁都无法预料将要发生的事。只不过，土司府今天真是太热闹了。因为土司回到家不久，刘县长居然提前到来了。他带来了十多个人，一马车军火，还有罂粟种子。

土司兴奋地搓着双手走来走去，他让人将那些枪支弹药锁进库房，就对刘县长说："你来得太巧了，今天又是一个狂欢节。"

土司安排罗吉管家和鹿丫陪着刘县长去参加狂欢节，说自己得去看看受了伤的英雄阿鲁。他和阿月秀一起来到阿鲁房中，看见阿鲁正在熟睡。自猎熊事件之后，阿鲁奋不顾身的举动让他深受感动，小儿子阿鲁在他心中的分量忽然重起来了。他甚至责备自己过去过多地把目光放在了大儿子莫尼若身上，忽略了小儿子阿鲁的成长。昨天晚上他握着阿鲁的手守了他一夜，一直到现在，总感觉他的手还在自己手心里。阿鲁的手已经长大成形了，骨骼坚硬，肌肉厚实，关节有力，比起莫尼若的修长，身为弟弟的他更加粗犷。这难道是因为他得到的疼爱少一些吗？弟弟本应该更娇宠一些才对，而阿鲁的性格却显然比哥哥刚硬强悍。就比如在他被熊袭击的时候有人叫了一声“莫尼若”，发出声音的人是谁并不重要，重要的是人们理所当然地认为奋不顾身解救土司的就应该是莫尼若。可阿鲁替莫尼若完成了这个使命，土司相信那是阿鲁的本性，他就是这样一个冒失而又勇敢的家伙。这样想的时候，热雷土司内心竟有一些歉疚之意，要是阿鲁真的因为救自己而有个三长两短，那他也是一百个不愿意的。手心手背都是肉啊！

他把这些想法都告诉了阿月秀。阿月秀的心“怦怦”直跳，她小心翼翼地按着胸口，祷告自己的小心脏千万别跳出心窝，要淡定，淡定！看来她的计划要顺风顺水，地利人和啦！

外面响起了三声礼炮，狂欢节就要开始了。土司迫不及待摇醒了阿鲁：“走，活动快开始啦！”他一把就将阿鲁拉起来。

“哎呀，你先让他洗个脸啊，瞧他这一身，泥猪似的，别丢了土司少爷的身份！”阿月秀赶紧把阿鲁从土司那里拉了回来。

“我不去。”阿鲁睡眼蒙眬地说。

“傻瓜，你是狩猎节的英雄，拉措是赛衣会的花魁，按理今晚你们俩都是主角呢！”阿月秀赶紧拿拉措来引诱阿鲁。这么长脸的活动，阿鲁怎能不去参加呢。

果然阿鲁一听拉措的名字就来了劲，他洗了把脸，任由母亲把自己打扮了一番，就跟着他们去参加狂欢节了。

26

罗玛沼小镇里传出的欢歌笑语一直传到摩玛山脚的拉措家里。这家人离群索居，但日子过得却像刚刚升起的太阳，正是最暖和、最美好的时候。杨清远去参加狂欢节了，世雄坐在火塘边摆弄他的腰刀。拉措就跟着青珍坐在窗前油灯下学绣花。

此刻，热雷土司一家人身着盛装，由二十几名随从簇拥着，去到了小镇广场的核桃树下。篝火刚刚燃起来，冒着浓浓的烟子，松枝的清香味飘到三里以外。最显目的就是广场中央堆着的犹如小山似的猎物，它们待会儿将成为奖品，表彰给猎人们，还会被切成块，分给今晚到场的所有村民。

刘县长早已被罗玛沼的长老们和土司府的罗吉管家、亲兵总管鹿丫等人陪同着，成为今晚的座上宾，漂亮的女仆阿兰当然也早就坐在他的身旁了。

刘县长脸红红的，眼睛在暮色中闪闪发光。他挥舞着手势，兴奋地跟身旁的倮倮人聊天，不管他们是否听得懂他半生的倮倮话。他一身的激情，急着向外张扬。罗玛沼热情的酒和热烈的歌声就像迷幻剂一样，早已让他半醉半醒了。

土司很高兴看到那个样子的刘县长。他要的就是那个效果。罗吉管家很会办事，他依照土司的意思，把那个汉官侍候得心满意足，把罗玛沼当成了自己的家。

罗玛沼的男女老少们在场地外围起了人墙，他们不约而同地穿起了节日的盛装，那几个弹三弦的老倌聚在一起调试琴音，商量着待会儿跳脚开始时要演奏的第一曲调子。小伙子们摩拳擦掌，把手掌做成刀的样子，比画着如何砍切广场中间堆着的猎物，而姑娘们则围在这群小伙子身边暗送秋波。

当土司、大夫人、三太太、莫尼若、阿鲁出现时，现场响起了一阵欢呼声。土司挥着手，气势昂扬地走向正前方那个为他准备的铺了虎皮的宝座，他为自己得到属民的拥戴而深感自豪。两位夫人当然是盛装出席，她们身上精美的绣品和华丽的银饰招来了女人们羡慕的目光，而唯一令大夫人感到不悦的是，三太太居然穿得比自己还华丽。她并不是一身黑，她在黑色中配了一些红色和蓝色，在倮倮贵族眼里这虽然显得不够贵气，但在百姓眼中她无疑是光彩夺目的。

接下来是莫尼若和阿鲁两兄弟。人们的欢呼声在他们出现时停止了，仿佛是神仙用手一指，说了一声：“停！”

在静穆片刻之后，周围便响起了姑娘们的惊叹声，有人发出了声音：“天哪，莫尼若少爷！”

是的，莫尼若，这些仰慕爱恋的目光，都是姑娘们送给他的。只要是见过莫尼若的人，都会毫不怀疑地认为这位翩翩少年是他这辈子见到的最俊美的男子。莫尼若自己也明白，随着自己别院的修建，这样的目光已经越来越多，像甩不掉的影子。可莫尼若却在寻找那个不曾关注过自己的人，她的眼光并没有停留在自己身上，可自己竟多么希望能看到她。

他顺着人群找，他看见了杨清远，但拉措却没在他身边。莫尼若很失望，却又很庆幸——拉措没来，她和阿鲁那场英雄美人的戏今晚就演不成了。

于是莫尼若的心就定下来了。他重新让自己从容自若地享受姑娘们惊羡的目光带来的快感。他略略地扬起头，脸上带着迷人的微笑，那双灿若星辰的眼睛朝姑娘们一转，可那眼光并没有落脚点，倏忽间，又飞到天上去了，没有哪位姑娘能捕捉到。很明显，他的目光不会停在谁的身上，这里没有人配得上他。不过即便如此，他那会飞的眼波也再度引发了一小撮惊喜的骚动，像谁往一池春水中扔了一枚石子。

姑娘们对莫尼若少爷毫不遮掩的倾慕引来了小伙子们的嫉妒和不满。他们异口同声地冲二少爷阿鲁欢呼起来："瞧，罗玛沼的勇士阿鲁少爷来了！"他们吹起口哨，跺着脚整齐地喊："阿鲁！阿鲁！阿鲁！"

小伙子们非常默契地把广场上的焦点从莫尼若身上转移到了阿鲁身上。莫尼若长得美是没错，可阿鲁少爷一点儿也不比他差——瞧他那双闪烁在棕色长发下的大眼睛，只有天上的星星可以媲美，他的嘴角上扬，笑得多么漂亮！今晚可是狩猎祭祀大典，主题只跟英雄有关，所有罗玛沼人都应该崇敬英雄阿鲁，而不是其他人。

所以阿鲁理所当然该成为重点。小伙们人多势众，阿鲁立刻在他们的欢呼声中变得闪闪发光，压倒了一切光亮。

祭祀开始了。

哈比站在中央，身披黑色大氅，赤着脚，手里的法器直指天空，以表示天地合一的境界。他唱起了"梅葛"，说起了远古时候天神创世的故事。他说天塌下来了，天神用老虎的四肢来撑起天空。虎皮成了大地，虎眼成了太阳和月亮，虎毛成了森林和草甸，虎血变作江河湖海。虎化成了万物，一丝一毫都没有浪费——虎身上的虱子，变成了黑水牛和黑山羊，虱子蛋变成了绵羊。就连老虎的皮屑，也变成了美好的东西——它们是罗玛沼数以万计的鸟雀。

哈比的声音是天生的，浑厚、高亢、中气足，极富穿透力。毕摩什么都可以没有，不能没有一把好嗓音。在重大法事上，他们有时会连着唱上三天三夜。据说天赋好的毕摩，越唱嗓子越亮，从来不会嘶哑。此刻哈比的歌声就是神灵温暖的手，它轻轻抚摸着每一个人的心灵，让最狂躁的心也能安静下来。

唱到虎死而身化万物的段子时，哈比身临其境，心中对虎神充满了真切的感激之情，唱得几度哽咽。而听众中，许多人都流下了热泪。

阿鲁就在满场人群即将被哈比的梅葛调醉倒的时候发现周复生坐在对面，他拿一个手电筒朝阿鲁照了照。手电筒是两人约好的暗号，除了土司家，周复生是第一个拥有手电筒的人。

阿鲁离开了现场，和周复生一起各自打着心爱的手电筒，在这神奇的文明之光里连奔带跳，像两只夜行的兔子朝黑漆漆的镇子里跑去。

杨清远坐在人群外围的暗处，并没想引起任何人的注意。他一看到堆积如山的动物尸体，就忙念着阿弥陀佛退到人群最外围去了。他只盼着这样的晚会早一点结束，他好拜见一下土司老爷，然后赶回家去。从镇上到茶山，骑马也得走上三个时辰，途经大沼泽和一片原始森林，不可预见的危险四处潜伏。可即便如此，他也不打算今晚住在镇上。住店的钱，可以给拉措买一块布料做件衣服了。他心里挂念着满脸泪水的小女儿拉措，他一点儿也不想看见亲人们因为自己流下眼泪。

可是这祭祀大典程序非常繁复。月亮越升越高，好不容易哈比才唱完。第二个程序又开始了，祭母虎。哈比戴上一只眉目温柔神情庄严的母虎面具，胸前挂上两只葫芦当作乳房，又唱又跳地再次对虎神歌功颂德。土司奉上一整只烤乳猪，上前施大礼跪拜了虎神，祭礼才算完毕。接着土司宣布此次狩猎活动产生了一个英雄人物，那就是阿鲁。

人们于是高呼阿鲁的名字，可阿鲁却不见了。三太太着急地差人去找阿鲁少爷。她生气地说："这小子，天天梦想着当英雄，现在给他当了，他又不要了。"

在人们的欢呼声中，表演十二兽舞"罗嫫捏姿"的年轻人掀起了狂欢节上的高潮。年轻人们化装成兔、龙、蛇、马、羊、猴、鸡、狗、猪、鼠、牛，机灵搞怪活灵活现，逗得周围笑声一片。

土司笑着问哈比："演母虎的女人是谁？"

哈比说："是管牲口的查莱老婆。"

土司望了一眼“母虎”胸前那对在两片树叶的遮掩下跳来跳去的丰硕乳房，哈哈笑道：“跳得好，哈比，这样的母老虎才能喂养更多的小老虎。”

杨清远正想趁这个时间去拜见土司老爷，他只是想让土司老爷知道，他杨清远是个守信的人，他遵照老爷的话，不顾路途遥远，前来参加狂欢节了。可土司却跟旁边的刘县长聊起来了。他们交头接耳，样子很亲密，杨清远知道这不是打扰土司老爷的时候。他又坐了下来，继续等。

热雷土司正在和刘县长谈论枪。关于这批军火，刘县长告诫热雷土司说：“这是我叔父从龙云主席手下的驻军那里直接给你弄的，你最好别让其他土司们知道。”

土司说：“兄弟这份情，我一定铭记心上，好好报答你。给多少银子都没有问题。”

刘县长说：“我不缺银子。”

土司说：“那兄弟想要什么，尽管说。要女人也没问题。”

刘县长说：“这些我都不想要——我连罗玛沼最美的拉措姑娘都不想要。我只要一样东西，就是罂粟。种子我已经带来了。现在政府为了筹备军资，默许开放禁烟令，种这东西比种银子还管用。现在季节正好，等中秋收获的时候，正好是一百天，那就是正宗的一百号。到时银子会撑破你的库房的。”

土司点点头：“这没问题。罗玛沼的大地像丰满的女人，就等着你在她身上耕耘呢！我现在关心的是你带来的子弹够用多久？”

刘县长哈哈笑起来，说：“只要罗玛沼的土地上种上我带来的种子，子弹应有尽有。”

土司给刘县长敬了杯酒，说：“让你的教官明天就开始工作吧！我的队伍三天后就要跟碧格寨开战了。”

刘县长推了推眼镜，斯文地掏出手绢擦着鼻子，说：“土司老爷，打枪是个技术活，得耐心教，细心学。明天开始训练的话，估计得练十天半月，家兵们才能掌握要领，学会打枪。”

土司失望地说：“时间太长了。”

刘县长说："主要问题是我的教官不会讲倮倮话，而你的士兵们又听不懂汉话。"

他接着从腰间拿出一只毛瑟手枪来，比画着说："你瞧，这是枪膛，这是弹匣。子弹上膛、退膛，找准心，这些都是需要些时日才能掌握的技巧。"

关于枪身上的这些部位，土司已经略有研究，他知道是干什么用的。但刘县长说的是术语，倮倮话里没有这些词。土司就说："嗨，别卖弄了，使用武器，罗玛沼人有神赐的天分。这还不简单？我现在就可以打给你看。"

他乘着酒兴从刘县长手里拿过手枪，摆弄起来。他这里瞄瞄，那里试试，哈哈笑道："别说是我，连他怕也看会了吧！"土司用枪朝身边站着的家兵总管鹿丫掂了掂。

喜欢枪是男人的天性。梳着英雄髻的鹿丫可是罗玛沼最出色的神箭手，阿鲁也是他的徒弟。除了土司老爷和大少爷莫尼若，他连阿鲁都不怎么放在眼里。现在罗玛沼有了新式武器，他早就心痒难耐，对枪的渴慕之心，比谁都强烈。土司只不过用枪在他面前晃了一晃，他就像猴子一样利索地一把接过手枪玩起来。

刘县长说："当心，枪会走火。"他手里搂着阿兰姑娘，早就被她一轮接一轮的敬酒小调搞得晕晕乎乎了，并没注意到枪现在落在了谁的手里。

"走火是什么东西？"鹿丫说。

没等刘县长回答，只听"砰"的一声巨响，鹿丫就被一股看不见的力量推了一个趔趄。只听人群中发出一声尖叫："妈呀，打死人啦！"

死的那个人是杨清远。

在那颗子弹射进杨清远胸膛前五分钟，拉措放下她正在绣着的围腰抬起头来。恍惚间，她看见杨清远从门口走进来，径直到了青珍跟前。青珍在灯下缝补一件旧衣服。那衣服是他的。他伸手将青珍头发上的一根草屑拿了下来，非常非常轻柔的，鼓起嘴巴将草屑吹到空气中。呵，那样子，挺可爱的。

拉措叫了一声："阿爹，你回来啦？"

青珍说："你看花眼了？你爹在哪？"

青珍一说话，杨清远就不见了。她头发上正好落下一片草屑。拉措走过去捡起了草屑，说：“妈，你冷不冷？”

风忽然推开了窗子，将烛火摇晃了几下。青珍说：“你莫说，真是有些冷，虽然杜鹃都快开过了！”

拉措关好窗子，拿来羊皮褂子给青珍披上。她手心里攥着那片从青珍头上掉下来的草屑，走到院子里看了看天空。天空呈现出暗红色，金黄色的月晕让月亮显得大而无神。

27

罗玛沼大名鼎鼎的制茶人杨清远就这样死了，一直到下葬时，他脸上也带着惊愕不解的表情。所有的人都觉得他死得非常突然，非常不值得。

就这样一句“枪走火”，他就莫名其妙地死了。

多年以后，当拉措回忆起父亲的死，都会联想到“宿命”这两个字。这两个字镌刻着少年丧父之痛，伴随着她走过了无数个春秋。

土司对杨清远的死表示遗憾。杨清远虽是他家的奴隶，可对土司来说，他多少有些与众不同。土司每天都要喝的茶膏，现在成问题了。土司拿出足够的银子，请哈比为杨清远办了一场为期七天的隆重丧事。可是对于打死杨清远的鹿丫，土司感到有些为难。身为亲兵总管的鹿丫身份远比杨清远高。那些由土司和贵族们制定的律法中，并没有说身份高贵的家兵总管打死一个奴隶要负什么责任。所以苏吉土司也只能狠狠地责备鹿丫几句，让他拎着四只鸡、两只火腿、几坛老酒和十块银元到杨清远家道歉。

镇上的好多人都来送丧。他们都喝过杨清远的茶，这个好脾气的汉人待人彬彬有礼，大家都为他的死感到惋惜。

鹿丫去到杨清远家大门口，遇到了拉措。一见到她，他就忘记了自己此行的目的，只顾盯着拉措了。他震惊地发现自己看见的不是披麻戴孝的悲伤，而是披麻戴孝的美艳。鹿丫已经四十二岁，身为土司府家兵队长，他身份尊宠，性格跋扈。他睡过的女人数不清。可当着这位身着麻布孝衣的少女的面，他像个动了真情的少男一样，竟然红了脸。

拉措一扬手就给了他一记响亮的耳光。

倮倮男人如果被女人打耳光，算得上奇耻大辱。可鹿丫没感到疼。他甚至在心里喊了一声：仙女啊，再打我一下吧。

拉措说："滚！要等我拿刀杀了你吗？"

鹿丫说："如果子弹长眼睛就好了，你爹就不会死了。"

拉措把鹿丫带来的东西全都扔得远远的。世雄从屋子里冲出来，手里握着他的长刀，十多个人把他按住，鹿丫才得以脱身。

当至亲的人都已命归黄泉，谁会需要一堆无用而愚蠢的酒肉呢？拉措奔进屋子后大哭起来，她感受到了莫大的悲痛和耻辱。子弹不长眼睛，难道人也不长眼睛吗？老天也不长眼睛吗？看来他们真的都不长眼睛！

青珍顶着五个多月的身孕，披麻戴孝，悲痛无比。

丧事办完了，来帮忙的、来悼念的、来唱魂的人都走了。拉措家空空荡荡，徒留一地香烛纸火的碎片。青珍宣布家里进入为期一年的服丧期，不参加任何节庆，停止一切歌舞。

清明这天，青珍带着拉措和世雄去到杨清远坟前上香烧纸。下了小雨，新土湿湿的，带着泥土特有的香，阴阳分界似乎还没有明确。青珍见此情景，大哭两声就昏死过去。

夜里，拉措煮来一碗米粥。她跪在青珍床前，撮起小嘴，嘘嘘地吹着气。她尖尖的下巴这几天变得更尖了，脸色像院子里正在开着的那朵童子面茶花，白得隐隐地泛出青光。青珍说："拉措，去把你爹的羊皮褂拿来。"

拉措拿来了，将褂子披到青珍身上。

青珍推了一下，说："我是让你穿。"

拉措说："阿妈，我不冷。我屁股上还有三把火呢。"

青珍的眼眶就湿了："拉措，下个月你就满十五岁了。在镇子里，像你这样的姑娘可以和小伙子们交往了。可你却连罗玛沼小镇长得什么样都还没仔细瞧过！你从小生活在这大山里，除了整天对着那几只兔子，就是对着整山的茶叶，是爹娘对不起你啊……"

外面淅淅沥沥地下着小雨，屋子里也冷冷清清的。

拉措说："阿妈，你难道想把我赶出家门吗？我去给你生个火，让你挂牵我，就不会再撵我了。"

青珍的眼泪忍不住了，她把脸埋在手掌里，女儿的体贴和懂事让她心里涌起了一阵锥刺的疼痛。

门"砰"的一声开了，世雄抱着一堆干柴走了进来。他把柴放在火塘边上，拍了拍身上的灰。

"我要出去几天。"他对青珍说。这是自从父亲死后，他对青珍说的第一句话。

"去哪儿？天都快黑了。"

"你别管。我过几天才回来。"世雄阴沉着脸，全身都是倔强的线条。

他说完拉开门就走了。拉措追出去，逮住世雄的胳膊。"你不想让妈活啦？"拉措生气地问他。

世雄说："拉措，她虽不是我亲妈，但我也很感激这些年她对我的照顾。我爹死了，我不想在罗玛沼继续当奴隶。这里土地那么大，但没有一寸是我的。你照顾好阿妈吧。我出去找个活路，一定回来接你们。"

拉措说："你疯了？当奴隶的能跑到哪儿去？被土司抓回来，他会杀了你。"

世雄说："越过阿左秋头人地界，就可以到大理去。我去那儿学手艺，师傅都已经联系好了！乘着天黑，你赶紧回去，别告诉阿妈。"

拉措不想让哥哥走，可想了想，把心一横："也好，看来这茶山咱们也守不了了，能活一个算一个吧。"她放了手。

世雄的身影很快就消失在蒙蒙细雨中。

拉措回屋里，默默地将火塘里的火生着了。青珍问："你哥去哪儿了？"

拉措不知如何回答，隔了半晌，才说："哥已经是个大人了。他要去哪，让他去。无论如何，阿妈得管好自己的身子！还有肚子里那一位。"

青珍眼圈一红，心想，世雄到底不是自己亲生的！

28

一场小雨催绿了罗玛沼的田野，也浇息了小镇里干燥的气息。农忙季节到来了，人们的心也该收回来了。

在苏吉土司的命令下，罗玛沼大地都种上了罂粟。

土司却热衷于天天往练兵场上跑，打枪成了他最大的乐趣，把他的魂勾住了。

精通汉话和倮倮话的周老板，在此时被土司派上了大用场，他充当了练兵场上的翻译，专门负责教官和家兵之间的沟通。

阿鲁和周复生也就顺理成章，天天在练兵场见面。他俩玩的东西主要是木头枪。经过几天的观察，教官认为这两个玩木头枪的男孩比那些操弄真枪的成年人更具可塑性。

这天天气晴朗，练兵场上的家兵们在教官的指挥下走正步，练卧倒，摸爬滚打，挥汗如雨，喊声震天。这样的训练在罗玛沼前所未有。兵丁们像吃了大麻一样兴奋。

土司和刘县长在练兵场的碉楼里喝茶。

教官走进来说："老爷，可以给阿鲁少爷一把真枪了。"

土司既高兴又担忧："阿鲁控制得了那会杀人的东西吗？"

教官说："老爷，您跟我来看看吧。"

土司随着教官走出碉楼，去看那两个男孩泥巴堆里的游戏。这时阿鲁和周复生正在一前一后形成互补，偷袭前面的一个假想敌。

过一会儿他俩散开，各朝一方匍匐前进，举着木头枪消灭了几个对手。而后他们似乎遇到了一撮敌人，两人立刻背靠背，开始了大规模的火拼。他们嘴里喊着："嘟嘟嘟！呀呀！呼呼呼！"

忽然周复生跳到了土堆上面，叫："阿鲁，快跟上！"阿鲁在下面叫："还有最后一个！"然后他跃上土堆，两人一同手拉手从这个土堆跳入另一个土坑把自己掩护起来了。

"哈！这俩小子，玩得像模像样的。"土司哈哈地笑起来。

"看到了吗？他们有合作意识，懂得信任和保护对方。"教官说，"在战场上，这可是最重要的。"

教官有一张白净的四方脸，说着一口土司从未听过的口音，他任何时候都身姿笔挺，不苟言笑。刘县长对这个教官也很是敬重。他告诉热雷土司，这位教官是南京来的，是跟蒋委员长握过手的人。

土司知道蒋委员长就是周老板曾跟他说过那个取代了皇帝的蒋主席，现在已改叫委员长了。这年头官员们的称谓就像摩玛山顶的云，说变就变。

刘县长听土司这样形容，也呵呵笑起来。笑过了他把眼光看到天边说："风云多变呐！土司大人，还是你这山窝窝里逍遥自在……"

土司说："哼，也不一定。有人说革命的火就要烧到我大门上了。"

刘县长哈哈大笑说："所以叫你囤军囤粮，防患于未然嘛。"

第二天，阿鲁得到了一把真正的枪。可是土司只给他两发子弹。土司说："十七岁都不到的孩子，离打仗还早呢。如果不是需要救命，我倒希望你永远用不上子弹。”

自从鹿丫打死了杨清远，土司就对枪有了一些敬畏之心。他命人对枪支严加看管，没有他的命令，任何人都不得动用子弹。

出乎土司的意料，阿鲁得到枪后，并没有他预期的欢呼雀跃，他望着枪的眼神，甚至有些阴郁。土司说：“怎么啦，木头枪都玩得那么高兴，有了真枪，却不喜欢？”

阿鲁说：“玩木头枪是因为闷，并不是因为高兴。”

土司说：“小小年纪，知道什么是闷？”

阿鲁说：“汉人造这东西出来，是为了杀人更利索些吗？比如杨清远，他死得多干脆，可他家里的人，该有多可怜。”

土司大吃一惊。他拍拍阿鲁的头说：“不要有这些奇怪的想法。这也不是汉人造出来的，最先造它的，据说是世界另一头的西洋人。至于杨清远……那只是一个意外。”

阿鲁说：“父亲可知道杨清远家里还有老婆孩子？奴隶的命也是命。”

土司说：“我的儿子，你有这样的慈悲心肠，我很高兴。可如果你以为我买枪只是为杀起人来利索些的话，你就太低估你爹了。”

阿鲁没说话。过了一会儿，他说：“我知道，就如同汉人会说我们的话，而我们却不会说汉话一样。他们似乎无所不能，而我们却只能跟着他们的脚后跟走。”

土司面露喜色，欣慰地拍了拍儿子的头。“是啊，儿子。当我第一次见识到枪的时候，就开始为罗玛沼的未来担忧。以前我说过一句话，刀在谁手上，谁的话就是天理！现在看起来，是把刀改为枪的时候了。”

阿鲁沉默了一下，忽然换了一个话题：“父亲，你打算怎么处置布勒？他的眼睛在黑牢里都快瞎了。”

土司似乎现在才想起来黑牢里还关着小奴隶布勒。说：“布勒还活着？快要死的人，瞎不瞎没关系。”

阿鲁生气地说：“父亲，我常听老哈比说，奴隶死多了，对主子家不是件好事。”

土司说：“哈哈，老哈比？他懂什么！他那套神神鬼鬼的，哄哄你们小孩子罢了。”

阿鲁更加不满，脸都阴沉下去了，说：“哈比可是你的大祭司呢，难道你不相信他？”

土司说：“阿鲁啊，一个祭司的眼界，怎么能和土司比呢？你瞧，哈比天天跟神灵通话，还不是照样要吃要喝，收成不好的时候，还不是得来向土司借粮食。”

阿鲁说：“父亲说的是有道理，不过你不肯放了布勒，是因为你很在意英雄崖么？”

土司听到英雄崖三个字就有些恼火。说：“别管那山头叫英雄崖。这都是那些贱民阴险的圈套。谋逆之罪，任何人都粉饰不了。”

阿鲁的嘴角扬起一个轻微的讥笑，说：“布勒是跟我去的，你杀他，是想证明我有罪么？那天我杀死了熊，梦见熊变成了布勒来向我索命。所以父亲，请你不要杀布勒，就算是为了我。”

土司认真地看了看儿子。他发现阿鲁又长大了。他的鼻梁有如利刃般冷峻高挺，薄薄的嘴唇也有了男子汉般坚毅的线条，深黑的眼眸里藏着几分思辨，显露出独具个性的聪颖。看着看着，土司竟感到一股令他这个父亲也感到陌生的力量。

土司不知不觉中握紧了拳头，他不明白自己为什么忽然变得这样紧张。他深吸一口气，让自己冷静下来。

“阿鲁。”他慎重地按了按儿子正在变得宽阔起来的肩膀，说，“布勒的事你不要管了。我知道他自小跟着你，可这样的朋友，以后说不定会成为仇人。”

土司说完就走了，他让阿鲁不得再提布勒的事。

阿鲁心事重重，在天快黑的时候，跑到黑牢去看布勒。他看见牢头阿古又把牢房锁起来了，生气地抽出皮鞭劈头盖脸地打了他两鞭子。

“给布勒点盏灯！快去，狗奴才。”他冲阿古喊。

听到阿鲁的声音，布勒以为自己在做梦。这段时间以来，他感到这世上已经没人再想起自己了。他的眼睛里堆满了眼屎，头发长成了鸡窝，身上爬满了虱子，脚上的蛇伤未愈，药也断了，他变成了瘸子。拉措长什么样？阿鲁长什么样？他已经想不起来了，他们就跟自己死去的爹娘一样，隔着看不清的世界。

阿鲁一来，阿古连滚带爬地找来一盏马灯送进牢房，委屈地说：“这让老爷知道，不打死我才怪。”

阿鲁对着阿古挥了挥拳头说：“少爷我心情不好，你再嚷嚷看？想让我打死你是不是？”

就着马灯的光亮，阿鲁看见布勒不人不鬼的样子，大吃一惊说：“布勒，你怎么样了？”他心里涌起强烈的自责，胸口觉得阵阵刺痛。可怜的布勒，全是我害了你啊！阿鲁差点就哭了。

布勒呆呆地坐在地上，好像不认识阿鲁一样。

阿鲁蹲下身去，摸了摸他的脸，摸到了一脸的泪水。阿鲁难过地说：“布勒，对不起，是我没用……”

隔了半晌，布勒才回过神来似的说：“少爷，您能不能答应布勒一个请求？”

阿鲁点了点头，心里酸酸的。

布勒说：“如果我不能活着见到我父母，请您日后帮我打听一下他们到底是谁，好吗？”

阿鲁使劲地点点头。布勒又说：“还有，如果我死了，请哈比老爹给我画一张夜猫鬼的相，藏在我的衣服里。”

阿鲁说：“为什么要画夜猫鬼？”

布勒在烛光的暗影里笑了笑说：“让它可以继续跟我玩石头剪刀布啊！”

阿鲁听得心里发凉，不顾布勒的肮脏，一把抱住他瘦小的肩膀，眼泪无声地流下来。

布勒推着他说："少爷，我都发臭了，一身的虱子，莫弄脏了你。"

阿鲁抹了抹眼睛说："布勒，跟我走！不能再等了。"

不等布勒说话，门外的阿古"咣当"一声就把牢门锁住了。他叫了一声："少爷，对不住了，你要带布勒走，我得去告诉老爷。"

阿鲁冲到门口大叫阿古，可阿古飞也似的朝土司府跑去。

土司正在大夫人房中听她讲莫尼若别院的设计构想。他听到阿古的报告，勃然大怒，"啪"地一拍桌子说："阿鲁，他可是越来越会生事了！"

他气冲冲地对身边的老奴阿木诺说："去传我的命令，立刻就把布勒砍了。"

阿木诺望望土司，又望望大夫人，期期艾艾地不肯走。土司眼睛一瞪他，说："怎么啦？听不懂我的话？"

大夫人这时说话了。她先是把阿古打发走，然后关上门，才慢声慢气地说："老爷，布勒不能杀。"

阿木诺这才赶紧哈着腰点头附和说："是的，老爷。你杀布勒的话，有违伦理。"

土司骂道："你们俩，说些什么屁话？"

大夫人轻声地笑了笑，走到梳妆台前，打开抽屉，拿出一只银镯子。她把这只有些发黑的镯子放在手心里，拿到灯下细心地擦拭起来。土司说："你搞什么鬼？"

大夫人说："老爷，你来看看。"

土司接过镯子，不耐烦地说："这难道是从坟墓里挖出来的吗？"

大夫人说："差不多吧。"

土司惊了一下，定下神来仔细地看。看着看着，一个姑娘的笑脸就浮现在眼前了，小脸圆圆，眼睛大大，害羞的表情，似曾相识。却又想不起来她是谁。圆脸的、大眼睛的姑娘，在罗玛沼太多了。

大夫人说："老爷，这只镯子的主人，是布勒的亲娘。"

土司哦了一声，皱起眉，偏着头努力地想，可他还是一脸迷茫。

阿木诺低下身子，小声说："老爷，就是那个专门管柴房和烧火的丫头。名叫沙红。"

土司"啊"了一声，镯子失手掉到了地上。愣了半晌，说："她，她去哪儿啦？"

大夫人叹了一声，说："冤孽啊。阿鲁出生那天，老仆抱来一个婴儿，说是在柴房里捡到的，小孩有一口气，当妈的却走了。老爷不会忘了这事吧？那小孩子，就是布勒啊。你道我当时凭什么收留这个野种啊？就为了这只镯子！老爷，这可是你亲手送给那丫头的……"

土司满脸惊愕。

阿木诺说："老爷，不就是那个中秋节，您喝醉了酒，就……事后，你给了那丫头这只镯子。"

土司的嘴张得下巴都快掉到地上了。大夫人再次悲叹了一声，说："布勒是你的儿子，老爷。你不能杀他！"

土司忽然转过脸去，瞪着大夫人和阿木诺说："这事，只有你们两个知道？"

二人沉默不语。土司狠狠地对大夫人说："你这个狠毒的女人。为何早些不告诉我？"

他说完一摆黑色的大衫转身就走了。身后的烛火随着"呼"地一闪。

大夫人望着黑沉沉的夜，叹一声说："男人啊！叫我说什么好呢？唉……"

29

雨过天晴，拉措像往常一样穿行在漫无边际的茶田里，只是整座大山只有她一个人的身影，再也没有哥哥会心疼地叫她歇会儿，父亲能和她一块儿讲汉话写汉字了。

土司答应让拉措继续管理茶园，让他们一家继续以茶园为生。可是虽然如此，能不能管好，能不能以此为生，却要看拉措和青珍的本事了。

拉措肩上的茶筐随着茶叶的增多越来越沉，她累得腰酸背疼。以前一家的活，现在只能靠她一个人完成，她已经快撑不住了。她委屈地想，人们只知道茶好喝，但茶田里的苦，却没几个人尝过。她的裤腿早被露水打湿了一半，凉凉地贴在小腿上。她想像往日那样唱着歌采茶，她记得过去唱起歌来，劳累也就消失了。于是她很小声地唱起来，想起什么，就唱什么。路旁的鸟儿都停下来，歪着头看她。唉，鸟儿又怎么知道她的心事呢？她想起了不知所踪的哥哥，想起了死去的父亲，想起了满山来不及采摘而变得枯老、品质下降的茶叶。她阿妈快要生孩子了，她一定得提前下来跟接生婆约好。她忽然发现，她的歌都被这些坏的、烦琐的、疲惫的和伤脑筋的东西充满了。这样不好，肯定不好。歌应该是长着翅膀的太阳鸟，不应该是灰色的下雨天。她抬起头来望望天，又望望远处无边无际的森林，可是天空中和森林里，没有什么能让她高兴起来的东西。孤寂如此残忍，她站在茶山中，如同漂泊在无边大海中的小鱼，随波逐流，显得那么孤零零，那么冷清清。

阿鲁这时正和几个贵族子弟在土司府一间临时布置起来的“学堂”里，跟汉人周老板学习讲汉话。

十多天前，周老板被土司叫来，让他每天到家里来教阿鲁、莫尼若和几个贵族子弟学说汉话。土司说：“以前这事我想让杨茶师来干，可他死了。你也会讲汉话，就让我们也知道一下你们汉话的乐趣吧。”

周老板此时手里拿着一根火柴，说：“这个，是你们倮倮人家每天都用得着的。”

他说着“擦”地点燃了火柴：“噢，火苗。倮倮人最爱的东西，家家都有一个火塘。你们念‘阿都’。对吧？汉话念‘火’。”

哈哈哈，男孩子们嬉笑着点燃了好几根火柴，一起跟着念：“火！火！”

火药味托着他们的笑声弥漫在这间宽敞的、窗户上攀满了牵牛花的屋子。

阿鲁正在跟着周老板念汉字。忽然他停了下来，望着窗外的白云出神地说：“你们听到了吗？好像有人在唱歌。”

可是当大家静下来，只听到院子里的鹦鹉在笃笃地啄食，另外有几只蝴蝶飞来窗棂之上，发出了轻微的呼呼声。没人听见歌声。阿鲁说：“歌声飘远了。”

周复生说：“少爷，你的耳朵发岔了。”

阿鲁一本正经地说：“真是有人唱歌，很忧伤的歌。难道你们听不见？”

大家面面相觑。阿鲁走到窗前，脸上的情绪慢慢沉郁下来。他想他一定是听到了拉措的歌声。那个女孩现在一定很孤单很悲伤吧，他想。

周老板想了想，收起他的各种教具：火柴、南瓜、银饰、鞋子。他朝少爷们行了个礼，说：“今天我们就学到这里，明天再接着学吧。”他拉着周复生，告别了阿鲁，回家去了。

路上，他对周复生说：“少爷长大了，你以后在他面前，不要口无遮拦，乱说乱讲。他是罗玛沼的老虎，你呢，是只小羊羔，记住了。”

周复生说：“我明白了，有些歌是长大了才能听得见的。”

到了第二天，周老板在土司府当老师的任务就结束了。因为这天府里来了两个官员。他们是来接刘县长的，同时他们带来了县府的文书，要求罗玛沼八岁以上、二十岁以下的年轻人，都要到楚雄县府的劝学所去学习。

这是政府的扫盲行动。这有些困难。在罗玛沼，十六七岁到二十岁的人大部分已经当爹或者当妈了。怎么能让他们丢下家，跑去县府干那些无聊的事？

刘县长就说，这次能去几个算几个，以后每年都要派学。他推心置腹地告诉土司，往后不识汉语的人，就是文盲，要被时代淘汰的。

下午，土司找来四个寨子的头人和五个长老以及大毕摩哈比，一同商量让不让罗玛沼的孩子去县府上学。周老板正好来了，土司也没让他走，就叫他坐在一旁听着。

他们各说各的理由，阿左秋和约查头人认为汉人这几年发展迅速，他们有先进的武器和农耕技术，罗玛沼应该派人去把他们先进的东西学回来，比如如何做火柴，还有那个能收集阳光的手电筒。

土司笑了笑说：“你们搞错了。我们的孩子不是去学如何做火柴和手电筒的，他们是去学汉语的。”

阿左秋头人瞪了瞪眼睛，说：“学汉语？难道我们没有自己的语言吗？倮倮人的祖先来到这片土地的时候，汉人还在哪里？罗玛沼这个地方，他们怕连做梦都没梦见过。”

争来争去，几个长老在这片土地上是先有汉人还是先有倮倮人这个问题上纠缠不休。哈比清了清嗓音说：“你们莫要争了。这个不重要。我们的眼睛要看着前方，而不是往后看。几千年前我们祖先六个兄弟带领族人在漫长而艰苦的迁徙途中，倮倮人和汉人就已经成为兄弟民族，所以现在有倮倮人的地方，都有汉人居住。这还用你们来争吗？反正现在罗玛沼这块土地上的王是热雷土司，热雷家族统领罗玛沼已经几百年了，我们只要认清这个历史就够了。至于去不去学习汉语，汉语有什么好处和坏处，我们还是听听汉人周老板的高见吧。”

土司看着周老板笑了笑说：“周老板，你走南闯北，见多识广，这几天教我的儿子学汉话，他们可还有兴趣啊？”

周老板谨慎地考虑了下措辞，喝了一口茶说：“回老爷。当您见到我既会讲汉话，又会讲倮倮话，您心里在想什么呢？”

土司说：“我觉得你是一个有本事的人。”

周老板说：“这不就好办了，您难道不希望罗玛沼的孩子以后都变得更有本事吗？”

土司哈哈地笑了，他站起来，有力地来回踱了几步，说：“周老板说得对。人为什么一生下来就要先学讲话？那是因为语言是最重要的。话都不会说，怎么能学到人家先进的东西呢？”

长老们瞅了周老板两眼，说：“汉人说话弯弯拐拐，你倒是说说看，用汉话能唱出我们那么好听的歌么？”

土司把脸一沉，严肃地说：“长老们，头人们。你们一定想不到，自从年初接到县政府摊派军饷的文书，我就没睡过一天好觉。罗玛沼从三年前起，要上缴的钱粮杂项，就像一座大山一样压在我的心上。你们知道吗？去年我送了一马车礼物和一个姑娘给那个姓王的汉官，请他把罗玛沼的上缴款项减少一些，结果还不是被他给骗了。若不是刘县长够朋友，今年我们上缴的杂税，不知要多出几倍呢！我很想看懂那些盖着大红印章的文书上面到底写些什么？你们有谁看得懂？这些，可不是长老们唱唱歌，毕摩们做做法事就可以解决的。”

土司还是第一次对着长老和毕摩说出那么沉重的话。

大家都沉默了。

土司的意思显而易见，为了长远考虑，各寨子必须派人去楚雄的劝学所学习。

土司对管家说：“你去告诉莫尼若和阿鲁，让他们准备一下，后天就随刘县长一起上路。土司家的人，一定要有一个懂汉语的，才算得上有本事。”

阿鲁得知自己要去楚雄，心里整夜响着白天听到的拉措的歌声。第二天天还没亮，就起身去往茶山。

拉措也一大早就来到了茶山。清晨的风还很冷，可她只穿着单薄的衣裳，因为到了正午，山上就会热得让人满身大汗。为了节省换衣服的时间，她干脆就穿得少一点。她依然背着沉重的茶篓，一层一层往茶田里走，专心仔细地采着茶，没有发现阿鲁已经来到了她的身边。阿鲁跟在拉措身后看了她好一会儿，她孤单的身影令他觉得心疼。她雪白的手在茶叶丛中上下翻飞，那是承担着一家人的生计的手。她那么安静，那么专注，他叫她一声，把她吓了一跳。拉措转回身，看见阿鲁满脸忧虑之色站在身后。两个人就静静地看着，谁也不先说话。

还是阿鲁打破尴尬，说：“你还好吧？”

这种话没有什么分量。拉措想告诉他，我不好，一点都不好。

其实阿鲁是知道的，她不好。她瘦了，脸色苍白，眼睛红肿，一身疲劳。他心里难过，可不知如何安慰她。

但拉措说：“我很好。”

说完她就低着头，强忍眼泪。她奇怪自己为什么要说谎，其实在那么悲伤孤独的时刻看见阿鲁，她还是高兴的。阿鲁还记得来看她，说明他心里是有她的。告诉他自己的悲伤，扑到他怀里哭一场，或许自己就不会那么难过了。

可拉措又觉得自己做不到，是阿鲁家的人把父亲打死的，世雄说过，土司家的人都是仇人。她希望阿鲁能主动一点，说几句安慰的话，或者直接过来抱住她，给她一点温暖也是好的。但阿鲁还是站在原地，吞吞吐吐，眼神飘忽。

阿鲁见拉措的脸上只掠过一丝惊喜立刻又归于阴沉，他知道她心里悲伤，并且恨自己跟鹿丫是一家人。他心乱如麻，却不知如何解释，只好说：“拉措，我明天要随刘县长一起去楚雄了，这次要去很长时间。政府办了劝学所，要求年满十岁的官宦子弟必须参加……”

拉措一听心里就更气了，原来他是来告别的，那好吧，以后不见面更省事，省得牵肠挂肚，爱也爱不得，恨也恨不得。

她抬手抹了把眼泪，就把眼睛望向了别处。她想：如果他能体会我的悲伤和无奈，怎么会隔了那么长时间才来看我？如果真的想念我，见了面他怎么是一副不冷不热的样子？原来只是我在单相思罢了。我们的世界如此不同，也许永远也不可能共融的。

她就冷冷地说：“好啊，祝你一路顺风。”说完她就脸色冰冷地走开了。她的长发在微风里轻轻飘扬，平添了几许寂寞。茶筐的背带勒进了她瘦弱的肩膀里，阿鲁看在眼里，觉得被勒痛的不仅是拉措的肩，还有自己的心。

拉措不理阿鲁了。阿鲁在后面追了几步，拉措就跑得更快。她还转回头怒目而视，把阿鲁吓得不敢再追她。

阿鲁只好闷闷地往回走。他到了家，看见土司和一干府里的重要人物都在为即将去念书的莫尼若和自己整理行装，还在马上车上装上送给刘县长的礼物。他们谁都没有注意到阿鲁。

阿鲁就独自回房间去，丫头诺玛给他端来洗脸水。阿鲁拉住诺玛说：“姐姐，我求你件事。”

诺玛比阿鲁大三岁，平日里阿鲁也叫她姐姐，但从来没有主动对她提过任何要求。

“你能替我常去茶山看看拉措吗？”阿鲁憋了好久才说出来。

诺玛笑笑说：“就是那个在赛衣会上被人们评为最美的姑娘么？”

阿鲁点点头。诺玛说：“行，反正你去了楚雄，我的事也就少了。漂亮姑娘我也喜欢。”

阿鲁脸发红，说：“姐姐，她爹给鹿丫打死了，哥哥也跑了，现在茶山只有她一个人，怪孤单的。”

诺玛就坐到阿鲁身边拉过他的手安慰他：“少爷，你就放心吧，我会去给她做伴的。”

诺玛走了，阿鲁闷闷地躺倒在床上。想起拉措转回头看他时那愤怒而悲伤的眼神，想起黑牢里布勒告别的话，痛苦无助的情绪深深地包围着他。他不知道该怎么办，才能让这两个苦命的好朋友开心一点。这时土司的老奴阿木诺进来了。他带来了好消息，说布勒已经给放出来了，正由仆人带去洗澡理发。

阿鲁高兴得跳起来抱住阿木诺的脖子说："阿木诺，我知道相信你没错。"

阿木诺给阿鲁勒得直喘气，笑着说："唉，帮布勒这小子不容易啊，还好，硬是等对了时机。"

阿鲁一溜烟就跑出去了，说："我去找周复生来，一起给布勒庆贺一下。"

阿鲁去找周复生没找着，因为周复生去找拉措了。

周复生的阿妈前些天难产，孩子死了，差点连大人都保不住。吃了拉措给的药，她现在才缓过气来。周老板便拿了一套银手镯，叫周复生送去给拉措，一来感谢她，二来她爹死了，让周复生去安慰她一下。

周复生骑着马来到拉措家，看见青珍病恹恹地躺在床上，家里冷火秋烟的。他忙把火塘拨旺，又加了些柴火，给青珍倒了碗开水，问世雄和拉措去哪儿啦?

青珍告诉他拉措去茶山干活，世雄已经离家多日。

周复生叹着气说："世雄怎么能在这时候跑了？人不能这么没良心。"

青珍说："让他去吧，他在这里，天天琢磨着去杀鹿丫，我也怕他闯祸。"

周复生想想世雄那倔脾气，也不好说什么，就说要去茶山帮拉措干活。他出了门，已是正午，太阳晒得人脸上冒油。周复生戴着草帽，匆匆打马往茶山走，心想这大太阳底下，拉措一个人在茶山，真够可怜的。他只想着赶紧飞到拉措身边，帮她的忙。

周复生去到茶山，找了半天看不见拉措。他就大声地叫，还是不见回音。只好一层层往茶田上走，忽然他看见拉措就倒在茶树底下，像是睡着了一样。

周复跑过去一看，她哪是睡着，是晕倒了。她脸色惨白，一头虚汗，软弱无力，虽是睁着一半眼睛望着他，但她一句话也说不出来。

周复生赶紧将拉措从茶田里背出来，放到干燥的树荫底下，拿出怀里的水壶喂了她几口水。

拉措靠在周复生怀里，喘了好一会儿，才慢慢地说出话来："我中暑了。去茶田左边的地里帮我掐些藿香来。"

周复生拿衣袖给她擦了擦额头上的汗珠子，赶紧去找藿香。

"你呀，一个人怎么干得了那么多活？你以为你很伟大吗？就不知道请两个工来？你这不是瘦狗屙屎——逞能吗？从明天起我来帮你吧。"

周复生一边粗声抱怨着，一边看着拉措娇弱疲惫的样子生气地心想：阿鲁不是说喜欢她吗？这时他哪去啦！

周复生回到家，已经天黑了。周老板告诉他，阿鲁少爷来找过他。周复生懒懒地说："他来干吗？又要找我去玩打枪游戏？这些有钱人，不知道穷人都很忙吗，我可没空陪他。"

周老板惊愕地看着儿子说："背时儿子，乱说些什么？人家阿鲁少爷明天要随刘县长去楚雄念书了，他来向你告别的！还有，布勒也出来了，他明天要跟阿鲁一块儿走。"

周复生哦了一声，说："那我去看看他去。"说着就跑出门去了。想到阿鲁要离开，他心里还是挺不舍的。

30

周复生来到土司府，看见土司老爷和三太太正陪着刘县长在院子里的花架下挑着灯笼喝茶。他上前行了礼，说是来找阿鲁的。土司和蔼大度地说：“去看看他吧，你们几个小伙伴，好好聊一聊。”

周复生“咚咚咚”跑上楼去，只见阿鲁的房间里灯火亮亮的，除了布勒，还有两个小奴，他们正在为布勒得到了一件土司赏赐的羊毛披风高兴不已。布勒坐在他们中间，理了发，束着漂亮的丝绸发带，身上穿着新衣服。可周复生看他还是那副惊弓之鸟的样子。他的皮肤在黑牢里变得苍白，眼睛在灯光下眯成一条缝，他已受不了那么明亮的灯火。周复生对布勒说：“布勒，祝贺你，明天可以去县城念书了。”

可是布勒神情呆滞，似乎感受不到朋友们的好意。

周复生觉得布勒挺可怜，却也很没趣。他也就不跟布勒多说了，只跟阿鲁讨酒喝。他说大家都成年了，应该像个倮倮汉子那样。阿鲁倒是心情不错，不仅拿了酒，还让丫头诺玛去厨房弄来些下酒菜，几个年轻人就海阔天空地喝开了。周复生在阿鲁面前无所顾忌，就把拉措家现在的境况说了出来，他说世雄也走了，拉措一个人要管理茶山，还要照顾生病的青珍，她腰都瘦成了马蜂腰啦。阿鲁听了，脸色黯然，一抬头就喝了一大杯酒。

布勒忽然就低下头把脸埋在手心里，呜呜地哭起来。他心里想：我错了，我还怪拉措怎么没管我的药了，原来她遭受了这么大的变故，也变成一个可怜人了。

“布勒，你怎么啦？”

几人都吓了一跳。

布勒马上意识到自己在主子面前失了态，赶紧抬起头来，说：“少爷，对不起。我……看见老爷送的披风，太感动了。”

刘县长这次在罗玛沼住了很长时间，一直到亲眼看着罗玛沼肥沃的土地布满了细细的罂粟苗，现在终于宣布他此行的使命已经结束，该回去了。这时月朗星稀，夏虫啾啾，周围一片花香。刘县长就说：“唉，面对这一切的时候，我觉得这世界真是既安宁又美好，真希望能永远这样过下去啊。”

土司哈哈笑着说：“你舍得那顶乌纱帽么？”

刘县长摇着头，意味深长地说：“你一定觉得奇怪，我作为一县长官，怎么能离开县府这么长时间？唉，其实，我这个县长，当不当都无所谓了。云南虽然实行民族自治，可中央派了特派员到省里干政，省里又有特派员来地方。县里的特派员掌管着军队，说话比县政府还管用。”

土司不解，说：“那楚雄县里到底谁是县长？”

刘县长答非所问说：“军政大于民政啊！”

土司搞不懂民政和军政到底算什么，也不想再问。这些天接待刘县长，他天天都是醉的，没清醒过。

刘县长又说：“咱们也算缘分不浅，明天你家两位少爷就放心交给我吧，让他们好好去学习，以后对你大有益处呢。”

土司说：“那是那是。土官子弟需接受汉化教育，是顺治年就规定过的。不过这个传统在近十几年中断了。”

刘县长说：“哈，改朝换代嘛，整个国家百废待兴，政府一时顾不过来也是有的。现在让你们学，你们就去好好学。”

土司嗯嗯应着，心里想：阿果小姐差不多该来了，莫尼若最多十天半月就得回来。让阿鲁在楚雄多待些日子吧！对于莫尼若来说，成家立业和管理领地，肯定是要比学习汉文化重要多了。

这时莫尼若的丫头梅子匆匆跑来报告，说莫尼若忽然昏倒了。土司都还没反应过来，三太太倒一下子站起来说：“昏倒了？”她的反应太快了，倒吓了土司一跳。他让阿木诺去请哈比来看看，还反过来安慰三太太说：“没事，哈比来了就没事了。”

三太太立刻发现自己的表现太过紧张。她捋了捋头发，不好意思地坐了下来说：“老爷，你去看看少爷，我陪着刘县长。”

土司一路小跑去到莫尼若的房间，大夫人已经在那儿了。

哈比跌跌撞撞地赶来了。等他来到，莫尼若却已经醒了。哈比还是给莫尼若施了银针。施完针，哈比把针拿到烛火下细细地看，土司问他看出了什么，哈比还没说话，莫尼若就抢着说：“哈比，我只是喝醉了酒。”

哈比略略侧目看了莫尼若一眼，就把到了嘴边的话咽回去了。

大夫人说：“这是怎么回事？莫尼若，这太吓人了。”

莫尼若静静地笑了笑说：“没什么，刚才喝了点酒，觉得没力气，休息一会儿就好。”

土司生气地问丫头梅子：“少爷休息一会儿，你却说他昏过去了！”

梅子不敢说话，只敢偷偷瞄一眼莫尼若。

土司说：“哼，以后别乍乍呼呼大惊小怪的。”

可是土司和大夫人刚刚走出房间，梅子又大叫起来，他们一看，莫尼若又昏过去了。

哈比又忙了一阵，莫尼若才清醒过来。这样，土司就决定不让他去楚雄读书了。

“你就要成亲了，本来也不宜外出，好好在家休养！”他说。

哈比出门时，又回过头好好看了莫尼若一眼，莫尼若半躺在床上，他的脸掩在烛火的阴影里，朝他微微地点了点头，眼神非常复杂。走在回家的路上，哈比忐忑不已——莫尼若分明有中毒的症状，可究竟是什么毒，他一时还没有看出来。看莫尼若的样子，他也已经有所察觉，却又不想让土司老爷知道。“唉！”哈比叹了口气。莫尼若五岁就跟着他学习，跟他的关系亲如父子。甚至，哈比认为自己比莫尼若的父亲——土司老爷还要了解他。那是一个心肠柔弱、天资非凡的孩子，他眼里只有罗玛沼众生的悲苦，心里只有神灵可以进驻。哈比想：像莫尼若这样的人，让他当土司也是冤枉，他应该当神，去天上生活。他一边走，一边哼起一首古老的歌：

传说在大雾弥漫的时候，妖艳的精灵来到人间。妈妈让我别靠近它，它会带走我的灵魂。可我爱它的美丽，愿意用我的血来供养它……

这个精灵究竟是什么？是爱情，是权力，是财富，还是生死的阴谋？老哈比唱着唱着，自言自语说：“莫尼若，你明天会来找我的吧？”

而这个时候，阿鲁和周复生儿人正喝得高兴呢，他们都不知道莫尼若生病了。三太太这时进来了。她一进来，房间里就充满了印度乳香的味道，阿鲁就开始打喷嚏。

三太太拧着眉头说：“阿鲁，喝酒也得讲讲场合！”

布勒和小奴们立刻吓得跪在地上不敢抬头。周复生赶紧向夫人行礼，告别阿鲁跑了出来。阿鲁笑嘻嘻地拖着布勒也跑出去了，丢了一句话给三太太：“喝多了，出去撒尿。”

他们身后响起了三太太责骂另外两个小奴的声音。

阿鲁和布勒一直把周复生送到土司府大门口，在黑夜里挥手告别。周复生抱住阿鲁说：“我告诉你，从明天起，我天天都要去保护拉措。今天她一个人在茶山，好可怜，没有人帮她，我看着真是心疼。”

阿鲁一怔，酒都醒了一半，布勒也呆呆地望着周复生。阿鲁叹息说：

“好，也好，你去帮她吧。”他脱下身上的羊毛披风卷成一卷，塞在周复生怀里说：“这衣服你送给她，她上山去得早，可以挡挡露水。”

周复生把阿鲁的衣服抱在怀里嗅了嗅说：“汗臭汗臭的，舍不得拿件新的？”

阿鲁推他一掌说：“就这件！你要是送不到，看我回来收拾你。”

周复生醉眼蒙眬地笑着说：“凭什么帮你送衣服，拉措姑娘个个都可以喜欢。”

阿鲁抬手要打他，周复生嘻嘻笑着跑开了。

天微亮，土司府就灯火通明，全家人都起来为刘县长和前往劝学所的阿鲁送行。虽然已经五月，高寒山区的早晨还是有些凉意。布勒穿上了土司送给他的羊毛披风，可他奇怪地发现自己并没有感到预期的温暖。他还觉得冷，觉得惊惧与不安。昨天早上，他忽然被宣布无罪释放。他从黑牢里出来，身体非常虚弱，脚都是软的。他是不适合出远门的。但他非常害怕留在土司府。他求阿鲁一定要带着他一块儿走。

阿鲁也怕自己一走，布勒又被关起来，就去求父亲。没想到土司爽快地答应了。他让仆人给布勒送来上等仆人穿的新衣服，还给了他一件只有少爷们才穿得起的羊毛披风，又暖和又气派。

布勒得到这些东西后非常不解。他不明白土司老爷怎么突然就变了一个人似的。他甚至有些害怕，觉得背后有什么阴谋。可自己有什么值得“阴谋”的呢？一介区区小奴，就跟土司家的一只小猫小狗一样。最后他想，一定是夜猫鬼帮了自己的忙了。

可他还是不安，还是恐惧。黑牢里暗无天日的压抑还是不断出现在梦中。

现在，他们的马队已经离罗玛沼很远了，太阳照在群山之上，白云越过一丘又一丘的山峦，渐行渐远。布勒这时才感觉到呼吸顺畅了，心情自由了。他忽然有了一种想飞的冲动，这让他大吃一惊，十五年来，他第一次有了这种冲动，这真叫他害怕啊，可是，这感觉真是太美了。一个惊人的念头出现在他的心里：要是从此就不回来了，那该如何？

31

周复生果然不辱使命，几乎天天都往茶山跑，反正他家银铺里的活他也干不了，他并不想学这门手艺。周老板追着他骂过几回，说你小子那么大了，不学手艺，到底想干什么?

可周复生觉得现在他最想做的事就是帮助拉措，看到她露出笑脸，他就会无比开心。

一开始，拉措对他很客气，对他的好意也觉得过意不去。慢慢地，她就变得喜欢周复生来茶山跟自己做伴了。周复生一来，他们就一边干活一边用汉话聊天，汉话让拉措想起父亲，觉得十分亲切。周复生见多识广，他给拉措讲昆明的金马碧鸡，讲腾冲的温泉煮鸡蛋，讲缅甸的佛塔和小和尚，讲英国人和印度人，讲路上遇到的土匪和英勇无敌的马锅头。那些故事精彩离奇，把拉措听得一会儿喜一会儿忧的。有他在，她的生活变得丰富起来，不那么孤寂了。要是他哪天不来，她就觉得空落落的不自在了。

跟周复生一样经常来茶山的，还有一个特殊的人，诺玛。这女孩心灵手巧，跟拉措很聊得来。她来了也不一定帮拉措干活，就是陪陪拉措，坐在田埂边帮拉措绣些鞋面花样，也帮着即将临盆的青珍做些家务。拉措心里明白她是代表阿鲁少爷来的，这证明他的心思还留在她这里。因此拉措一看见诺玛，心里也就会升起甜甜的暖意。

有一天，诺玛给拉措带来了两块像翡翠一样漂亮的薄荷糖。这糖块四方形，比巴掌大一点，色泽如玉，散发着清新的薄荷香。

诺玛笑眯眯地望着拉措说："知道这是谁送你的吗？是阿鲁少爷。他人在楚雄，心里却想着你。你瞧，罗吉管家前几天去了一趟楚雄，他就叫管家捎糖回来给你了。"

拉措捧着糖，如获至宝，说："哇，这么漂亮，舍得吃吗？"

诺玛说："对了，阿鲁少爷让我替他捎句话，让你等着他。"

拉措害羞地说："等他？等他干吗？"

诺玛说："等他回来娶你咯，傻丫头。唉，拉措，罗玛沼不知道有多少姑娘要羡慕死你啦！"

诺玛走后，拉措独自在茶山待到日落西山才回家，她心里像装着一只小兔子，"怦怦怦"跳个不停。那两块糖她哪里舍得吃，她把它们连周复生送给她阿鲁的披风，都一起放在枕头底下。每天晚上，披风和糖的味道就会一缕缕地从枕头底下传上来，带着阿鲁的气息和体温，一直传进她的心里。这时阿鲁就来到她心里了。他的笑，他明亮又深邃的目光，他眼睛里的忧虑和牵挂，他想对她说什么又说不出口时害羞的表情，他倔强而又漂亮的嘴唇，他骄傲挺拔的身姿，他丝绸样闪亮的皮肤，他手心里的温暖……这些，都是她想忘记，但总也忘不了的。

这天，周复生又来了，跟他一块儿来的，还有他的母亲。周复生家境富裕，罗玛沼的村民都称他阿妈为周太太。拉措正在院子里晒着茶叶，裤脚高高挽起，汗水沾湿了头发，见了周太太，她显得很不好意思，说："周太太，我去洗下手，给你泡茶。"

周太太爽快地说：“好啊，我找你妈商量点事。”

周太太来访，青珍也很意外，赶紧出来将她迎进家里。周复生留在院子里，神情有些不自然，拉措一看他，他就脸红。拉措给他泡来茶水说：“你热了吧？坐着歇会儿。”她笑眯眯地，没发现周复生有什么不对。

周复生说：“今天镇上来了一个不得了的人物，是哀牢山鄂加乃古土司家的阿果小姐。我听说她还没进罗玛沼，土司老爷就命人清水洒地，松毛铺路，排了好长的仪仗队去欢迎。”

拉措说：“是来土司家做客的吧？”

周复生说：“听说是来相亲的，是相莫尼若还是阿鲁就不清楚了。”

拉措的脸色就稍稍变了一下。她说：“管她来相哪个，跟我有什么关系。”

她扭身走开了。

周复生看着拉措走开，有点失落。是不是她听说也许是阿鲁相亲，而不高兴了呢？

但他管不了那么多。他知道阿鲁喜欢拉措，可他身为土司少爷，他的婚事不可能自己做主的。今天对他来说，有特殊的意义。他坐在那里，往房里望，看见他母亲正在和青珍说话。他期待着她们谈完之后，能带给他一个期待已久的结果。

周太太非常诚恳，说她这次来，是专门来看青珍的。她说她怀孩子、生孩子、流产之后，全是吃了青珍的药，才活了下来。

“你们母女俩善良真诚，尤其是拉措，美若天仙，又乖巧聪明。跟我儿子一样，我也是非常喜欢她的。”

周太太说着，拿出一个布包，沉甸甸的，是些值钱的东西。她把这包放在青珍面前，说：“如果不嫌弃，咱俩打个亲家如何呀？”

青珍愣住了。“这得问姑娘的意思。”她说。

后来，周太太送的聘礼被拉措退了回去，周复生很受挫，再也不来茶山了。不久，他随父亲周老板出了一趟远门，一直到了中秋才回来。

周复生不来茶山了。诺玛也不来的时候，拉措又变成孤独的一个人。说起周复生，青珍倒觉得有点可惜，那男孩不错，家境又殷实，拉措跟着他，就可以脱离奴隶身份，过上好日子。可是拉措说，她心里有人了。青珍问她，她又说，那人已经走了。

青珍再问，拉措就不再说话。青珍只好叹口气说："缘分天注定，可自己也得拿捏得住机会。"

其实拉措根本没工夫来想这些男女之事。青珍临盆在即，不可能去茶山劳作。家里的日子已经显出了巨大的困境。她整日都陷在生活的忙碌中，几乎没时间去产生一个十五六岁的花季少女应该有的心事。

还好，苏吉土司让她卖掉了一些春茶，她凑上一点积攒了多年的银子，从土司的牧区换回一只昂贵的奶山羊。

和青珍一样，牧区的查莱老倌对拉措买这只小羊非常不解。查莱对拉措说："这种羊比普通山羊难服侍。告诉你为什么吧。它要吃得好，但又不能长胖，吃得不好没奶，胖了奶少。所以每天得领着它到处走，它爬山又厉害，稍不留意就把你给甩了。追都追不回来，跑掉的那可是就是银子咯。"

青珍也反对拉措买这只羊。她说："只有贵族才喝得上羊奶，那东西金贵，作为奴隶，想一想都是罪过，别说喝它。"

可拉措还是欢天喜地去抱回了这只小母羊。她自有她的想法。她只要羊奶，不要羊肉，所以养这只奶羊是最合适的。

养羊的事情很顺利。一段时间下来，小羊喂得壮壮的，它总是形影不离地跟着拉措，叫着"咩，咩，咩"。拉措说："你是叫我妈吗？"然后她就摸摸小羊的额头开怀大笑。可笑过一阵，烦恼就来了。凭她一个人的能力和精力，一部分茶叶已经不可挽回地失去了采摘的时机，变成品级更低的粗茶，她已经不好意思把这些价值不高的茶叶送去土司府了，只能把它们做成茶饼，堆起来等着发酵陈化。没有杨清远的指导，茶饼的拼配比例得完全靠她自己拿捏。这让她忧心忡忡，焦虑不安。雨季的早晨，茶山被一片浓重的雾气包围，草丛中的蚂蟥只要寻到一点可乘之机，就会把她的脚叮得鲜血直流。到了夜深人静之时，她还一个人在茶坊的蒸锅前挥汗如雨。

在这个夏天，她迅速地消瘦下去，全身的皮肤显出一种透明的白，青珍想，女儿身体里的血已经被土司家的茶山榨干了。

随着忙碌的日子，青珍的产期也到了。这是一个下着大雨的早晨，暴雨把拉措家门前的竹篱笆都冲垮了，看家狗跑进家来不愿出门，小羊也早早就牵进屋里来。整个摩玛山脉在山洪的肆虐中发出野兽般的喘息之声。

拉措披上蓑衣，要出门去找接生婆。请村里的接生婆要花好多银子。她早就把箱子底的银子藏在身上了。她一打开门，大风就挟着豆大的雨点泼进家门，差点把拉措打翻在地。青珍在床上微弱地喊："拉措，别出门。这种时候大山会变成魔鬼把你吃得骨头都不剩。"

拉措急得脸色发白，青珍朝她招招手说："别急，拉措。你妈生过孩子，不怕的。罗玛沼的女人，都是自己生，自己死。"

她叫拉措拿出准备好的大麻子、麝香和巴豆杵碎，用棉布包了，贴在肚脐和两只脚心。

"妈，妈，这管用吗？大麻有毒的，真的管用吗？"拉措见到青珍身下的血，吓得要哭了。

青珍挣扎着用汗湿的手拉着拉措的手："女儿啊，这个方子，以后你会用得着，记好了，死胎活胎都能用。我其实真不希望你是个女孩……当女人，真苦啊……"

青珍说着说着就要睡着的样子，拉措赶紧掐住她的人中，又拿冷水给她擦脸，不停跟她讲话，不停地按摩青珍高高挺起的肚子。

青珍醒过来，就开始大叫，她满脸汗水，就像窗外的大雨无休无止。

青珍的药有效果，她叫了一会儿便生下了娃娃。

一身血污的娃娃像个小老鼠吱吱乱叫，拉措抱起他，惊喜地叫："妈，妈，是个男孩！"

这个男孩带来了喜悦和希望，拉措给他取名"英都"，是"希望"的意思。但是，英都也让青珍和拉措的生活更加窘迫和繁忙了。在罗玛沼，没有男性劳动力的家庭只能是艰难度日。杨清远的死和世雄的离开，让青珍原本安稳温馨的家变成了一间摇摇欲倒的茅草房，说不定哪天睡醒一觉，这间茅草房就被风吹散了。营养不良的青珍缺少奶水，小儿子常常在夜里把她和拉措哭醒。拉措披着衣服起来给他煮米浆，一边打着呵欠。瞧着女儿整天蓬头垢面地熬红了眼睛，青珍难过死了。

拉措倒很镇定。她反过来安慰青珍说："阿妈别急，等雨季过了，做好的茶叶就可以交到土司府，我们就能得到下半年的米和盐了。至于这个小娃娃。"她摸了摸小弟弟的小脸儿说："他会很快长大的，也很快就能喝到羊奶了。"

青珍难过地摇了摇了头，说："不，拉措，这不是我要给你的生活。"

拉措搂着青珍的脖子说："是的，这不是我们想要的生活。但是现在，也只能这样。"

这困境也让青珍和拉措母女俩的感情更加深厚。青珍经过一番思索，决定不管用什么方式，也要把女儿从这个看似无底的困境中解脱出来。没坐足月子，她就忙不迭下地劳作了。拉措拦着她，她说："你想把我这个当妈的臊死是不是？有哪个女人能像个白虱子似的整天窝在床上靠女儿养活。"

拉措笑着的时候，心里却在发酸，阿妈的脸色像青菜，她应该吃些肉，吃红糖鸡蛋，应该好好在床上歇着。可是，这对她们来说，完全是一种奢求。

终于，山羊可以产奶了。拉措又跑了一趟牧区，找到查莱老倌请教挤奶的方法。查莱老倌吸着闷筒烟，咕都咕嘟一阵呸地啐了一口浓痰，说："你这个姑娘，是我在罗玛沼见过的最勤快最孝顺的姑娘。这样的姑娘都不教，我老倌是白活了。"他手把手对拉措传授经验，末了又偷偷将两块干奶酪塞进拉措的挎包里。"羊可以来配种，生下小羊来，你就赚了。"他对拉措说。

有了羊奶，青珍和小儿子英都的日子好过了一些。

这天一早，青珍刚从地里回来给孩子喂奶，三太太阿月秀就登门了。她一见青珍，就显出大吃一惊的样子，跑过来拉住青珍的手说："哎呀呀，怎么才一久不见，你瘦成这样？”她左看右看环顾了青珍的家，眼眶就红了，说：“青珍啊，真是难为你啦……我来迟了，我来迟了。”

青珍知道阿月秀即便没有来迟，这个家的重大损失也是没法挽回的。但她这话也还算是暖心的。阿月秀把带来的东西一样一样拿给青珍，红糖、糯米、火腿、盐巴，还有一套小孩的衣服，衣服上镶着明晃晃的银饰，把青珍惊得连声道谢。

“我前晚才从管家那里知道你生了个儿子！你真是有福气，那么大年纪了，还生娃娃。”三太太擦干眼睛，和青珍一同坐在床上，这时她一点儿也不像土司夫人，好像又回到了和青珍的好友时代。

阿月秀扫视着青珍的家，简洁到除了生活必需品，凳子都只有两个——一人一个。不过她也很快就发现了这个贫穷人家难得的地方——清洁和整齐。很干净，是的，除了火塘里，这里找不到灰尘。黑色的屋顶连一丝蛛网都没有，青石地板擦得光可鉴人。屋角、桌上、床头，都用各种信手拈来的容器插着叫不出名字的花朵，或白或红，或紫或黄，它们的娇艳芬芳让这间屋子显得不那么寒碜了。

阿月秀说：“青珍，你真是多亏了有拉措啊。”

青珍点点头，说：“可惜，她还是奴隶身份。”

阿月秀说：“鹿丫那小子，有没有再来为难你们？”

青珍一听鹿丫的名字就愤愤不已，说：“近期没来了——他怎么还好意思来？我老倌都死在他手上了！”

阿月秀四顾一下，确认屋子里没有其他人，就小声说：“再给我一些上次那种药。上次的药，我给鹿丫下了三次，但不见他有什么反应。青珍啊，你是不是配得不够毒？”

青珍说：“下了三次？他现在应该出现偶尔晕厥、发烧和头痛的症状了。如果再加重，可能就会出人命。”

阿月秀神色冷静，说：“你再不狠点我怕拉措就要吃大亏了！如果你真想为杨茶师报仇，让你女儿过上好日子的话，就别对那种人心慈手软。”

青珍沉默着，她身上出了一层密密的冷汗。“让我再想想。”她说。

阿月秀又催促说：“咱俩不是互相帮忙的关系吗？你帮了我，我自然会帮你的。你别忘了世雄是怎么出来的，鹿丫还像一头老野狼在那盯着拉措呢。”

青珍的眼睛里慢慢放出一种决然的光来，像赴死的人一样。她低声说：“毒药如果不害人命，就是有它自己用途的东西。给你什么我都舍得，只要能帮到我的孩子。”她进到里屋，从一个带着盖子的竹箩里取出一小包制好的药粉递给阿月秀。

阿月秀的眼睛笑成弯弯月，说：“青珍，你制药高明，我都吃不出这个药的苦味来。”

“你吃它干什么？”

“为了试试这药的效果，我吃了一点点。原来这药也有它的妙处，我只吃了一点点，就跟喝醉了一样，软软的，要飘起来似的，很舒服呢。这时要是有谁来搂你一下，呵，那真是好过到骨头里去了。”三太太口无遮拦。

“去去去，大白天的，也不怕神灵怪罪！”青珍说。

正在说着，拉措背着一捆松树枝回来了。她满脸汗水，进门就说：“阿妈，今天山上有人在砍松枝，一问才记起是火把节呢。我也带了点松枝回来，晚上做个火把。”

阿月秀站起来拉着拉措的手，眼睛发亮地盯着她上下打量，她发现这姑娘风尘仆仆、繁忙疲倦，已经没有上次见到的水灵娇艳。但她个子长高了，胸部丰满了，腰身更加纤细，由内而外散发着清新恬淡的气息，显得更大气了。

阿月秀说：“呀，我都不知道怎么来赞美你了！要是阿果见了这样的姑娘，肯定不觉得自己是美女了。”

她接着自己解释说，阿果就是从哀牢山过来的土司小姐，她是来和莫尼若相亲的。

她的口气里有嫉妒，也有些得意。说：“阿果小姐长得很漂亮。她家也很富有，所以她挺骄傲的，一来就说必须等莫尼若的别院建好了，她看着满意了，才带莫尼若回她家下聘。不曾想，莫尼若对她根本不感兴趣，她已经来了十多天了，莫尼若总共只和她吃过三顿饭。”

对于土司家的事，青珍和拉措都不想多说。她们只是礼貌地听着阿月秀讲。阿月秀倒像很关心莫尼若，她说：“莫尼若本来要和阿鲁一块儿去楚雄学习，不想忽然生了病，去不了了。他现在天天都跟老哈比在一起学唱毕摩经，记录梅葛和查姆里的神仙故事。哈，人人都说他像神一样完美，但我看啊，他一点儿也不像做土司的人。”

阿月秀讲得高兴，看得出在土司府里她是没法畅所欲言的。

拉措对莫尼若印象很深刻。像他那样的男子，谁见过一回，都会过目不忘的。

32

三太太阿月秀又闻到了弥漫在莫尼若身上的草药味。

草药味曾经让她既得意又失落。身子娇弱的大夫人常常药不离身，这让她显得比常人更为娇贵，也获得了土司更多的关爱。不过，关爱，只是关怀爱护，而不是情爱。男人虽然会对正在喝药的女人多些怜惜，但怜惜过后，他们还是要去找那个在床上能与自己势均力敌的女人。在床上，男人怎么会喜欢药味儿呢？为此，阿月秀为自己没有药味儿得意了一阵子。然而好景不长，她发现土司从她的床上下来之后，他又开始惦记那股药味了。草药是长着手指的，不管男人在哪里，它都能伸过去，把他的心拽回来。从这点上来说，阿月秀甚至有些妒忌大夫人的弱不禁风。

草药具有神奇的魔力，它散发出的味道，或苦或涩，或甜或香，能覆盖一大片区域，告诉大家这里有人正在生病，正在吃药。凡是经过药味覆盖地区的人，忽然心情就一律变得有些柔软，像听到了古老而又厚重的咒语：你必须慈悲，你必须对病人怜悯与同情。尤其是土司的心一旦变得柔软了，她得承认，他是天下最好的男人。她看到大夫人喝药时按着胸口皱着眉头的样子，似乎要叫所有的人都知道她的痛苦，但她一边又无比迷恋草药。阿月秀的记忆里，她换过不下十位草太医，可没有一位能让她满意。她常常忧郁而又不无骄傲地向众人说过，她的身子没法养好了。好像这是一件值得夸耀的事。

然而现在，这草药味换了人，从大夫人身上，转移到大少爷莫尼若这里来了。自从莫尼若少爷因为昏倒而没有去楚雄念书之后，他就开始吃草药。从此，三太太阿月秀的脸上就总是带着复杂而又莫测的表情，心里时常会涌起抽搐般的兴奋和恐惧——莫尼若为什么吃药，只有她最清楚，因为青珍给她的毒药，已在莫尼若身上起作用了。她已失眠多日，但她的脸上没有丝毫疲倦，她关注着那间飘着药香味的屋子，自认为心里那个疯狂而伟大的理想已经孵化成功了。

这会儿，她又看到阿果小姐亲自端着药汤，上楼去服侍莫尼若喝药了。阿果小姐对莫尼若的病情充满信心，和土司府所有人一样，他们都认为莫尼若只是得了虚症。草医开的药，也都是补药。三太太想到这里，就阴险而开心地笑了。

补吧，越补，怕你的腿软得更快。阿月秀想着。她想象得到，等阿鲁念书回来，莫尼若已经因为中毒而无法站立起来了。罗玛沼是不会让一个瘫子当土司的。莫尼若的土司之位自然就会落到阿鲁身上，等待她的就会是一个安乐富贵的晚年了。阿月秀一边想，一边害冷病似的发起抖来，她赶紧跑回房里躲起来，生怕有人看见她那个阴谋家的样子。

莫尼若的门一般都不锁。他总是门窗大开，方便自己随便从哪个方位，都可以看见蓝天白云和远处的青山。好多次，当阿果一进门时，就会看见他一袭黑衣坐在桌前抄写经书。早晨的阳光或者傍晚的余晖洒在他的身上，将他的侧脸勾勒出绝美的剪影，那时，阿果总感到她的心会被融化。遇上了这个照料莫尼若的机会，对阿果来说是求之不得的。她对莫尼若一见钟情，至今也无法忘怀第一眼看到莫尼若时那种惊艳的悸动——如果不是亲眼所见，她做梦也想不出这位传说中的美男子，会美到令她呼吸困难的地步。她完全被莫尼若迷住了，即使天天去服侍他喝药，她也认为那是天大的乐趣。

可是今天她又没有享受到这样的乐趣。已经接连三天，她送药的时候莫尼若都不在房里。阿果心烦气躁，她气势汹汹地质问莫尼若的丫头梅子，为什么该吃药的时候，少爷却出门了呢？

她认为对待任何问题，都要找出一个责任人来承担。莫尼若不在，这个责任就该由他的丫头来承担。

可是梅了承担不起这样的责任。“我怎么管得住少爷呢？小姐。”梅子说。阿果给了她一耳光：“他去哪了？你是死人吗？”

梅子委屈地说：“少爷出去了。”

“去找哈比了吗？”阿果气极了。

梅子摇摇头：“我告诉你主子的去向，已经大不敬了。”她说完赶紧跑开了。

“死脑筋！以后指不定谁是你的主子呢！”阿果在背后骂。

阿果来到院子里，看见三太太阿月秀神经兮兮地抱着一只猫在池子边走来走去。“你要去茶山么？”她走去问阿果，“莫尼若去茶山了。”

阿果一听，头就炸开了，说：“他去找那个种茶的姑娘了吗？”

她才来罗玛沼，就听到关于拉措的传闻，人们都说她是罗玛沼最美的姑娘。

三太太抚摸着猫说：“对啊，那就是莫尼若对你冷淡的原因。”

三太太也说不清挑拨阿果和莫尼若对她有什么好处，但她就是喜欢看见大夫人这边的人难过。

阿果立刻差仆人带路，骑着马往茶山奔去。她要去看看那个所谓的美人，能比自己好到哪里去。

这段时间，茶山上除了拉措，还有四五个村里的小伙子。他们是来帮拉措的，但他们让拉措感到很烦恼。自周复生家来提亲之后，又有几家人来提过亲，都被拉措拒绝了。可是这些小伙子不死心，隔三岔五都往茶山跑。“拉措，我是来帮你干活的，不要工钱。”他们都这样说。可是，他们干活的时候，都眼巴巴地望着拉措，她去到哪，他们就跟到哪，情歌唱得兴高采烈，干活倒是三心二意。

“你看，让你锄草，你又把茶树苗给挖了。”拉措总是要停下手中的活，来纠正小伙子的错误。可小伙子们为了能够近距离跟拉措说句话，他们就故意犯错，然后不断地让拉措来纠正。

拉措真是烦透了。她很怀念周复生。只有他帮自己干活是真心的。他帮她的目的就是让她能够早点收工，早点休息，哪像这些小伙子。

拉措干脆不理他们，也不要他们干活。她绷着脸一句话不说，任他们在周围转来转去唱些苦闷的单相思的调子。

不过此刻，这些小伙子们忽然全都安静下来了，他们看见了莫尼若少爷出现在茶山上。他依旧骑着雪白的骏马，一身黑衣。小伙子们看见了他，就立刻像星星遇着太阳一样悄悄地消失了。

不过拉措没注意到，她只是觉得周围忽然安静了，于是心情慢慢就好了。她就唱起了歌：

蔷薇开花了，蜜蜂飞来了。蜜蜂咬了我，不要责怪它。蔷薇刺伤我，不要责怪它。因为蔷薇啊，蜜蜂啊，跟我都一样，都是小小的姑娘。

莫尼若惊讶于如此美妙的歌喉和那些纯白无邪的歌词。这真是个玻玲剔透的姑娘。在赛衣会上，莫尼若就被她的美丽和勇气打动，如今看到她，更觉得她既勇敢又勤劳。这样的姑娘不需要太多理由，也是让人喜爱的。他看到了她的两只手像白色的蝴蝶在茶树丛中灵动飞舞，那些嫩生生的茶叶就翩翩飞进了她的箩筐里。他看得入神，甚至产生了幻觉，自己变成了一片茶叶，被她拥在了手心里。所以当拉措发现他时，他表现出和拉措一样大吃一惊的样子。

“啊……拉措。”莫尼若很快让自己镇静下来说，“不用问我为什么在这里？山下盛开的罂粟花让人心情飘忽，头昏眼花。我快要被熏昏了。来到茶山，就好多了。”

大少爷莫尼若忽然出现，也让拉措非常吃惊，她只好这样回答莫尼若：“我没想问你，少爷，这是你家的茶山，你在这里是很正常的。”

莫尼若脸红了。他本来苍白的脸此刻红晕一染，显出无与伦比的美艳。他站在一片青翠之中，是如此气度华贵。这样长得过于漂亮的男人，是会让人无缘无故就脸红的。所以拉措也脸红了。她用眼睛清灵灵地瞄了他一眼，说：“这些茶得在中秋前采完，时间不多……我不陪你了，少爷。”

她说着走到另一丘田埂上去了。土司少爷的注视让她觉得不安心。

这不光是害羞，莫尼若阳春白雪，不染尘俗，这让汗流浃背，一脚泥巴的拉措很不自在。莫尼若也看出来了，他不好意思再盯着拉措，便把眼神越过茶树望向更远的地方。在那棵野生古茶树上，有一只雄性太阳鸟正尽力地张开五彩灿烂的副翅取悦一只对它不理不睬的雌鸟。展开副翅的雄鸟看上去就像拥有四只翅膀，它在莫尼若看来就像此刻的自己一样怪异和尴尬。他手心里有些出汗，不知该恼谁。

可莫尼若毕竟是骄傲的，他从来没有受人冷遇过。他清清嗓音说：“拉措，跟我下山吧。”

拉措停下来说：“少爷的命令我肯定要听从的，但不知道少爷让我下山干什么呢？”

莫尼若说：“我听说你阿妈是祖传的制药高手，打算来向她请教点草药的事。”

拉措听了不敢耽搁，收拾了东西跟在莫尼若的白马后边回了家。

一打开院门，满院的桂花香扑面而来。青珍却不在家里。拉措只好请莫尼若到屋里稍等。“我去给您泡茶，少爷。”拉措低着眉眼说，她觉得跟莫尼若这样的人站在一起压力很大。他身上散发着神秘的香草气息，那水晶般高贵明澈的气质令任何旁人都失去光泽。

莫尼若慢慢走到一株桂树下，抬头欣赏那一树碎金子般的芳香花朵。

拉措泡来一壶茶放到树下的桌子上，又不知该说什么了。她白皙的脸微微发红，头发略有些凌乱，耳后还带着田里劳作时流下的汗珠。

“拉措，你来。”莫尼若站在桂花树下说，他优雅地朝拉措伸出一只洁白修长的手。

拉措就像做梦一样走了过去。

莫尼若用他洁白的手握住了拉措的手说：“你愿意嫁给我吗？”

青珍这时刚刚从地里回来。她一只脚刚要踏进院门，就听到了这句话，惊得她立刻就僵住了脚步。

莫尼若和拉措都没有发现青珍。他接着说：“嫁给我吧，拉措。”

多年以后，拉措已不记得当初自己是用了多大的毅力，才拒绝了莫尼若的请求。她说，拒绝像莫尼若那样的男子，是世间女子极大的困难。

当时，拉措几乎认为自己是在做梦。她看着晨光之中的莫尼若，他完全就是一个包在玉白色的光芒之中的梦境。她悄悄地咬了自己的嘴唇，很疼，于是她就想，不是梦，是真的。

在经过了漫长得仿佛过了一个世纪的沉默之后，拉措回答莫尼若：“我不能嫁给你，少爷。”

拉措的理由很简单，她说：“你对我有恩，我将铭记终身。可我不能以妻子的名义站在你这样一个完美无缺的男人身边，而丝毫不觉惭愧。”

他是完美无缺的，从出生那天起，他占尽上天的宠爱，集美貌、财富、地位、才华于一身。谁能有他这样的好命？谁又能以同样的完美与他同行而不会被他的光芒所淹没？拉措想，这个人也许是有的，但绝对不是她。

莫尼若说：“你也是完美无缺的，拉措。”他一头柔亮的黑发随意披在肩上，额前垂下的发丝掩不住眼里满池的柔情。黑色的狐皮大氅衬着他的修长与华贵，他双颊微红，柔美洁白的肌肤似是吹弹可破。一阵微风袭过，他耳际的包银翡翠耳珠发出清脆的叮当声。他轻启线条美丽色泽迷人的嘴唇，耳语般地说：“拉措，你再想想，是不是找不到理由拒绝我？”

然后他在拉措没有任何准备的情况下，忽然一把就将拉措抱在了怀里。一阵特殊而迷人的气息立刻就将拉措淹没了。她呆在他的怀里，一动不动，她听到他的心跳，感受着他纯净而伤感的气息，如梦如幻的美丽和感动，如潮水般一圈一圈地荡漾开来。

这个男人此刻就是狐仙下凡，那妖孽般的魅惑气息让拉措觉得天都要塌下来了。这时屋里忽然传来了英都的哭声。

英都的哭声把拉措从迷乱中解救出来了。她强迫自己把眼睛从莫尼若身上移开，看着自己家的茅草房。这样一来，她就明白了自己的身份，她从来都是一个奴隶家的平凡女子，不是什么仙女，虽然仙女已经成了她的民间封号。

既然一个是神，一个是人，就不要有什么非分之想，就脚踏实地，就一定得回过神来。

当然，最重要的，是她想起了阿鲁，想起了他的薄荷糖，想起了他披风上的味道，想起他对自己的切切情意。拉措就更清醒了。她想：阿鲁与莫尼若相比，阿鲁是真实的，而莫尼若是一个美丽的梦境。正如她说过，阿鲁是凡人，而莫尼若呢，是庙里的神。于是她从中毒一样的魅惑状态之下摆脱出来，她轻轻推开莫尼若，从那个令人眩晕的怀抱里逃出来了，并朝他行了个大礼。

她说："少爷，感谢您看得上我，那是我莫大的荣幸。可一个人的福气有多少，是上天注定的，我相信我的福气没那么多，多到能嫁给少爷您。那是因为我是奴隶的女儿，我自小就明白想要过好日子，得靠自己的双手去挣。我的双手粗糙有力，端不了贵族家的细瓷小碗。祖训说如果越过上天注定的界限去强求更多，那就叫不自量力，只会引来灾祸。我不愿因我一人，祸及其他任何家人。"

最后她说："还有，我答应了阿鲁少爷，要等他。"

最后这一句，让莫尼若眼中的那份蛊惑人心的光亮慢慢熄灭了。隔了半晌，他叹息了一声。这一声叹息也美如夜色下忧郁的水仙。他说："你喜欢我的兄弟？他也喜欢你吗？"

拉措低头不语，她心里发酸，她确定自己是喜欢阿鲁的，但她不确定阿鲁是否真的喜欢自己。她觉得非常委屈无助，慢慢地眼泪就涌了出来。

莫尼若用他洁白修长的手指擦去拉措脸上的泪水，他眼角也有些湿润的亮光。他说："好，我不逼你了。这样吧，你给我唱一段阿色调吧，随便哪段都行。"

拉措吸吸鼻子，一脸委屈。但她没有拒绝他，她拉起他的手，把他带到海棠树下的椅子上坐了下来。然后她蹲在他的脚边，轻依着他，唱起阿色调里神仙造人的一段。

桂花雨一般落下。青珍就站在门口一直看着他们，克制着没有打扰他们。不知不觉，她流下了眼泪。多么美的一幕啊！她心里是希望拉措答应莫尼若的，那样拉措所有的问题就全都解决了。可是，拉措的回答不仅让莫尼若失望，青珍听了也无比绝望。女人就是这样奇怪，什么权势、地位、财富，天天梦寐以求，但当这些东西忽然唾手可得，又觉得那是一个烫手山芋。

莫尼若闭着眼睛，仿佛睡着了。他长长的睫毛根根分明地落在眼睑之上，就像一对黑色精灵的翅膀停在他雪白的脸庞。拉措忍不住想，他是不是神仙依照自己的样子造出来的？

唱完了最后一段，莫尼若睁开了眼睛——精灵展开翅膀，要飞走了。

他站起来，轻轻地吻了吻拉措的头发，没有说一句话，转身走了。他经过青珍身旁，看了她一眼，对青珍目瞪口呆的表情视而不见。他忽然想起了什么似的说："青珍，你回来了？我正要找你。"

青珍像是从梦中醒来。

莫尼若像是什么都没有发生一样，请青珍给他看病。青珍本来很有信心，她说她非常乐意为大少爷解除病痛。当她听了莫尼若描述的病情之后，又给莫尼若号了脉象，看了舌头和皮肤，她就感觉自己快死了。她给三太太阿月秀的毒药，怎么会用在了莫尼若身上？

莫尼若一直用明亮清透的眼睛看着青珍。他看见这个配药高手在他面前冷汗如雨目瞪口呆的样子，就更加确定了自己的判断。

但莫尼若没有任何表露。走的时候，他说为了不让土司家的茶叶收入受到影响，明天他会派人手来帮助拉措。

他就这样轻飘飘地走了。他的温和与恬静更加让青珍愧恨难忍。她神经质地站起来又坐下，最后说她要进山找一味药，并且声明不许拉措跟着她。

青珍离开家，直奔土司府去找阿月秀。她一定要问个清楚，她那个对付鹿丫的毒药，怎么会用在了莫尼若身上。

莫尼若从茶山下来时，半路上遇到了阿果。她一看见莫尼若就像看见救命稻草，所有的不快和烦恼都没有了。如果不是有两匹马和一个仆人挡着道，她可能就会飞蛾扑火般扑进莫尼若的怀抱里。

可是莫尼若却没考虑过把自己的怀抱留给她。他说他还要去找哈比商量抄写毕摩经的事，就离开阿果绕道走了。他的冷淡激起阿果心里无限的愤慨，她决定去茶山见识一下那位传说中的“仙女”。

阿果只看了拉措一眼，心里就告诉自己：阿果啊，让你一辈子不得安生的人出现了。

尽管她粗布衣裳，贫穷简陋，尽管她瘦弱疲惫。可是这一切，都无法压住她那与众不同的美所绽放出来的力量。

拉措也看了阿果一眼。她不明白这个华丽的贵族小姐满脸敌意地跑来自己家里干什么。她倒觉得这个小姐长得漂亮，很华丽。可这位小姐没有说一句话就走了。她的裙子像彩云般飘扬，那是多少年轻女孩喜欢的云彩啊。可这位小姐毫不爱惜地让它们被路边的刺白花挂开了一大个口子。

拉措说：“今天是什么日子，那么多贵族跑来我们家？”

她为自己推掉了莫尼若的求婚感到一身轻松，她拍拍身上的灰尘，进屋给小弟弟煮米粥去了。

很晚，青珍才回来。她在阿月秀那里得到的答复是：毒药确实下给了莫尼若。阿月秀说她的计划更伟大，她要除掉莫尼若，让阿鲁当上土司。这样才是彻底解决所有问题的方法！

青珍跌跌撞撞走在回家的路上，一边走一边哭。她意识到自己犯了天大的罪，即便一死，也不足以洗清。毒药是她亲手配好递给阿月秀的。这跟她亲手谋害莫尼若又有什么分别？她在心里对死去的杨清远说：我这样的傻瓜还活着干什么？时间不会很久了，我很快就会来找你的。

拉措毫不知情。上半夜她的脑海里充满了莫尼若身上的香味，是那种很好闻的味道，像青草，像雨露，像森林里的阳光，干净而又温暖。可到了下半夜，阿鲁送给她的披风里的味道就钻出来霸占了她的心绪。那小兽般神秘野性的气息钻进了她的记忆里，占领了她梦境里的每一个场景。

33

大毕摩哈比的家全是土掌房，一共有六间，呈一个半“回”形。院墙是一些随意搭起来的竹片，上面攀着红色的夹竹桃，房前屋后种着香樟、吴茱萸和桂花，还有大片大片的紫苏、艾草和鹰爪豆。鸡和鸽子在这片芳香四溢的植物丛中此起彼落。天色将晚的时候，莫尼若就顺着那条种满了核桃树和梨树的小道，来到了哈比的家。哈比早在门口恭迎，他对莫尼若今天要来拜访早有预感。

哈比恭谦地给莫尼若行了大礼，说：“少爷，您来了。”

莫尼若伸出他洁白高贵的双手，搀起了八十六岁的老哈比。“你知道我要来。”他说。

哈比将莫尼若引进屋子里，火塘边坐着烤茶吃的几个人纷纷低着头退了出去。

哈比说：“少爷，请上坐。”

莫尼若点点头，在火塘边的松毛地上打了个盘腿。宽大的黑色袍子“哗”地随着他坐下的身子从空中落下，荡起一阵芳香的风。莫尼若正襟危坐，眼睛隔着烟雾与香茶，星星一样明亮地直视着对面的哈比。

唉！每当面对这双眼睛，老哈比就觉得既高兴又难过。他甚至自私地希望对面这个男子不是土司少爷，他就可以收他为徒，把自己一生的学识传授给他。有莫尼若这样天赋极佳的人做传人，他甚至愿意早死两年。不过这话他可不能对莫尼若说，那是犯罪的想法。

哈比烤了一罐老茶，将开水“嗤”的一声冲进茶罐，咳嗽了两声。他将茶水细细注入一只粗陶小杯，递给莫尼若，并仔细地端详着他。他白，真白，衬着一身高贵的黑衣，这个孩子像牛奶中泡出来的，又白又嫩。高原阳光一点也没把他晒黑。他喝茶的样子娴静节制，不像那些野地泥塘里打滚的倮倮娃，一出手就是一股浓烈的山区味。当然，他是土司的大少爷，他理应这样的贵气。可是今天的莫尼若，脸上有着某种说不清的黯然。

哈比说：“少爷，您病了。”

莫尼若脸上的微笑难掩他深深的忧虑，说：“是的，近来梦中出现了一些不好的东西。”

哈比说：“我们先来占卜一下如何？”

莫尼若点点头。哈比就弯着腰迈着苍老的脚步，去里屋取出了羊骨卦和火燎草。占卜的结果令哈比大吃一惊，羊骨在火燎草的烘烤下竟然破了一个洞，黄色的火焰变成了妖异的幽蓝。哈比失声说：“少爷，您中人暗算了。”

莫尼若轻轻地点点头，说：“我想我是中毒了。”

哈比说：“原来您真的早就知道了。让我来给您看看那是什么毒吧！”

哈比站起身来，一边唉叹着，一边跌跌撞撞地取出经书、系着豹齿和虎牙的签筒、法帽、法铃、法扇、鹰爪、野猪牙等一堆法器来。他郑重其事地戴上了法帽，闭上眼睛口中念念有词，拿着法器在莫尼若头顶绕来绕去。隔了一会儿，他有了答案，睁开眼睛说：“少爷，这是长在摩玛山的毒草，不止一种。它会让您周身无力，慢慢无法站立起来。”

莫尼若说："现在还有救吗？"

哈比的眼睛又闭上了。他拉过莫尼若的手仔细地闻，一个指头一个指头地摸，然后又摸他的脸、耳朵、鼻子，看他的舌头。最后哈比说："所幸中毒不深，有得救。"

莫尼若依然端坐在那里，慢慢地喝着茶。过了一会儿，他说："你一定觉得奇怪，我怎么会吃了长在摩玛山的毒草？"

哈比点点头，又摇了摇了头。他的手也颤抖起来了。

莫尼若从怀里拿出一只描金木盒，里面是一些灰白色的粉末。他从粉末里挑出一点递给哈比说："这是贝母粉，还有少量麻黄，是治我咳嗽的药。中毒前，我天天都在吃这个。"

哈比接过粉末送到嘴里闭上眼睛仔细地品尝起来。隔了一会儿他将药粉混合着一口浓痰呸地吐了出来："呸，真是的，里面混了其他东西。几种药是大反，混在一块毒上加毒。少爷，这下毒的人识得些草药啊！我来看看这害人精到底是谁吧。"

哈比又占了一卦。念着念着，忽然大叫了一声，像被人推了一掌似的摇晃了一下。他紧闭着眼睛，久久不愿睁开，像是有什么人捏住了他的眼皮。他害冷病似的簌簌发抖，不停地喃喃自语："作孽啊！作孽啊……"

莫尼若笑得有点凄凉，说："下毒的人就在我身边，她并不懂得草药，但给她配药的人却是高手。"

哈比一下子就跪在地上抓住莫尼若的手。他低声哭泣着说："少爷，您比哈比聪明，什么都看到了。可您真是个可怜的少爷啊！"

莫尼若说："哈比啊，你别哭了。这事只有你知我知，明白吗？"

"不，少爷，这事应该一查到底，把谋害你的人全都抖出来。他们谋害的是罗玛沼未来的王，这事太严重了，这是谋逆！"哈比悲愤地说。

但莫尼若不同意。他说："哈比，如果这样做，会死多少人？你算算。"

哈比嘿嘿冷笑几声，说："怪不得你父亲有一次告诉我，说阿鲁长得像他的爷爷，也就是上一代土司热雷同格。上一代土司虽然很强悍，把罗玛沼的地盘扩张到了最大，可是莫尼若你知道吗？热雷同格的土司之位是他从他哥哥那里抢来的。他本来是排行老二，如果不是心狠手辣地杀了他的兄长，他怎么能当上土司……”

莫尼若轻轻摆一摆手说：“往事不必再提。阿鲁从小想的就是当英雄。想当英雄的人，不适合当土司，也不会想当土司。我相信阿鲁跟下毒的事没有关系。”他的表情像是解开了一道谜题似的轻松。他甚至静静地拍了拍老哈比的手，安慰起他来：“别急，哈比。你看你，累得一身汗。”

哈比抓着莫尼若的手呜咽着说：“少爷，这虽不是哈比管得了的事，但我真为您的处境感到担忧。”

莫尼若叹了一口气，半晌没有说话。哈比听出莫尼若那一声叹息中气息郁结，心神空虚。

哈比说：“少爷，这几天我夜观天象，感到罗玛沼要变了。但变的结果是好是坏，阴晴不定，我还看不出来。”

莫尼若还是不说话。他依然保持着高雅的微笑，细细地品茶。喝完一杯，他又喝了一杯。然后他倒了一杯茶给哈比，开口说：“罗玛沼的飞崖危峰，层峦叠嶂，草甸沼泽，沟溪河坝，那些全是神的喜乐之作，从来不属于任何个人。即便是土司，也不应该拿神的土地来当作自己享乐富贵的资本。如果当土司的人明白这一点，那改变的结果当然就是好的。”

哈比听了感慨万分，说：“少爷，你虽是哈比的学生，但今天看来，无论长相、谈吐、德行、智慧，你都是能与神仙站在一列的人物了。”

莫尼若说：“为了罗玛沼的安宁，也为了我们一家人的和睦，哈比，从明天起你来给我治病。然后，关于毒药的事，我会忘得比谁都彻底。”

莫尼若恭恭敬敬地喝完茶，起身走了。哈比望着他的身影消失在深蓝的星空下，目光中满是爱怜与惋惜。

土司府里的气氛跟莫尼若的心情完全不一样。虽然才吃过晚饭不久，院子里又红灯高照，在鲜花丛中摆开了美酒和美食。

莫尼若一进门，土司就朝他喊："来来来，我们家来贵客了。"

客人是一个外国人。他长着鹰嘴一样的鼻子和一头银色的头发。莫尼若看见他的眼睛，他想他是看见了蓝天——这是一个有着蓝色眼睛的人。

"我叫安德。"外国人对莫尼若说，他笑得很亲切。

他穿着中国汉人的衣服，像某种卷毛动物，身上也散发着类似动物的味道，他自嘲说，中国人都说西方人有膻味，这大概跟他们喜欢吃胡椒牛排有关。

土司告诉莫尼若，这个外国人是昆明的张大人——就是曾经想把女儿许配给莫尼若的那个张大人的朋友。土司开玩笑说："张大人女儿嫁不成，想嫁个外国人来罗玛沼吗？"

他这话把所有的人都逗笑了。安德搞不懂他们笑什么，但他礼貌而又热情地跟莫尼若握了手："我已经从张大人那里听说过您是位了不起的神学家和诗人。张大人曾经送给您一本圣经，那就是指引我来到此地的明灯。"

他接着说他来自美国，是不远万里来到中国传教布道的神父。"那是一个与罗玛沼相隔千重山、万重海的国度。但是，因为有天父的指引，我来到了这里，我将要把天父的爱撒播到这块美丽的土地上，指引人们远离罪恶，让千万灵魂得到救赎，最终奔赴天国。"

安德穿着一身打满补丁的黑色棉布长袍，打理得干干净净，手里还拄着一根木制手杖。他身上有慈祥而尊贵的气质，莫尼若很喜欢这样的气质。

安德说他的理想就是要做一个像伯格理那样伟大的传教士，让罗玛沼也变成像石门坎那样能够得到上帝的庇佑和垂爱。"那里的苗民自从接受了伯格理神父的教诲，接受了上帝的福音之后，他们即便生活在贫穷困苦里，心灵也是高尚的、幸福的。他们得到了上帝的帮助，建了学校，享受到了文明之光的照耀，伯格理神父还为苗民们修建了游泳池……"

土司对安德说的天父和圣经都没有兴趣，但既然是张大人的朋友，他就得好好款待。

他说："安德神父，你有什么需求，就跟莫尼若提吧，对神灵的故事，他知道很多。”

土司打着呵欠，由夫人们陪着回房了。仆人们的酒菜源源不断地抬上来，可安德面对一桌子丰盛酒食，表现出了高贵的节制，他只是浅尝即止。每上一道菜，他就要在胸前画个十字，咕哝几句。

安德只吃了很少一点就停止进食。他开始向莫尼若提出要求，说：“如果我能够提出请求，就少爷准许我从明日起在罗玛沼布道传教，发展教众。如果可能，给我一个栖身之所最好，只要能睡得下去，能放得下这枚十字架就行了。”他说着指了指胸前挂着的十字架，说：“也就是说，能放得下我的心就行了。”

安德神父接着向莫尼若讲起了圣经。他说，罗玛沼也应当是一个文明的、充满爱的大彝区。

他将今天在土司家的待遇归功给上帝。他说：“感谢上帝，让我遇到那么开明热情的土司。”

莫尼若就笑起来，说：“你们感恩的神只有一个上帝，他只用了七天就造就了世界，他的法力无边，但他为什么要这么匆忙？我们的神跟你们的不一样，他创造世界，经过了漫长的琢磨和打造，用黑虎的身体来重塑天地。接着洪水淹没大地，是阿普笃目兄妹俩在各种动物和植物的帮助下重新繁衍了人，所以罗玛沼人感恩的是虎神、祖先和世间万物，不是某一个人。”

安德神父说：“少爷，如果您接受了上帝的福音，一定能够感受到他那无所不在、无所不能的力量的。”

莫尼若说：“好吧，安德神父。我允许你在罗玛沼传教布道，你的栖身之所，我会叫人帮你安排。不过，罗玛沼的人民几千年来都相信万物有灵，他们崇敬倮倮人伟大的祖先，也信仰拯救了天地的虎神。若干年前他们又接受了老子的道德经，还接受了密宗大黑天神的庇佑。他们的土主庙里供着土主和太上老君，也有送子观音和送子神童。村民们遇到困难和灾祸，会去向大黑天神祈求保佑。

“你看，罗玛沼这块土地上，神灵是很多的。但我觉得你的圣经也很好，你就大胆地去宣讲你的道义吧，我认为教人慈悲向善的神明，都应该得到人们的追随与崇敬。”莫尼若说。

安德与莫尼若一直谈到很晚。最后他站起来对莫尼若说：“少爷，这么多的饭菜，您是全部赐给我吗？”

莫尼若说：“那当然，都是你的。”

安德就从桌子边上拿出他随身带着的一个大竹筐，把那些只吃了一点点或者一点都没吃的食物秩序井然地放入筐里，然后他就向莫尼若告辞，说要把这些食物送给露宿街头的流浪汉。

次日，安德神父得到土司少爷莫尼若的批准，在周复生家的小银铺旁边得到了一间属于他和神的小木屋。他开始在木屋里摆上传道的书籍和图画，并于每天清晨，敲响一面小铓锣，走街过巷去布道。

34

罗玛沼的田野因为罂粟花，整个夏天都呈现出了从未有过的美艳。到了秋天，地里花已凋落，青色的果实已经成熟了。它们沉甸甸地垂着头，像一颗颗虔诚地想要亲吻大地的头颅。

依照当时与刘县长的约定，他先派来了十多个技工教罗玛沼人收割大烟，他将稍后带着熬制烟膏的人和学期结束的阿鲁，从楚雄赶来。

这时，莫尼若的别院已经初步建成了。整个土司府甚至罗玛沼，都有种充实、丰收、外露的喜悦和富足感。只不过，这种富足感的根基有多深，可能除了哈比和莫尼若，没有谁认真思考过。

在罗玛沼，收割大型作物前都要举行祭土主仪式。土司先让管家发出号令，将各村寨能干活的人都召来收割大烟，然后带着哈比和长老们去摩玛山土主庙献祭。

鹿丫立即自告奋勇，要去茶山通知拉措前来割烟。管家白了他一眼说：

“你还有脸去？不记得杨清远是怎么死的啦？”

鹿丫说：“大管家，摩玛茶山那么远，路又不好走，道上还会遇着狼。做这种差事，我当然是比你老人家方便点咯。”

管家撇了撇嘴说：“好好，你去吧，你脸皮厚，鬼都怕你。”

鹿丫嘿嘿笑着将手里的烟锅塞给罗吉管家，没忘了跑回去拎了两盒红糖，哼着小调朝茶山跑去。

土主庙建在摩玛山南部的一个分支上。山不算高，但异常陡峭，雪松和爬地柏的间缝中裸露着巨大的黑色石头，岩羊可以走，马是上不去的。这个季节，马缨花硕壮的树冠里住满了蝉，粉红杜鹃和野山茶花期已过，它们享受了一个夏季的雨水和阳光，茁壮的长势几乎要把唯一一条上庙的路都掩盖起来。土司等人来到山脚，便弃马步行，这也是为了表示虔诚。他挽起大裤腿，精力充沛，红光满面，走在第一个。可哈比就不行了，才走了不久，他就磕磕绊绊，精力不济，远远地落在后面。土司在路旁的石头上坐下来等哈比，下人们拿出葫芦，倒了茶水奉上。

待哈比走近了，土司看到他的头发已全白了，上眼皮耷拉下来盖住了眼珠，青色的眼袋又垂到颧骨上。他身上散发出沉沉的暮气。土司心想：不知不觉，他们的大祭司已经老得不成样子了。他叫管家端了茶水给哈比，又让人去搀着他，好让他走快一些。可没走两步，哈比就叫着走不动了。土司不耐烦地说：“哈比，你难道是告诉我你要找接班人了吗？”

八十八岁的老哈比一屁股坐在地上唠叨开来：“我是要找接班人了。我已经八十八了，在上一代土司那里，我当了二十年毕摩，在老爷您这代，我又当了四十八年。我还从来都没想过要为那些不吉祥的花去祈求土主。那些毒草已经在老爷的土地上生根结果，我看日后那片土地要遭报应的。”

土司淡淡地笑了笑，脸上显出一些柔和来。他想哈比说得没错，他确实是两代元老了，对土司家，是没有功劳也有苦劳的人。土司说：“我叫你来，不就是让你去化解报应的么？”

哈比叹息着说：“老爷，您一定不知道大烟是什么草吧。它是魔鬼的化身，能摄走人的精气神，把人变成一具没有灵魂的皮囊。”

土司叹了口气说：“我只知道大烟能换来银子。还有啊，它们马上就会被人买走了，我只要银子到手，就把地翻回来种上苞谷，行了吧？”

哈比喋喋不休：“这些大烟，你想想看，那么多大烟……它们能收走多少人的魂魄啊？祸害啊……”

土司不高兴了。他站起身来说：“我回去了。今晚哈比就留在土主庙，多陪陪土主吧。”

哈比坐在地上悲哀地说：“只顾眼前利益的想法，是邪恶的。可是似乎历代的统治者，想的都只是自己眼前的利益。你们只想现世报，不想来世积福……”

不过他这话，被逆向的风给吹远了，土司没有听见。

鹿丫带着红糖和一袋大米到拉措家，在门口遇着青珍。青珍不让他进门，说拉措也不能去割烟，因为茶田没人管。

鹿丫不依，说如果拉措不去割烟，他就要把茶田烧了。

鹿丫话音一落，一盆冷水“哗”地从天而降，拉措手提一只木盆怒容满面地站在他面前。她两眼喷火，怒气满胸，头发都像要竖起来似的。鹿丫给淋了一身，头发全都耷拉在脸上，可他仍认为这怒火中烧的姑娘依然是他见过的最美的姑娘，她身上的气息令他心痒难耐。他不怕她的怒火，甚至想把这火引到自己身上来，和她一起烧，把他满心的瘙痒烧个痛快。

鹿丫抹一把脸，拿出红糖和大米递给青珍，眼睛像长着钉子一样定在拉措身上，没有要走的意思。青珍不敢不接鹿丫的红糖，拒绝身份高贵的人送来的礼物，是要被惩罚的。但她实在不想接。就在她犹豫的时候，拉措一步就抢上来，火冒三丈地一把将青珍拉开，顺手就将鹿丫递来的东西摔到地上。

“妈，跟不是人的东西客气什么呢！”她说完就抢过扫把“哗啦哗啦”地将一地灰尘和枯木落叶往鹿丫身上扫，说：“晦气，一大早就吹来那么多脏东西。”

鹿丫只好怀抱红糖，带着梦幻似的微笑被拉措扫地出门，又嘿嘿傻笑着骑上马，打道回府。摩玛山的秋色令人心旷神怡，鹿丫唱起了小调：

想你想你真想你，把你画到枕头上，天天晚上靠着你。想你想你真想你，把你绣到被子里，天天晚上抱着你。

他这样唱着的时候，心里有了一个让人飘飘欲仙的构想，拉措在这个构想里，俨然已经投入他的怀抱。他想，他一定要把这匹倔强的小马拴在他这棵大树上。

青珍对今天发生的事和明天将要发生的事惴惴不安。天一黑，山上就起了雾，湿漉漉地将拉措家的小屋包围起来了。青珍心里难过得像要滴下水来。拉措见了，在院子里燃起了篝火，给青珍煮了两个酒酿鸡蛋，拉着青珍坐到篝火边上。

“妈，来教我唱歌吧！”她说，“割烟也就是三五天的事，又不是生离死别。”

拉措是苦中作乐硬撑着，她脾气倔强，性子清高，宁可自己吃苦也不想看人脸色。

“我们来唱青棚调，太阳和月亮的故事吧。”青珍拉着女儿的手说。

两人就开始唱：

月亮心头有什么，月亮心头桫椤树。除了月亮有太阳，太阳心头有金针，抬头望望刺花眼……太阳不照背阴地，月亮不照转弯路……

唱着唱着，青珍的眼泪就流下来了。她的心情无比复杂，就像无数根乱麻缠绕在一块儿解不开。她停止了唱歌，把拉措的双手握在自己手中，她决定告诉女儿目前她处在一个什么样的境地。

青珍说：“拉措啊，你翻过年就十七岁了，我该把一些听着不好听，但却是明摆在眼前的事实讲给你听听了。我从你爹说起吧。你爹是土司家的奴隶，我以自由人的身份嫁给他，也跟着他变成了奴隶。所以，你、你哥、你弟弟，我们一家人，都是土司家的奴隶。奴隶不能自己外出做生意，也不能拥有自己的田产。奴隶的孩子，长大了该去哪儿，都由土司家说了算。就比如你哥哥出走的事一旦被发现，就会被当作谋反来定罪，土司可以杀了他，也可以把他当牲口卖掉。你爹还在的时候，我就向三太太求情，请她找个机会让你恢复自由人的身份。只有这样，你才能为自己的婚姻做主。可是一直到现在，她也没有给我回话，眼看鹿丫这野狗已经咬上门来了，如果他真想强占你，他是可以请土司老爷把你赏给他的。甚至，他也可以把你卖给别的土司家……”

拉措睁大了眼睛，双手抱在胸前惊惧地说：“我会被卖掉？你不同意，他们也会卖掉我吗？”

青珍点了点头。她把拉措拉过来，搂在怀里，抚摸着她的头发说：“这茶山的差事是个苦差事，你爹走了，世雄那没良心的也跑了，我们母女俩确实是顾不过来的，这土司老爷也看得出来，我得在他把茶山交给别人之前，求他恢复你的自由人身份，只有这样，你才能自己做主找个好人家嫁了，彻底逃脱被卖掉的可能。所以，那天你拒绝了莫尼若少爷，我想你是不是错了。”

“阿妈，你都听到了，我喜欢的是阿鲁少爷。”拉措说。

“可是拉措，那么长时间了，阿鲁来看过你一次吗？”青珍说。

拉措心里也没了底气，细声细气地说：“他不是去楚雄了吗？”

母女俩就沉默了。青珍想的是莫尼若中毒的事和自己被阿月秀所骗的事，心潮起伏，难以平静。拉措想着阿鲁少爷到底什么时候才回来，他回来了又会不会真的来找她？她还想起了山下那个纷繁复杂的镇子和上一次去土司府的遭遇，不由得心里发抖。世雄走的那天说的话就回响在她的耳边：罗玛沼那么大，但是没有一根草、一寸土是我的！

拉措冷似的紧紧抱住了阿妈。青珍也把拉措肩膀搂在胸前，慢慢又哼起了歌。

篝火慢慢熄灭了。拉措忽然抬起头来问：“阿妈，你明知道嫁给爹就失去自由人的身份，为什么还要嫁他？”

青珍的身子震颤了一下。良久，她说：“唉，他呀，是我第一眼看见就喜欢的人。”

那究竟是一种什么力量呢？拉措想问。可她又想，不如留着这个问题，以后我自己去解答吧。

两天后，除了老弱病残，几乎所有的劳动力都被土司招来收割大烟。被土司召集来的村民全都集在大核桃树下听候安排。他们大多是傈僳人，也有少数汉人和傈僳人。不过他们大多是彼此相识的，只有拉措例外。

她因为极少来镇上，算是一个陌生人。这也是她首次与罗玛沼的村民们一起共事。她穿着青色的麻布衣服，挽起的头发上压着黑色土布头帕，和那些穿红着绿，戴着公鸡帽的姑娘们相比，在这群人中，她让自己像一坨土一样不起眼。然而尽管如此，还是有人把她的美从土布衣服和低调态度里挖出来了——她露在衣服外面的肌肤过于洁白，散落在肩膀上的头发也过于黑亮，还有，她的脸，这怎么能藏得住呢？那张只有传说中仙女才有的脸蛋，那双只有星星才配得上的眼眸，那张蔷薇般红润的小嘴。当然了，还有纤细的腰和一转身就显露的玲珑曲线。就连那双草鞋里露出的几个脚指头，也是那么白嫩可爱。这些都是藏不住的，这群人里没有瞎子，哪个会看不见这份呼之欲出的美艳。

女人们向她投来嫉妒又好奇的眼光，男人们就不用说了，个子矮一些的，都拼命往前挤，希望自己的眼睛能够闪亮一下。

罗吉管家来了。他发表了一通讲话，告知这群村民白天到烟田劳动，夜晚集体住在烟田边的青棚里，吃饭由土司府提供。这让拉措感到非常忐忑，她无法想象跟那么多人住在一个树棚子里会是什么状况。罗吉管家在几十个人当中，很轻易地看见了拉措。他对这个在赛衣会上公然抵抗土司的姑娘印象深刻。这姑娘太漂亮了，她混在这群村民中间，像一只太阳鸟落在鸡群里。管家的眼睛横向一扫，便瞧见了男人们不安分的表情。于是大声说：“大家听好了，这活干得好了，大家都有好处，土司老爷不会让你们白干的。干不好，就跟鹿丫总管的鞭子说话吧。还有，这次来的有几个小姑娘，你们这些骚老倌，收敛着点，莫吓跑了人家。”

罗吉管家的话引起一阵哄堂大笑，男人们就嬉笑着环顾一翻，把人堆里的小姑娘都看了一遍，最后他们都把目光都集中在拉措身上。

拉措赶紧低下头。男人们的心思，有时用鼻子都可以猜到，不一定用眼睛。雄性动物想要引起异性的注意并且讨好异性时，就会散发出一种气味——具有攻击性的微甜，和腺体搏动产生的腥味。现在拉措已经闻到这气息在四下里弥散开来了。

这可能因为拉措自小生活在大山里，跟各种动物比较熟悉的缘故。她一直认为人跟动物非常像。她被几个年轻男人盯着看了好一会儿，他们推举一个肌肉男过来问她叫什么名字。拉措假装茫然地看着他，摇着头表示听不懂他的话。

“是个哑巴……长得倒是爱诺诺的。”那个男人露出了同情和怜悯的表情，继续逗拉措，“看得懂手势吧？”他做了一个喝酒的手势。他假装正经的样子让人觉得好笑。众人都哄笑起来。

“你，别闹了。”一个中年女人走上前，把肌肉男推开了。中年女人嗓门并不大，但浑厚湿润，像一层厚厚的积雨云，能把人们的躁动罩住。她一说话，别的人都只有闭嘴，看得出来，她是一个有发言权的人。她说：“我知道她，这个姑娘名叫拉措。她的名字很多人知道，但你们可别惹她，因为她父亲是罗玛沼的茶师杨清远。你们都喝过他的茶，现在，这小姑娘还在服丧呢。”

男人们就不敢说话了。逗引一个正在服丧的女性，是倮倮人所忌讳的。

拉措对中年女人说：“谢谢你。”

女人笑了一笑说：“原来你不是哑巴。”她说完就转身走了，脚步十分有力。

热火朝天的割烟行动开始了。刘县长派来的人认真地指导村民们收割大烟的方法。他们被分成以两人为单位的若干小组，一前一后排列，前面的割，后面的收。青色果实在前面那个人的小刀下流出了乳白色的汁液，每隔几分钟，后面紧跟着的人就用竹片把汁液刮进一只小罐子里储存起来。刀锋的长度都是固定的，一次割多深，口子有多大，都是刘县长的人说了算，他们严格规定每一个果子的切割次数，不许多割也不许少割，不许割得太深，也不许割得太浅。

鹿丫带领着十多个家兵，随时监视着烟田里的状况，要是有人偷懒，他就朝他挥舞鞭子。罗玛沼的村民都知道鹿丫的鞭子不是开玩笑的。

老天爷也在帮着苏吉土司，这几天既不下雨，也不出太阳，在这样的天气里干活，人的心情是舒畅的。不光是因为天气好。人也好——都是青壮年，男女比例也刚刚合适。刘县长的人分组时分得也有意思，基本上都是男女搭配——男的在前割烟，女的在后面收，因为割烟较收烟辛苦，所以都让男人来干。

两天之后，村民们掌握了割烟收烟的技巧，人也都混熟了，烟田里便呈现出一派热烈友好的气氛，于是，整个罗玛沼上空，飘荡着罂粟浓郁而特异的香气，以及让人耳热心跳的情歌。

烟田里常常出现这样的一幕：不论是谁，不论他处在哪个角落，只要他一唱歌，必然就有人回应。一个变成一双，一双变成两对，两对变成若干对。唱着唱着，若干对忽然就组合阵型，变成一个群体对某一个人的攻击打趣。那个人有时是个汉子，有时是个小伙子，有时是一个小妇人，有时是一个大姑娘。如果歌词泼辣大胆，直接唱到裤裆里的玩意儿和被窝里的风流事，这个被攻击的人大多是已婚的男女。如果唱得含蓄缠绵，指东说西，那一般是某人在向某人表白，其他人则在帮腔。唱到高兴处，他们就有了动作，这时烟田里的一对或者两对男女就会离开烟田，消失于周边的树丛里。而那些剩下的人便开始起哄，起哄的意思有妒忌，也是助兴。接下来大方的媳妇和汉子们的情绪就正式被挑逗起来了。比如今天，那男的将一只罂粟果割开之后便指着乳白色的汁液挑逗周围的女人们，说：“啊呀，你们哪个媳妇的奶水淌出来了！”

女人们立即嬉笑着反驳说：“我看是你鸡巴里的那个水吧。”

话音一落，就引发了一场烟田里的追逐打闹，几个男的追到一个媳妇，一把拦腰勒住，大笑着摸她的奶子。那群女的立马冲上来把这几个男的掀翻，抓起泥巴塞进他们的大裤裆里。

这样的游戏每天都会上演，其代价常常就是罂粟被踩倒一片。汉人和倮倮人一般不参与这种游戏，只在旁边观望起哄。倮倮人对他们也有那么一点点客气，不怎么爱挑逗他们。刘县长的人对此则是非常在意。他们请鹿丫管一管这群无法无天的倮倮人，被踩倒的可不仅仅是一片罂粟，那可是白花花的银子啊！

对这种事鹿丫是懒得管的。这是罗玛沼人的生活方式，从古到今都是这样。即便地里种的直接就是银子，他们也会毫不在意地踩在上边进行这种游戏，而集体劳作为进行游戏创造了良好的时机。在倮倮人看来，女人的奶子天生就是给男人摸的，被摸过奶子的女人才算是有魅力。而男女在一处不唱些害害羞羞的调子，那也是十足的憨包。所以这种时候，鹿丫对刘县长带来的那帮汉人的建议只是随便听听。他的鞭子就对着空气甩一甩，算是提醒一下过于忘乎所以的男女。当然，鹿丫有更重要的事要做，他从早到晚都在想着摸一摸拉措的奶子，那少女的感觉肯定跟街上的婆娘们不一样。他骑着马在烟田各处转悠的时候，眼睛总是要或远或近地注视着一块特殊的地方，那里有最美的姑娘拉措，她青灰色的衣服在绿色的罂粟地里时隐时现，就像一只可爱的小野狐在跟鹿丫躲猫猫。鹿丫眯着眼睛想，就让你再躲几天吧，等秋收完了，我就向土司老爷提亲，让他把你嫁给我。

拉措在罂粟田里埋头干活，她根本不知道有一双眼睛在盯着自己，也不知道自己在那个什么都不干、只用挥舞一下鞭子就能过上好日子的人那里，被臆想成什么小野狐和躲猫猫。她只想着拼命干活，能尽早收工回家，每天挥汗如雨，腰酸背疼。烟田漫无边际，到处飘荡着曲调丰富、内容风骚的情歌，她常常被臊红了脸。那些男人们总是不甘心地向她投来好奇而热切的目光，他们对着她吹口哨，唱调子，眉目传情，发萌解惑，抛砖引玉，循循善诱。各种招式之后，他们发现她依然是最安静的一个，算是憨包吧。

拉措的搭档是个跟她差不多大的汉人小伙，她听别人叫他秋生。他不多话，也不跟旁边的人对歌，他和拉措一样，像个哑巴。干活的时候也跟拉措一样低着头，很认真的样子。不过他对拉措还算关照，比如送水的来了，他就主动帮拉措的葫芦灌满。

这天下午，天气变得有些闷热。送水的推着独轮车到了田边，大声吆喝着。秋生喝水很积极，跑得最快。他接了水转回来，好多人才陆陆续续地朝水车走去。

这次，拉措对秋生说了一声谢谢，是用汉话说的。

秋生惊喜地说："你还会讲汉话？"

拉措点点头。

秋生说："太好了，听见汉话，我不是那么想我娘了。"

拉措说："你爹娘都是汉人？"

秋生说："我爹是傈僳人，只认得喝酒。我娘是汉人，去年死了。我已经好久没有听见人讲汉话了。"

拉措说："我爹是汉人，他也不在了。"

两个人对望一眼，都觉着有些伤感。秋生说："以后我两个说话，就讲汉话好不好？"

拉措点点头说："这样好，我爹自小就教我讲汉话，他死后，没人跟我讲。"

秋生感激地冲拉措笑了笑，说："谢谢你，能让我有个讲话的伴。"

拉措说："我也一样。"

两人便低头干活去了。自从来到烟田，拉措还是第一次有了心情开朗的感觉。

夜晚是拉措最难挨的时候。烟田边的空地上，有两个用麻栗树和松树枝搭起来的大棚子，傈僳人叫作青棚。傈僳人家在举办婚丧大事时，就在屋外搭青棚摆酒席，招呼客人吃饭喝酒，对歌跳脚。也不知是哪个年代起，这种建筑的功效从实际用途提升到了一个精神层面上来，衍生出了优美的"青棚调"。那是任何人都无法唱完的一首歌，只有开始，没有结束。就看你家的酒宴摆的时间是长还是短，如果你摆一天，青棚调就唱一天，如果你摆一年甚至若干年，这个调子就可以一直唱下去，直到头发花白，人死灯灭。

烟田里的青棚，就是这样一个让拉措相当困扰的地方。她跟召来割烟的女人共处一室，大约二十个人。她们分成两排睡，脚对着另一排的脚。只有紧紧挨在一块，甚至身体也无法放平，才勉强睡得下。

松树的清香味早已被过于旺盛的人气烘干，女人们各具特色的体味混合成一种混杂的母兽般的味道弥漫了整个棚子，深夜达到最高值时，常常把人呛醒。当然，还有蚊子和虫子。

这些都不算。真正让人无法入睡的，是男女们彻夜不停地对歌。白天在田里劳作，罂粟的香味让人眼睛酸涩昏昏欲睡，但到了夜里睡在青棚里，她却被男女们唱得无法入睡。他们时而缠绵悱恻，时而伤情绝望，时而又奔放热烈。对歌的人有时是一对，有时是几对。他们的唱腔在夜里就像无形的手，在她刚要入睡时，一巴掌把她拍醒。这真是一种不疼不痒的酷刑，它的目的就是揪着你的心，让你跟着它不疼不痒，无休无止。拉措睁着眼睛，望着头顶上一只硕大的蜘蛛顺着屁股后头的细丝滑下来。她想，等回到家，就告诉阿妈，她终于见识到了青棚调的威力。

但拉措发现，除了她睁着眼睛，女人们都呼呼大睡。第二天，她黑着眼圈，而其他人似乎都精力旺盛。

在烟田里，拉措问秋生，晚上睡不睡得着。

秋生说："你一定是被他们唱得睡不着吧？"

拉措说："是啊，那歌声总往心里钻，不听也得听。"

秋生说："我教你个法子，去采点火草，拿火草绒塞住耳朵。"

拉措说："不管用，他们唱一个晚上。"

秋生说："你心里别想，空空的，就什么都没有了。其实他们唱的都是你想我我想你的那些，嘿嘿，自己没什么好想的，一躺下就睡着了，管他们咋个唱。"

拉措怔了一下，自语说："难道是我在想着谁吗？"

秋生瞄了她一眼，说："难说哦。"

拉措就不说话了，她忽然明白过来了，不是歌声困扰她，是她自己的心乱了。她想起了许久没有见面的阿鲁，还有好朋友周复生，不知道他们现在去了哪里，在干什么，会不会也像她想他们一样时常想起她。

周复生就是在这个时候回到了罗玛沼。

他和周老板回到家，发现他们多了一个邻居——安德神父。安德神父早出晚归，穿着和罗玛沼村民一样的衣服，讲着满嘴倮倮话，如果不是他的长相特殊，他就会被人们认为是罗玛沼的一个农民大叔。周太太跟安德神父相处得很好，她告诉周老板，她已经信了上帝，皈依基督了。

“你还吸大烟吗？”周复生问她。她说没法戒了。周复生说：“那你求求上帝帮你戒吧。”

周复生已经长成了一个壮实而英俊的大小伙子。他还是那么黑，但他的眼神深沉而有力，也不像过去那样整天吊儿郎当，他学得了一手造银饰的好手艺，最关键的是，他有了一把当初鹿丫打死杨清远那样的毛瑟手枪。

周复生回来的第二天，他就听说罗玛沼正在收割大烟，还听说拉措也来了。于是他戴着灰色的遮阳帽，穿着一身青色中山装，还戴着黑色的眼镜，比安德神父还像个洋人，来到了罂粟田里找拉措。

周复生的出现掀起了轩然大波，当场有几个姑娘就决定回去要请媒人去周家提亲了。不过周复生谁都不看，他目不斜视，一直到找到拉措，才把他的黑眼镜摘下来。然后他就大笑着跳下烟田，给拉措来了一个大拥抱。

拉措被他搞蒙了，但他的出现真是令她无比开心。他们跑到烟田边上的树底下坐着，拉措急切地问他这么长时间去了哪里？去干什么了？怎么穿成这样?

周复生说：“别管我了，你过得还好吧？”

拉措笑了笑说：“也没多少改变。”她心里其实挺悲凉的。

周复生说：“我去了昆明，还有重庆。你知道吗？外面的世界变得好快，美国人在昆明建了领事馆，外国人在中国是受到保护的。哼，我就搞不懂了，难道他们的命比中国老百姓要值钱吗？大街小巷都可以看见外国人耀武扬威地开着汽车。女人有专门的学校，她们穿着黑裙子，跟男人一样出入公共场合，脸上带着彬彬有礼的微笑，还会讲外国话。不过，现在世道也挺乱的，在昆明，我看见警察到处抓人，只要说你是共匪，立刻就一枪把你崩了。”

拉措听得出神，说：“共匪是谁呢？”

周复生说：“据说是和国民政府作对的另一个帮派。”

拉措迷茫地摇摇头，她的兴趣又回到学校上来，说：“女人可以上学校？那真是太好了……我爹教我的几十个汉字我一直在练，可后来就没有新字可学了。”

周复生说：“阿鲁少爷回来了吗？他不是去学汉语了吗？让他回来教你好了。”

周复生似乎已经忘了当初被拉措拒绝的失落和伤心，他非常自然地又跟拉措当起了好朋友，只不过后来不断有人来提亲，他都不答应。

35

等大烟全部收割完毕，烟田边上的树叶已经变成黄色了。这天对在楚雄的阿鲁和布勒来说，是归心似箭的一天。

这群罗玛沼的孩子在楚雄的日子已经将近半年多。各地学生五六十人，统统住在楚雄中大街的文庙里，分成白班和夜班，因为学校只有两个老师，白天和晚上轮流上课。

阿鲁和布勒刚来时，就被这座气势恢宏、红墙绿瓦、雕梁画栋的大庙迷住了。还没进大门，就可以看见屋檐下、柱脚边，都蹲着一座座雕工精湛的瑞兽。在门口，看不出这座大庙到底有多少个殿，只看见苍翠的松柏间，它层层叠叠地通往一个尊贵而未知的去处。

老师是两个和刘县长一样戴着眼镜的中年男人，那天他们站在文庙大门口，迎接入学的学生。他们一样的头发花白，长衫底边沾满了泥点，看来这身衣服已多日没有清洗。刘县长将阿鲁他们交给两位先生之后，两位先生便点着头高兴地说："罗玛沼还不错，来了八个人。其他几个地方，一听说派学，孩子们都跑去山里躲起来了。"

两位先生和颜悦色地握住了阿鲁的手，他们的指甲边缘被墨汁染成难以退去的黑色，身上有一股清凉而辛辣的香味，阿鲁皱了皱眉，这香味说不上好闻，也说不上难闻，但闻起来让人没有食欲。后来直到他被楚雄城的蚊子咬得彻夜不眠，先生们给了他一小盒药膏，他才知道，那是清凉油的味道。

刘县长临走时告诉阿鲁，县政府办公署就在文庙对面。他指了指街对面的一所院子说："这就是县衙门，我白天都在这里办公。"

阿鲁看了看那边大门口站岗的两个人，他们穿着貌似士兵的服装，但他们并没有枪。

随后，由张先生把这群倮倮娃领进了文庙。哇，这么气派、漂亮、披红着绿的建筑群，他们都是头一次见到，他们认为这里一定住着一尊大神。这群倮倮娃都惊叹着，眼睛都快要使不过来了。布勒紧跑两步追上阿鲁说："少爷少爷，这比我们土司府要大吧？"

阿鲁环顾四周说："汉人的建筑都那么花哨吗？"

他们走过三元桥和泮池，看见莲叶一碧连天，荷花点点，游鱼戏珠，这群山里来的孩子欢笑着大开眼界。

很快，他们被安排了宿舍，一间屋子十张床，一张床就比一个人的身体宽那么一点点。屋子里散发着潮湿的霉味，屋顶的几片玻璃瓦投下柱状的阳光。几只夜蛾混合着灰尘在明亮的光柱里飞舞。这间屋子的昏暗陈旧与外面的五彩缤纷形成了强烈的对比。

张先生在这里，忽然变得不再热情温和，他个子没有阿鲁高，更没有阿鲁那样宽阔强壮的肩膀。但他布满皱纹的脸上长着两道又粗又黑的眉，像两把剑一样雄伟，成了他整个人最精神的部位，也让他的脸色显得很严厉。张先生说："我告诉你们，来到学校，一切都得听先生统一安排，这里比不得家里，任何使性子、耍脾气的行为，都是违规的，要处罚的。"

阿鲁说："处罚？"他的嘴圈成了一个"哦"字，心想：我没听错吧，这里有人说会处罚土司少爷？

他迷惘的表情让张先生很受刺激。张先生狠狠地说：“就是打板子，用戒尺打手心！”他伸出左手，用右手在上面狠狠打了几下。“任何人！知道了吧？不管他是谁。”

张先生说完，再一次准确地看了阿鲁和布勒一眼，在这群倮倮娃惊讶的目光中离开了宿舍。

罗玛沼的孩子有八个，到了下午，这间宿舍里又住进来两个男孩，一个叫普吉阿诺，一个叫阿祖毕。他们来自姚安县附近一个非常隐秘的部落。他们一进来，就气愤地说：“等我们回去，一定要把塔本的脚打断。”

问他们谁是塔本，他们说，就是那个把他们从山洞里捉出来，送到劝学所的人。

现在，他们已经不骂塔本了，因为他们在这里得到了乐趣，也跟这群罗玛沼的年轻人成了好朋友。

阿鲁关心布勒，见他来到楚雄后一直郁郁寡欢，心事重重。阿鲁以为他前些日子被关惨了，心有余悸。阿鲁就说来这里就没有主仆之分了，让布勒一起参与念书。没想到布勒立刻就爱上了读书学习。他像个学习的天才一样，进步快得惊人，上个礼拜老师给一个班的学生排名，布勒居然排在了第一。

张先生说，布勒同学对汉字的领悟能力超出了先生们的期望，成了学校最早能用汉语读完《三民主义千字课》的少数民族学生，深得先生们的赏识和喜欢。

张先生就是那个长着雄伟眉毛的人。他赞赏布勒的同时，就常常约布勒去他的宿舍玩，布勒也愿意去。他每次回来，都告诉阿鲁张先生今天又给他讲了些什么新知识。比如今天，布勒下了夜课，又去了张先生那里。他回到宿舍的时候，其他人都睡了，只有阿鲁正在无聊地爬在窗台上逗一只昆虫。他知道阿鲁是在等他，就小声地告诉阿鲁，张先生给他讲了蒸汽机、电灯和汽车的故事。

布勒一边脱衣服一边忧郁地说：“为什么那些能让人开心的东西都是外

国人发明的？比如爱迪生、休伯特，他们发明电灯和手电筒，难道有神明指引过他们吗？张先生说，我们国家已经落后了，大城市里能开上汽车的都是外国人。造枪炮的也是外国人，外国人先用大烟把中国人的身体搞垮，再用枪炮把中国人打死，占领中国的土地……”

阿鲁说：“大烟就是罂粟吧？”

布勒说：“是。前朝有个爱国人士主张禁烟，在广州烧了成堆成堆的大烟。可现在，中国人还在种，还在吃这种东西，他们上瘾了，就像周复生的妈妈，不吃就会死一样。张先生说，那是迷惑人心的毒草。”

阿鲁心想：果然不是好东西，可刘县长却让罗玛沼种上罂粟，这是什么道理？

他缩回床上半躺着，看见布勒讲完话，又重归于郁郁不乐的状态。“睡吧，少爷。”布勒走过去给阿鲁掖了掖被子，吹灭了油灯，躺到床上用被子蒙住头，片刻就睡着了。

没多久，夜猫鬼就出现在布勒的被窝里。它给了布勒一个许久不见的微笑，朝他摊开了手掌。“瞧，布勒。”它说，“这是我们的新游戏。”

夜猫鬼手心里有一簇小火苗，蓝色的火焰在它的掌心里像一颗心脏那样跳动着。

夜猫鬼没有说这个游戏怎么玩，窗外公鸡一叫，它就消失了。布勒起来去上厕所，在回来的路上，他捡到了一本被泥巴和露水淹没了一半的书，封面字迹模糊，只看出“四字经”几个字。布勒把书藏在裤腰里带回去，天亮了就开始看这本书。很快，他就被书里描绘的名叫“共产主义”的世界迷住了。那完全就是哈比老爹故事里的神仙世界嘛——家家都有电灯，有吃有穿，人人平等，没有剥削和压迫。像土司府那样的黑牢，绝对是没有的。

不过布勒决定不对别人提起这本书。因为里面的一些说法，比如什么“贫苦人家，不如牛马”，比如“天下乌鸦，都穿黑褂”，再比如“嘴讲博爱，吃人脑袋”。他想这话如果土司老爷听了，兴许会不高兴的吧。

于是布勒把这本书当成了夜猫鬼手心里的火苗，那是他们的新游戏，在夜深人静的时候，他就反复地咀嚼那些像诗歌一样排列起来的汉字，细细品味其中的道理，就像玩游戏一样开心。

当然，布勒的心事还有很多，比如那个救过他一命的拉措姑娘，她几乎每一个晚上都出现在布勒的梦中。这是他的大秘密，阿鲁是不知道的。

在布勒内心发生着巨大变化的时候，一些更重要的事发生了。就在中秋临近、学期快要结束的时候，学生们在大门口看见一个政府官员被几名大兵从县知事办公署里五花大绑地推出来带走了。

张先生听说后，立即封闭了校门，宣布谁也不许再说出门的话。他还说，现在政府分成了两个，谁手里有枪，谁就是王。他们连政府官员也敢抓，何况你们这些穷学生！之后没过几天，在一个晴朗的夜晚，白霜满地，文庙里的读书声刚刚歇下，劝学所里就涌进了一批士兵，他们冲进老师和学生宿舍里翻箱倒柜好一番搜查，最后把张先生带走了。

第二天没人上课，第三天也没人来管。一直到第四天，知事公署教育部来人了。一个穿着黑色中山装、戴着白色礼帽，像刘县长那样文质彬彬的中年男人把学生们集中起来，宣布被抓走的张先生私通“共匪”，在学校传播一本反动的小册子。他拿出一本小册子，对着学生们晃了晃说，这本书叫《农民四字经》，写这本书的人叫赵祚传，他去年已经在大姚被枪毙了。要是谁手里有它，赶紧交出来，以免获罪。

学生们都不认识这本书。教育部官员便说：“中秋快到了，这个星期是你们最后在学校的日子，跟你们的老师和同学们好好告别吧。”

晚上，聚焦的话题当然是张先生被抓，以及教育部官员手里的那本书到底是什么书。

这本书布勒知道，正是他天天躲在被子里看的那本四字经。现在他可是什么也不敢说了。原来这是禁书，被人知道就坏了。他偷偷看了阿鲁一眼，只有他知道自己有这本书。阿鲁会不会出卖他？布勒心里开始打鼓。

阿鲁根本没有在意布勒。他打着盘腿坐在床上，身披羊毛大氅，正跟姚安来的普吉阿诺和阿祖毕聊得高兴，他不时发出爽朗的笑声，修长的双手优雅轻松地放在膝盖上，显得无比潇洒。

他一点儿也没有注意布勒紧张的神情，而是问起阿祖毕姚安龙华寺里的香火，又给他们讲起罗玛沼老君殿里的送子神童。

“那个送子神童，原先有一个非常硕大的鸡巴，后来不知道是被哪个求子心切的女人掰回家去了。现在送子神童成了一个只有半截鸡巴的神，可能不灵了。”阿鲁说完，哈哈大笑起来。大家都纵声大笑。阿祖毕说：“神仙的鸡巴都敢掰，你们罗玛沼的女人不得了。”

布勒趁机偷偷把那本禁书藏在怀里溜了出去，找个背地，将书藏在了裤腰里。

布勒出去后，阿鲁就不聊了。他知道关于这本书的小秘密，也知道布勒出去干什么。他说大家都收拾一下东西吧。但那两个姚安人喜欢上了阿鲁，说：“阿鲁，我们佩服你，听说你是土司少爷，但你读起书来就像我们种起庄稼一样勤劳，没有一点儿少爷的架子。”

阿鲁说：“读书和种庄稼是一样的道理，汗水不会欺骗收获。”

阿祖毕说：“大家在一起半年时间，明天就要分别，突然有些舍不得了。要是有酒，我们应该举杯告别一下。”

其他人举手赞成，拖出一把水壶，倒了几碗水，几个人围在一处以水当酒聊开来了。喝的不是酒，但现在这水的意义跟酒一样，喝下去，似乎也变成了酒，让人有了热血沸腾的感觉，每个人都把手里的蜡烛贡献出来，点完一支，就接上一支。这样的氛围很容易就把人的心窝子话掏出来。

阿祖毕说：“我现在已经不恨塔本了，如果不是他把我从山洞里捉出来送到劝学所，我就不会认识你们这帮兄弟。”

阿鲁说：“过完节，你们到罗玛沼来，我请你们好好喝上三天。”

自从来到学校，他们有了课本，学了知识，这群山里娃聊天的内容比以前多了，丰富了。阿鲁提议大家来说说自己最喜欢课本里的哪一课。一个罗玛沼小伙抢着说：“我喜欢第三课，说的是大家都是人，不分贫与富，不分卑与尊，同是中国人，人人该平等。如果这是真的，那么我们和莫尼若阿鲁两位少爷，也就不会有贵贱之分，就更像兄弟了。”

普吉阿诺说：“在我们那里，土官和有钱人都信佛，他们每年都去龙华寺进香祈祷。但我娘说，佛菩萨讲的是众生平等，可土官拜完佛回来，却常常对我们举起鞭子。可见他们讲的平等，不是真的。”

阿鲁说：“佛的平等没有真假之分，是人的心有真有假。”阿鲁又说，“世上只有一样事是绝对平等的。你们猜是什么？”

大家猜不着。一直不说话的布勒冷不丁开口了，说：“是死。”

“嗨，那还用说？”年轻人们哄笑开来。

笑过了，有人忽然发觉了这话里头的幽默，是黑色的。阿鲁的问题和布勒的答案，是对平等一词聪明而残酷的解释。他们俩是最好的搭档。什么叫平等？在座的有人尝到过平等的滋味了吗？课本里讲的平等写在纸上，佛菩萨讲的平等飘在天上。也罢，谁纠结这个词儿，谁是憨包。

“来，来，喝水，喝水！管他平等不平等，我们今晚是好兄弟。”有人说。

“我们不说平等了，来谈谈姑娘。”有人说。

“哗”他们又笑开了。

夜里，喝多了水的男孩们此起彼伏，纷纷跑到屋后随地撒尿。他们站成一排，比谁尿得高。阿鲁闭着眼睛一边尿一边说：“我的童子尿啊，是对母校的告别仪式。”

第二天，刘县长来到劝学所找到阿鲁，说他明天要去罗玛沼了，顺便将学期结束的阿鲁等人带回去。

“你们来楚雄一场，明天就要走了，今天我让人领你们去四处逛逛吧。”刘县长和气地说。下午刚下过一场雨，刘县长的秘书就来带阿鲁等人去街上走走。

楚雄城在暮色中显得有些冷清，没有他们想象中的热闹繁华。青石街道上积着一汪一汪的水，街道上飘来的不是弦子与歌声，而是一连串与生活有关的语言和声响，炒菜的声音、吵架的声音、钉鞋子和马掌的声音，还有小贩的叫卖声。一路上刘县长的秘书耐心地用夹杂着汉语的倮倮话给土司少爷介绍这些街道：开着七八家米店，集聚着许多车夫的，叫米市街，这里除了米店，还有著名的中医馆和算命馆；那个有书店、香火店、糖果店、客栈、茶楼、衣料裁缝店和小脚女人的地方，是观音阁，这里有捏面人的、说书的，是最好玩的地方；刚才经过的那条幽深狭窄的巷子，里面有烟馆，还有窑子。说到这里秘书暧昧地冲阿鲁笑着说："如果少爷有需求，跟我说一声，里头的姐儿长得不错呢。"

阿鲁眨着一双大眼睛，嗯嗯地点着头，很显然，他没有充分领会秘书的好意。

行人们的衣着服饰，在阿鲁和布勒的眼中都显得过于简单和粗糙，哪里比得上倮倮人穿得漂亮。不过这里的街边有一些店铺。店铺里都亮着灯，里面陈列着一些他们没见过的东西，花花绿绿，温馨而神秘。这些店铺极大地吸引了阿鲁。罗玛沼的店铺只有四家，一家卖盐和糖，一家卖茶叶，一家卖米和苦荞，另一家就是周复生家的银铺，其他还有几家小客栈。除了客栈和银铺，所有店铺其实都是土司家管控的。阿鲁的头脑里开始浮想联翩：罗玛沼其实可以有更多的店铺，比如拉措可以来卖草药和茶叶，查莱可以出售它的小猪仔和小羊羔，而土司家的厨子做出的玫瑰糕和松花糕，那么美味的东西只有土司府里的人吃得到，真是可惜。那东西如果拿到街上卖，肯定会得到姑娘们的喜爱。

最后，这群倮倮娃一致认为这些街道不同的称谓是件有趣的事，他们都建议阿鲁回去后向老爷报告，给罗玛沼那几条石头小巷也起个好听的名字，叫起来响当当的。而他们认为拆了裹脚布坐在家门口晒太阳的老妇人是楚雄街上最为奇怪的风景——她们的脚，就像一只只没长熟就被老鼠啃去一半的丰收瓜。这种瓜，在罗玛沼是拿来喂猪的。

36

阿鲁满怀信心和期冀地回到罗玛沼，所看到的情景和所得到的消息却完全背离了他的想象和意愿。

罗玛沼的路边和广场上没有堆满金灿灿的玉米和荞麦，他也没有听到村民打稻谷时的欢唱。田地里全是割剩的罂粟，它们占据了他目所能及的田野，残花败柳般地凋零。丰盛和富足的场面被空气里飘荡着的令人心智迷乱的芳香代替了。香味让罗玛沼变得陌生而深邃起来，他像是进入了一个充满香艳诱惑和黑暗阴谋的世界。

不过刘县长一闻到这个香味就兴奋不已，他说："令人难以置信，这真是一场无与伦比的盛宴。"

可对阿鲁来说，令人不悦而震惊的消息接着传来：莫尼若重病，拉措失踪了。

告诉他这些消息的人是他的丫头诺玛，她忧郁地说："大少爷现在经常都会突然晕过去，然后四肢无力，要很长时间才能缓过气来。拉措姑娘就更可怜了，她差点被鹿丫侮辱了。后来她跑进山里，人们去找过她，但她就那么不见了。”

阿鲁觉得天都黑了。他不顾土司府正在为他的归来和刘县长的到来举行隆重的宴会，冲到马厩拉了匹快马，冲出了土司府大门。

此时乌云压顶，山雨欲来。冷风鼓起了他身上的黑色大毡，像鹰展开的翅膀一样。

三太太站在楼廊之上，怀里抱着那只绿眼睛猫，看见阿鲁迎风飞去的身影。她怪怪地笑了一下说：“男人都一样，有了媳妇忘了娘。”她忽然觉得自己干了惊天的阴谋，做了深重的罪孽，可阿鲁这小子，他认得吗？他会感谢她这个用心良苦的娘吗？

冷风吹起来了，黑压压的云层把摩玛山遮了一半，整座大山阴沉沉的。不一会儿，远处的山变成了白茫茫的一片，大雨的气息迅速蔓延过来。

阿鲁打马狂奔，在暴雨将整座大山都笼罩起来的时候，赶到了山脚下拉措家。

青珍坐在火塘边，毫无目的地哼着歌，小儿子英都躺在摇车里昏睡。阿鲁冲进来，看见青珍蓬头垢面，脸无血色，他的心就一直往下沉，他不知道这个家庭又经历了什么不幸，但可以肯定的是那一定是件很糟糕的事。阿鲁浑身都滴着水，急切地说：“拉措在哪儿？她出了什么事？”

青珍看见阿鲁，呆滞的目光闪过一丝惊异。接着她忽然起身到拉措的房间里拿出阿鲁送给她的羊毛披风，冷笑着说：“我姑娘一直不肯答应别人的提亲，就是因为这个吧？少爷，你那么随便就赢得拉措的心，可你能为她做什么？你说走就走半年没有消息，你知道她为你错过了什么吗？如今她依然是奴隶身份，遭受你们土司家的人欺侮，你现在才来找她，可她去了哪里？三天了，她是死是活连我这个当妈的都不知道！”

青珍的眼泪就“哗哗”地流下来了，说：“我姑娘到底得罪了哪路神仙，要遭这样的罪，要遇上鹿丫那样无耻的人，要承受这样的痛苦？她就是长得美，可这是过错吗？为什么老天爷要这样对待我们家……”

原来，在割烟的时候，鹿丫屡次对拉措软硬兼施动手动脚。有一次他甚至把拉措拖出了烟田，当着众人的面抱了她，还亲了她一口。拉措一把抓过去，差点抓瞎了他的一只眼睛。这下惹恼了鹿丫，他朝拉措举起了鞭子——如果不是当时莫尼若少爷刚好经过，拉措肯定要被他打伤。莫尼若训斥了鹿丫一番，他才规矩了几天。可最后他怀恨拉措的清高桀骜，就把远离镇子的几十亩烟田分给她一个人，命令她三天之内割完。拉措累得昏倒在烟田里，是周复生和一个叫秋生的小伙子去把她背回来。鹿丫知道后，派人打了周复生和秋生一顿，还说要烧了周复生家的铺子，把他们赶出罗玛沼。拉措打了鹿丫一耳光就跑了，鹿丫一直追到森林里，但拉措就此没了踪影。

阿鲁听到这里，胸口猛地痛起来。他忽然意识到拉措就是那粒他一直捧在手心里的火苗，他以为只要他捧着，火苗就不会熄灭。可现在他错了，他的火苗断了柴火，遇上了雨，它就要熄灭了。一切都是自己的过错，他忘乎所以，以为拉措的美只有他一个人看得见。

过去自己那点朦朦胧胧的小感情在此刻变成了汹涌的狂流，对拉措的担忧、心疼、想念，对自己的悔恨、自责等等情绪瞬间就淹没了他，锥心地疼痛。

青珍喃喃自语：“拉措，如果你死了，阿妈也不活了……”

阿鲁红了眼眶说：“是，是，她死了，谁也别想活。”

他冲出门去一跃上马，就奔进森林里去了。

可是茫茫林海，大雨如注，拉措在哪儿呢？阿鲁盲目地在罂粟田边的森林里奔走，喊破了喉咙，湿透了全身，到了傍晚，还是一无所获。

阿鲁找不到拉措，但遇到了周复生和布勒。他们两个也湿成了落汤鸡。布勒说他是奉命来找阿鲁回去的，土司老爷命令阿鲁马上回去商议大事。周复生戴着斗笠，披着蓑衣，脸上冷冷的没有表情。他说：“我要继续去找拉措，阿鲁你是贵族少爷，经不起风雨，赶紧回去吧。”

阿鲁知道周复生的心意，他已经听说周家向拉措提亲的事。但他此刻并不嫉恨周复生，他的心里全都是对拉措的担忧。他对布勒说：“对我来说找到拉措就是最大的事，你就这样回复老爷吧。”

布勒说：“少爷，我的想法跟你一样。拉措是我的救命恩人，用我的性命去换她的，我都愿意。”

阿鲁说：“好，那我们一起去找吧。”他喉咙已经哑了，嘴边起了一层水泡，已经一天没有吃东西，喝一口水，但这些全都被他本能地忽略掉了。

夜幕降临时，大雨终于停住了。但阿鲁他们的寻找毫无结果。

土司这会儿正在大发雷霆。他的餐桌上已经摆满了山珍海味，这是精心准备的八大碗，土司宴。几位长老和刘县长已经坐在那儿喝了两杯酒了，可莫尼若去向不明，阿鲁已经一整天没有归家。

他心里对鹿丫很是恼火。这个四十几岁的老光棍这两天为了一个小姑娘闹得满城风雨，个个都在说土司家仗势欺人。虽然一个贵族想要得到一个女奴是件很容易的事，可鹿丫却采取了一种“闹腾”的手法来宣告他对一个女人的喜欢。这对土司家的名誉始终是有影响的。

这时阿果小姐慢悠悠地从大夫人身边站起来，给土司老爷敬了一杯酒，说：“老爷，鹿丫喜欢拉措，您就把拉措嫁给他，这事那么容易解决，有什么好愁的？拉措不就是个奴仆么。”

大夫人淡淡地看了阿果一眼说：“阿果，你有所不知。拉措的父亲是鹿丫打死的。你看他们这种关系还能做夫妻吗？这事老爷不仅不宜出面，还得压着鹿丫些，否则罗玛沼的百姓会认为土司处事不公的。”

阿果哦了一声说：“那阿鲁少爷喜欢拉措，这也不符合规矩呀。”

大夫人说：“阿鲁？他的身份和莫尼若不一样。”她带着几分轻蔑地看了三太太一眼。

三太太阿月秀冷冷地笑了，说：“据我所知，莫尼若也是喜欢拉措的。他不仅跑到茶山去帮拉措采茶，还去拉措家吃过饭。不知阿果小姐那天追到拉措家去，有没有追回莫尼若的心？”

大夫人是个逮着任何时机，都要讽刺蔑视阿月秀“身份”的人。在她眼里，阿鲁虽是土司所生，但他妈是平民，他也跟平民一般无二。所以阿鲁可以喜欢拉措那样的女仆，但莫尼若贵为土司长子，血统高贵，是绝对不允许他与平民或奴隶的女儿成亲的。她一直认为苏吉土司娶了阿月秀这样的平民，本身就做了一个不好的表率，是一件有辱门风的事。现在一听说莫尼若也喜欢拉措，她就像被针刺了一样地跳起来："谁说的？莫尼若怎么可能跟拉措有来往呢……"

土司老爷勃然大怒，说："你们几个都给我闭嘴。今天大喜的日子，为区区一个小女子争吵不休，真是扫兴。"

几个女人赶紧全都噤声了。

长老们纷纷劝和，刘县长也赶紧给土司斟上酒，说："土司大人，用不着烦恼啊！儿女长大了，这些烦心事是免不了的……"

土司大手一挥说："近日与大理接壤处的老君山一带匪患严重，那里是阿左秋头人管辖的地盘，他已经两次向我禀报过请求派兵援助，我正打算等收完大烟就派人去把那伙谋逆叛乱的贼人全都收拾了。这倒好，两个儿子、一个家兵总管，全都为那个小女子发疯了！他们还有什么能力和勇气去为罗玛沼扫清孽障？"

土司气哼哼地端起酒杯一饮而尽，又说："罗玛沼需要一个有胆量又有智谋的家兵总管，他一定不会是一个只想着欺负女人的家伙。"

此言一出，在座的人都大吃一惊。鹿丫掌权已经很久，虽然正印在土司手里，但兵符却在鹿丫手上，三百亲兵也是鹿丫一手调教的，跟鹿丫的关系很牢靠。要换掉鹿丫这个位分，肯定是件很麻烦的事。

土司说起了家国大事，阿果觉得自己坐在这里已经不合适了。她说身体不舒服，就向土司和大夫人行了礼出了餐厅，信步来到院子里。雨过天晴，整个夜空清爽如洗。阿果心事重重，她虽然也能感到罗玛沼小镇近期都洋溢着喜庆气氛，人人都知道，到了年底，大少爷莫尼若的府邸就要竣工，他就要和阿果小姐结婚了。那些曾经仰慕过莫尼若的拥有自由人身份的姑娘，个个伤心得要死。她们聚在核桃树下叽叽咕咕，唱一些愁肠百结、满腹相思的歌，一脸羡慕和嫉妒地感叹自己得不到跟那个贵族小姐一比高低的机会。有身材高挑、面若桃花的姑娘说，要是拉出来比一比，无论唱歌、长相，罗玛沼能够选出一箩筐比她强的姑娘。又有肤色黝黑、丰满结实的姑娘说，就算她把我们都比下去了，罗玛沼不是还有拉措么？她能比得过拉措么？如果她是天仙下凡，我觉得也不一定就比得过拉措。

这些小道消息暂时还不会传进拉措的耳朵里，因为她住得实在太远了。但很容易被阿果小姐听到。

这让她的心情在等待莫尼若的日子里很不好受。她又听说三太太与拉措的阿妈青珍是旧友，她正在努力让拉措恢复平民身份。而莫尼若对她的态度忽明忽暗暧昧不清，她想起莫尼若跑到茶山找拉措的情景，就感到心里爬进来一只蜘蛛，结了一张乱七八糟的网，让她的心疼也说不出，痒也挠不着，黏黏糊糊，撕不开，剪不断，难过死了。

她想这只蜘蛛就是拉措。拉措结出的网就是她和莫尼若之间唯一的路障，无论如何都得除掉。她抬头看了看天空，黑黑的空气中弥散着乳白的雾气，土司家的红灯笼远远近近地缥缈着，一如莫尼若捉摸不透的心。

一个人匆匆从夜色中走了进来。他满身酒气，一脸焦虑，见了阿果，也没有行礼，像是没看到她一样就走了过去。

“你站住。”阿果叫住了他，说，“你这个奴才，一身酒气，在府里横冲直撞，想干什么？”

那人扭过头来，原来是鹿丫。鹿丫一副恍然大悟的样子，似乎这时才看见阿果小姐的存在：“哎呀，是大小姐。鹿丫该死，没见着您。”

阿果见他满腹心事，忽然灵机一动，说：“你过来，我问你话。”

鹿丫有些不情愿，但阿果是贵客，他也只好哈着身子来到阿果面前。

阿果说：“我刚才向老爷进言，让他把拉措嫁给你。”

鹿丫一愣，喜出望外。说：“那老爷怎么说的？”

阿果说：“我觉得拉措能嫁给总管，那是她天大的福气。可小姑娘心高气傲，听说近来她阿妈还托三太太在老爷面前求情，想要找个名目，让她丢了奴隶身份，好找个好人家嫁了。”

她一边说，一边观察鹿丫的动静。果然，鹿丫的眼睛越睁越大，气也喘得粗了。他甚至是非常着急了。

阿果又说：“我只是发觉那小姑娘与总管你，倒是郎才女貌的一双呢。总管要是真喜欢那姑娘，就别犹豫了。”

鹿丫一听，给阿果行了个大礼说：“小姐啊，您是我这辈子遇到的知心人。”

阿果又说：“拉措的身份一旦变为自由人，你就不好拿她怎么样了。但现在嘛，她是你们家的奴仆，换句话说，是土司家的私有财产……”

鹿丫说：“谢谢小姐提点。我这就找老爷说这事儿。凭老爷待我那份恩情，我就是把拉措抢回府中，他也不会怪罪我的。”

鹿丫信心十足地去见土司了。可土司见了他，一副不冷不热的样子。说：“总管，你来迟了。赶紧坐着自己罚酒三杯，有什么话明天再说。”

鹿丫听出了土司不高兴，就暂时没提拉措的事，坐下来喝酒吃肉。正喝到兴头上，仆人来报，阿鲁少爷回来了。

阿鲁从楚雄回来已经三天了，土司今天才正式见着他。他个头长高了，修长笔挺，宽肩细腰，肌肉紧实。但再看他的样子——顶着一头凌乱的深棕色长发，华贵的衣服满是泥垢，英俊的脸阴云密布。他的样子让在场的人都暗自吃惊，三太太大叫一声就冲过去一把拉住了他，问他去了哪儿，怎么变成这副模样。阿鲁嘶哑着声音说：“一个我最珍视的人不见了，我找了一整天，也没有找到。”

他全身的线条和气息以及他射向鹿丫的锐利眼神都足以证明这已经不再是那个懵懂少年了。

在座的人可能只有鹿丫不清楚阿鲁跟拉措的事情。他们看着鹿丫，心想下一步会上演什么好戏。鹿丫非常客气和热情地站起来给阿鲁倒酒。阿鲁坐下后，对一桌子美食漠视不见，端了酒杯连干三杯。他喝酒的样子特别帅。他几乎都不看倒酒的是何人，只要酒杯一举到他面前，他就端起酒杯大大地一仰头，“哗”地倒进嘴里，一滴不漏。这时他的头发自然地往后一飘，露出宽宽的额头和修长的眉，以及一双半睁半闭的眼睛和长长的睫毛。然后他将杯子一放，再度斟满，对敬酒的人则视若不见。

气氛非常不好。更糟糕的是鹿丫是个愚钝的人，他忽然放下酒壶，就向土司面前一跪，说起了拉措。

土司皱着眉头说：“那姑娘肯不肯嫁给杀父仇人，这得看你的本事咯。你虽是有小头人一般尊贵的身份，可杨清远是我最喜欢的仆人，他在罗玛沼的口碑不比你差。如果拉措不服你，我也不好强迫人家，毕竟人家现在孤儿寡母的已经够可怜了。你还是请了媒人，先去说说看。”

“如果老爷给个情面，我就先把那丫头抢进府里，就像淘好的米等着下锅，她也不能不依。”鹿丫说。

他话音才落，“砰”的一声一只酒杯就飞过来，正中他的脑门。鹿丫一声惨呼，满面鲜血。

只见阿鲁少爷站起来指着鹿丫说：“你给我听好了，拉措是我热雷阿鲁最爱的姑娘。你要是再敢欺负她，就先把脑袋割下来装在裤裆里吧。”

鹿丫这下真是傻眼了。其实此时他的眼睛已被血糊住了，什么也看不清。他叫了一声“老爷……”可他不知自己还能说什么，为什么阿鲁这小子突然就看上拉措了？若干年后，鹿丫仍为自己的愚钝而后悔。因为接下来所发生的事，彻底改变了他的命运。

土司“砰”地一擂桌子，说：“够了，你们两个没用的家伙。追姑娘是你们自己的事，别在这吵吵嚷嚷的。今天的宴席我没说散，任何人不准走，喝到天亮也给我喝。喝完了带上兵马，去阿左秋那里把那伙逆贼给我杀了。立了功，你们想干什么就去干吧！”

37

阿鲁和鹿丫要带兵出征的事迅速传遍了罗玛沼。村民们都非常不安，又异常兴奋。打仗如果赢了，会带回许多战利品，包括女人。这些女人时常会被土司家以非常便宜的价格出卖。一些家境富有的人，就会去买几个这样的女人回来，做丫头，或者老婆，或者再次贩卖。

土司留下一些老成的雇工奴仆和部分亲兵，在家里跟随刘县长的技工熬制大烟，又选拔了两百多名年轻力壮、骑术精湛、箭法了得的亲兵跟随鹿丫和阿鲁出征。阿鲁呢，以督军的身份辅佐鹿丫，有点像皇帝的钦差大臣。周复生和布勒则被土司单独召见，他将安排一件重要而秘密的任务给他们。

阿鲁在离开之前，又去到茶山青珍家。没等他开口，看一看青珍的样子，他就知道拉措依然没有下落。青珍说这四天以来，已经有十多个村民帮忙寻找拉措，但是都没有结果。她叹着气说，她已经把小儿子交代给老家的姨娘，自己今天就要进山去找拉措。

“虽然拉措自小生活在大山里，她也不是个娇弱的姑娘，可她只是个十六岁的孩子。我已经做好最坏的打算，大不了随她一并去了。”青珍自从知道自己的毒药害了莫尼若，就有了以死谢罪的打算。但在死之前，她必须让阿月秀给拉措一个交代，恢复拉措自由人的身份。否则，她就豁出去，告发阿月秀。

所以当她看见阿月秀的儿子阿鲁，也没什么好脸色。她认为这个年轻人帮不了拉措，因为他自己还不够强大。

阿鲁从青珍的脸色和眼神里瞧出了她对自己的不信任。但他又能怎样，自己确实还没做出让人家信服的事。他只好黯然离开，又从另一条路进山。没多久，天下起了大雨。这是罗玛沼雨季的最后疯狂，山上积累了前期的雨水，这时很有可能山洪暴发。这让阿鲁心烦意乱，憔悴不堪。他担心山洪下来，拉措就更加危险。他边走边大声地喊着拉措的名字。这样大海捞针式的寻找，是一件无比摧折人心的事。可他还是不停地找，不停地喊，时间“哗哗”地流逝，他越走越远，已经深入大山的腹地。他想，就把喉咙喊破吧，像杜鹃啼血那样，只有这样才能减轻焦虑与心痛，只有这样才能得到神明的同情与指引，让他能在最后的机会找到拉措。明天他就要随队伍出征，他不愿放弃这剩下的每一分钟。就这样，他喊着喊着，天就黑了，喊着喊着，雨就停了，月光明晃晃地照耀着大地。

阿鲁筋疲力尽，心力交瘁，眼看夜已深了，离他离开罗玛沼的时间越来越近。绝望折磨着他的每一根神经，他闭上眼，举头向天空默默地祷告：神灵啊，请指引我，拉措究竟在哪里？

那么，拉措到底在哪里呢？就在四天前，拉措狠狠打了鹿丫一耳光之后，就逃进烟田边的树林里。鹿丫自然是要追赶的，在山林里追赶一个女人，对他来说比追赶一只狐狸容易和好玩多了。这真是一件无比刺激的事。他骑着马举着鞭子围着拉措左右围堵，就像豹子玩弄他的猎物。看着拉措像只可怜的小兔子东奔西跑，姣美的脸布满惊慌失措的红晕，水汪汪的眼睛里充满娇弱无助的哀怜，鹿丫从心底到身体里都充满前所未有的快感。他打算在她跑不动的时候下马捉住她，然后像猫吃耗子那样慢慢地享受他的美味。他想象着她柔软的肢体会在他的怀抱里毫无力气地瘫软，会哭着向他告饶，可是他不打算放过她。这匹倔强的小马就要被他降伏啦。可是，忽然，他眼前的小兔子变得若隐若现。她隐身在一蓬高山杜鹃前，又从不远处的爬地柏后面露出头来。他刚从那棵麻栗树旁边捕捉到她的身影，她忽然又消失在一片艾草里。鹿丫不得不揉着眼睛继续追，等他最后一次看见她的时候，她已经去到离他很远的一片云南松林子里，接着就消失了。鹿丫找了一个下午，第二天分别跑到青珍家里和周复生家里撒了一回野，直到土司老爷亲自出面，才把这头疯骡子降住。

拉措也不敢回家。她想鹿丫把她追丢了，一定会去家里找她。她顺着河流往高处走，最后来到一个废弃的观音庙里。这座不知建于何年的寺庙有一个小四合院，但没有大门，是敞开式的建筑。里面除了几棵高大的紫薇和一窝野兔，遍地都开满了粉色和白色的雏菊。神龛早已腐朽不堪，上面供着一尊布满了蛛网和灰尘的净瓶观音像。这时天将近晚，她在庙里躲了一夜。天亮后她出来观察地形，查看天气，寻找食物。她发现这是一个非常隐蔽的所在，观音庙建在一个悬崖之上，孤零零地凌空伫立，下面就是万丈峡谷。也许就是因为地势险峻道路难走，这座寺庙才被闲置了。周围是高大的云杉，茂密的灌木丛掩盖了所有的小道。观音庙的墙壁和屋顶覆盖着密密层层的寄生植物，野生紫藤热烈地盛开，整座小庙花香袭人。她走了不远就采到了野山梨、枸杞子和石斛花，还采到许多青头菌。自幼在大山里生活的拉措回到了山上，就像鱼儿在水里一样自由自在。然后她找来火草撕下白绒在太阳下晒干当火引子，又拆下腐朽的木头围栏，钻木取火燃起了篝火，烧熟了青头菌、野山梨果腹，度过了两天。

第三天下起了暴雨，就在阿鲁满山找她时候，她用庙里的破瓦罐接来雨水，沉淀后烧开来喝。她见神龛上的净瓶观音像满身尘垢，想起父亲在世时常常念叨观音菩萨，便又扯下衣裙一角沾了水，把观音像从头到脚擦干净，还把神龛也一并打扫清爽了。除去尘垢的菩萨像就像活了一样，慈眉善目地注视着她。夜里，她用石头堵住门，蜷缩在神龛下睡觉。睡觉其实是假的，她只能算是躲在那里。在白天，她得拿出全部精力来保护自己和采集生存所需，到了夜里，她无事可做，孤苦无助，这时她才有时间和精力来伤感和落泪。

受人欺压、有家不能回的苦楚，非常残忍地在她十六岁的花季里烙下了烙印。

第四天，拉措以同样的方式活了下来。下雨的时候，她只得又躲在观音庙里，掰着手指头算一算自己当了几天野人，算一算阿鲁离开了多长时间，算一算父亲死去了多长时日，再算一算哥哥世雄走了几天。

在这样惨淡的境地下，拉措把所有值得怀念的人都怀念了无数遍，也不知道自己究竟要躲到什么时候。她想到母亲找不到她一定非常焦急，她自己也是焦急的，可出路究竟在哪儿？听着满山“哗哗”的雨声，禁不住失声大哭。哭泣让她忘记了恐惧，让她感到了无法抵抗的疲惫。这时有再大的灾难降临，她想她也无力再去抵抗了。

雨在夜里停了。拉措醒过来，浑身又酸又痛。她发现自己正在不由自主地簌簌发抖。可是当她睁开眼睛，却意外地发现一片神奇的光芒从窗口照到了庙里，亮如白昼，通透明澈。她惊奇地站起身，一眼就看到被这片光芒笼罩着的观音像。菩萨面容庄严，眼含慈祥，她左手托瓶右手持柳，那大慈大悲的甘露像是正好要洒到拉措身上。拉措震惊地站在那里，有一种恍然如梦的悸动。她双手合十朝菩萨拜了一拜喃喃自语：“菩萨，你若有灵，请给我指条路吧。”菩萨无语，只用更加怜悯的眼光凝视着她。

拉措叹了口气，抱着双肩，在寒凉的夜色中顺着那片光芒慢慢走出庙门。啊，她一出门，立刻就被眼前所看到的震撼了：那是一派仙境般的景象——月光劈开云层，白霜似的洒满群山，大山变成了万顷墨色波涛，起伏连绵，无边无际。湛蓝的夜空里，白云如羽如纱，轻飘曼舞，众星拱月，脱尘绝俗。四处弥漫着完全脱离了人间烟火的芳香，它们来自于泥土、雨露、森林、鲜花、山泉，还有那皎洁的月光。拉措呆呆地望着，慢慢走到了悬崖边上，看到乳白色的雾在她脚下的峡谷中流淌，翻涌奔腾，气象万千。她孤身一人站在万籁寂静的大山之中，站在这片明净皎洁的月光之下，没有了恐惧，没有了彷徨，没有了饥饿，没有了悲伤，她感到在这雄壮而绝美的山峦之中，人的生死是如此之轻，人的贪欲是如此之无聊，人的爱恨是如此之渺小。

就这样，她久久地站立在这片光芒中，站在丰饶无边的大山怀里，山风吹拂着她的衣裙，她变成了月光下的一个孤魂、一个狐仙、一个精灵。她轻轻地唱起歌来：

爱我的人，记得你的眼泪滴落我的手心，它是那样滚烫，像燃烧的宝石。爱我的人，记得你的微笑印在我的嘴边，它是那样美好，像开放的玫瑰。可是啊，可是啊，你要自由地飞翔。你像山风展开翅膀，飞一天，已经过一年，飞一天，已经过一年。

她越唱越响，声音越来越高，这样唱着她觉得把一腔悲怨全都唱走了。她清越纯美的歌声像挥舞着透明翅膀的精灵，在辽阔寂静的夜里翩翩飞舞，飞越群山，飞到了天边，飞进月亮里面去了。

就在这时，她忽然听到有人在叫她的名字。声音嘶哑，饱含痛苦，让人听了不由得心生怜悯。

“拉措，拉措！”

她惊讶地透过茫茫林海四处张望。但她什么都看不清楚。难道是学舌鸟在叫她么？学舌鸟是妖精的化身，它能学着熟人的声音叫你，如果你答应，你的魂就被妖精收走了。拉措觉得这声音似曾相识，心想难道是自己要死了吗？她环顾四周，啊，这美丽奇诡的景色，似乎离天堂不远，离阴间也很近。

继续唱歌吧！拉措想，即便是妖精来收她的魂，她也要唱着歌，笑着离开人世。唱着唱着，学舌鸟的声音消失了。拉措觉得有些失望，接着她笑起来——唉，真的是学舌鸟啊，或许我的歌太复杂它学不了，被我唱飞了。她刚刚松了一口气，就觉得眼前一黑，一个人突然就走到她面前，叫了一声：“拉措！”

拉措吓得大叫了一声，再一看，她就怔在那儿了：“是你！”

这个人竟然是阿鲁。他的出现简直就像神仙下凡一样令人不可思议。

阿鲁全身是湿的。黑色的衣服湿漉漉地贴在身上，显露出他一身年轻而紧实的肌肉。他凌乱的长发遮住了一只眼睛，另一只眼睛里闪烁着火一样明亮炽热的光芒。他呆呆地看着拉措。她秀发披肩，衣袂飘飘，姿容若雪，满天月光为她全身涂上了一层幽蓝的光晕，像仙子一样。

“我好像又迷路了。”他做梦似的说。

拉措凝视着他，眼里就漫出了亮晶晶的泪光。很显然，这不是巧遇，也不是约会，而是呕心沥血的寻找和追求。他用这次寻找证明了他的心意。她毫不掩饰自己的惊讶与喜悦之情，她想，不管原因是什么，此情此景，她只想发泄自己长时间以来积累着的渴念与悲伤。

“谢谢你的歌声，它像天神显灵一样，把我带过来了。”阿鲁哑着声音说。两个人就这样如饥似渴地盯着对方看，生怕一眨眼，对方就会消失一样。他们都在颤抖，可能是因为冷，可能是因为激动，也可能是因为冷和激动引发出来的悲壮情绪，类似相依为命、相互取暖、同舟共济等等。反正他们看着看着就伸出了手，非常自然、非常热烈地紧紧地拥抱了对方。

这一抱，两颗心就彼此感应到了：不单是相依为命之类的情绪。一点也没那么简单。有喜悦，有羞涩，有兴奋，有期盼，有软绵绵的温柔，有如火如荼的渴念。甚至，他们冲动了。像两匹自由的小马，肆无忌惮地热烈起来，热烈得自然，热烈得纯净，仿佛他们天生就是这样抱着的，这个大雨天、这个万籁寂静的大山谷、这片明亮圣洁的月光全都是为了他们俩准备的。

38

阿鲁找到了拉措，把拉措送回了家。他告诉拉措，以后再也没有人敢来欺负她，因为等他出征平匪回来，她将成为他热雷阿鲁的妻子。

他们的事迅速传遍了罗玛沼。

“真是笑话。”三太太阿月秀听说了阿鲁和拉措的事后说。她接着又哈哈笑道：“不过也没关系，阿鲁迟早可以为自己的婚事做主的。到时他想娶谁就娶谁，罗玛沼有谁敢说个不字。就像老爷当初娶我，就连大夫人这正妻，也是没法子的。”

她这话把正在侍候她的丫头巧云听出一身冷汗：她这么说的意思，分明把阿鲁当成了罗玛沼的王。

这时阿月秀正半躺在睡榻之上，等着阿鲁前来向她辞行。

自从莫尼若生病之后，三太太也总是生病。阿鲁去楚雄念书还没有回来的时候，她夜里睡不着，白天吃不下，面色无华，日渐消瘦。草医看了她的舌头、指甲和头发之后，得出一个结论："老爷，三太太是想念儿子了。"

土司被草医的结论弄得很无奈。他说："又不是没有断奶的娃娃，至于这样么？"

草医说："老爷，夫人得的是思虑之症，您说如果不是想儿子，那是想什么？老爷不是天天在身边吗，总不该是想您吧。"

土司哭笑不得。又问三太太要不要请哈比来看看。阿月秀一听哈比的名字就尖叫起来，说她看见哈比的黑斗篷就像看见妖怪的黑色尾巴，她很害怕。草医抬起眼来瞧了瞧夫人，不动声色地配了一剂柏子养心汤便告退了。

阿月秀病了一阵子之后，近来迷上了泡酒。她摘下一切能摘的果实，把它们全部混杂在一个大缸里，加上浓烈的小灶酒，得出色泽艳丽、气味芬芳的酒汁，又把鸡蛋搅进酒汁里，每天喝得醉醺醺的。但这酒汁倒让她容光焕发了。

此刻她满脸桃花色地靠在绣床之上，一身绫罗绸缎像彩云一样堆在她略已发福的身上。屋子里燃着暖暖的炭火，水罐里温着的酒正在火上，与印度乳香混合着发出怪异的香气。

阿鲁进来见了，说："母亲，酒量大长了吧。"

阿月秀说："你明天要随鹿丫出征平匪，莫尼若为什么不去呢？他可是长子，这本来是该他建功立业的机会。"

阿鲁说："母亲，莫尼若作为罗玛沼的栋梁，他近来身体抱恙，不适合出门。"

阿月秀便掩着嘴嘻嘻地笑了，眼睛里冒出猫一样幽绿的光，说："那好啊。我在家，我会照顾他的。你就放心地去吧，打了胜仗，你就是有功之人了，比莫尼若更有风头了。"

阿鲁望着母亲的眼睛说："我怎么觉得你变了。"

阿月秀醉眼蒙眬地笑着说："儿子啊，更大变化还在后头呢。"

三太太没有说错，更大的变化发生了。只不过这是一个超出了她掌控范围的变化，把她自己都变到了另外一个世界。

阿鲁带兵出征后，罂粟已经彻底被清除了。果子都被收集起来晒干，褐黄色的细籽被收进了一只只布袋储存在土司家的粮种库里。

熬制鸦片膏的灶火终于熄灭了，只有特异的香气还浮荡在罗玛沼的天空之中，若有若无，久久不散。这时，已经进入了初冬。

刘县长派去信使召来了两辆载重马车，一车装满银子，一车装了枪支弹药，还有二十多个荷枪实弹的大兵。大兵们一进罗玛沼，就把村民们全都赶跑了，他们像老母鸡护小鸡那样护着马车走进了土司府。刘县长一看，说他一刻也不能再等，要即刻就走。那些大兵就雷厉风行地将一箱箱银子搬到了土司老爷的脚边，又将鸦片膏一箱一箱地搬上了马车。等刘县长喝了第三碗茶，他站起来对土司老爷说："我就要离开楚雄了，以后想我了，就来昆明找我吧。这些银子，是咱俩友谊的见证。我为你带来的军火，你就好好武装自己的人马。你等着瞧吧，这些家伙，很快就能派上大用场了。"

土司说："要打仗了吗？"

刘县长悠远地望着窗外，说："硝烟已经弥漫了整个世界，老爷啊，它很快就会顺风来到罗玛沼了。"

土司说："你放心吧，我们不仅是朋友，还是同盟。我的军火都是你给的，我不会忘记。"

刘县长说："这就好，这就好。"

之后他没做任何多余的停留，朝土司挥了挥手坐上了马车，渐渐走远了。阿兰站在楼上目送刘县长离开，难过地流下了眼泪。大夫人瞧见了说："哭什么呢？我告诉你吧，男人的感情是最靠不住的，想要留住他，你得有跟他一样平等的地位才行。"

阿兰听了哭得更响了。

土司一家沉浸在银子所带来的快乐中，他们没有嗅到什么硝烟的味道。不过，没有硝烟的战争在哈比和三太太之间展开了。

这源于莫尼若身体的每况愈下。他吃了哈比的药，虽然稍有控制，但却总不见好转。

哈比为自己的医术不精而愤怒，他说世上就不该有青珍那样该死的巫医存在。“旁门左道，害人精！”他狠狠地骂着。哈比对莫尼若说如果他要一直保守秘密，就得离开土司府，离开无处不在的毒药。

莫尼若点点头说：“暂时如此吧。”

于是哈比去面见土司，神神叨叨地说莫尼若久病不愈，是因为土司府有不利于少爷的东西在作祟。他说：“老爷，有卦相显示，少爷不宜外出，也不宜待在家里，就让他去我那里休养吧。”

土司有些恼怒，说：“没我的命令，你瞎占卜什么？”

哈比半闭着眼睛走上前两步，说：“老爷，莫尼若自小跟我学习，他对我来说无比珍贵。所以对莫尼若的事，我处处关心。”

土司戏谑说：“哈比，你喜欢儿子，就自己生一个啊。”

哈比一点也不让步，他又走上前一些说：“莫尼若是您的长子，也是罗玛沼未来的王。爱护他是所有人的责任，一切都要谨遵神的旨意。我希望莫尼若处处都好，万无一失。”

土司不耐烦地说：“这个老哈比，你喜欢用什么神来吓唬我，我该拿什么来吓唬你呢？一顿鞭子吗？”

哈比干脆把眼睛全闭上了，做出一副深沉悠远的样子，用厚重而苍老的语调说：“就是你给我一顿鞭子，我也得这样说——莫尼若跟我学习多年，我爱他就像爱自己的儿子一样，老爷。这段时间，还是让他跟我休养一阵子，让我用我的草药和神力来调养他。”

看来他的苍老厚重和对莫尼若少爷的爱护之心让土司心软了。土司亲自将哈比的茶杯添满水，说：“好吧好吧。老哈比呀，你真是个叫我心烦的人。我明天就让莫尼若去你家住上几天。不过，他的丫头、卫兵、奴仆都得跟着去。”

莫尼若去了哈比家，要么跟哈比一起出去唱经做法事，要么就在家将“梅葛”和“查姆”调子里的传说和史诗写在一张张羊皮纸上。他说万一他哪天不能唱歌了，还可以用眼睛来看这些绚丽的史诗。莫尼若不是毕摩，但他成为罗玛沼史上第一个用文字来记录史诗的人——在此之前，这些东西都只是由毕摩一代又一代口耳相传的。莫尼若这样做，哈比没有反对。他夸奖莫尼若少爷聪明好学，而背地里经常为自己身为毕摩却不如土司少爷刻苦而惭愧得一身冷汗。

莫尼若有时也跟着安德神父去讲经布道。有莫尼若在，村民都非常喜欢来听安德神父传福音，安德神父总是事半功倍。因此他非常喜欢和赏识莫尼若，他说如果莫尼若愿意，他会寻找机会带着莫尼若去美国参观壮丽神圣的水晶大教堂。“那是真正的人间伊甸园，在那里每个人都能得神明的指引，找到自己的梦想。作为神的子民，我们甚至可以去梵蒂冈圣彼得大教堂接受天父的教诲。”安德神父无限神往地说。

莫尼若表示自己并没想那么远。不过他对圣经里的故事相当着迷，就用倮倮文字将圣经里的故事记录下来。但是在罗玛沼的法度里，文字只是给贵族子弟、神职人员使用的，平民百姓只会讲，不会写，也不识字。莫尼若为此煞费苦心，他遇到聪明伶俐的孩子，就让他们来哈比家学写字。

哈比得知后，也没有阻止他。他只是说：“莫尼若，等你当了土司，改一下这些落后的规矩，让平民子弟也学会认字和写字吧。”

可哈比又觉得莫尼若对神学和诗史过于着迷，淡化了他对未来职业所该进行的修炼。唉，哈比想，该如何让他明白自己的身份，想清楚自己到底该干什么呢？

这天早上吃早餐，哈比烤了老茶请莫尼若一块儿来喝，打算旁敲侧击，提醒一下莫尼若。没想到他还没开口，莫尼若却谈论起一个关于人死后，到底去了哪里这样一个连哈比也觉得难以解释的问题。

莫尼若说：“既然人活着时有贵贱之分，死后呢？指路经既然适合每一个倮倮人，都指引人们回到祖先身边去。那么奴隶去了依然是奴隶，贵族依然是贵族么？那么，死人后的世界与活人的世界，又有什么区别……”

哈比说：“少爷，有些事，只是借了神的名义，让人们安心罢了。但既然有神的名义，我们又何必怀疑它呢？”

莫尼若说："你的答案很聪明。"他接着又说："不瞒你说，上个月你给那名溺死在井中的村民指路，我看到他了。"

哈比大吃一惊。

莫尼若说："也许是你悲怆的唱腔感动了我，也感动了亡魂吧，我们产生了共鸣，他才向我展示了他即将离去时的样子。"

他接着向哈比陈述了他所见到的情景：前来接引死者的神穿着飘逸的长袍从他眼前拂过，他也闻见了遥远而空灵的来自天国的异香。当时，只要他伸出手指，几乎就可以接触到那缕在别人眼中完全是虚无但在他眼中确实存在的神奇的、美丽的、温暖而圣洁的光芒。亡灵惨白的脸上挂着水珠，一步一回首，向他的亲人依依惜别。最后，他还向莫尼若微笑了一下。"再见，莫尼若。"他说。

哈比的呼吸都要停止了："他跟你讲话了？那个死人？"

"是的，他跟我说再见。于是我向上天祈祷说：神啊，祖先啊，你的又一个子民随你去了。他一生的罪过，将被他最后的善行所化解——他在死之前，为村子里那口老井清除了淤泥，让井水变得清澈。"

"不得了，不得了。"哈比默默地念叨着。

莫尼若既是未来的土司，又通神性，他绝对是个了不起的人物。但这也是很矛盾的，这矛盾几乎不可能化解。哈比最后说："停止吧，莫尼若。你是未来的土司，你还是多操练一下刀箭，帮你爹管理一下农田。"哈比接着说："少爷，你近来喜欢谈论有关死亡的话题，这让我很不安。你和我的关系非常特殊，你自五岁起就跟着我学习罗玛沼的历史、文字和艺术，我们既是师徒，又像知心朋友，甚至我像父亲一样爱着你。近来我感到你某些时候对神灵的感悟能力已经超越了我。哈比是老了，不及少爷聪明智慧，但是少爷啊，祭司与土司，一个是精神领袖，一个手握生杀大权。一个虚一个实，但实权永远在手握屠刀者的一边。你明白吗？土司是要杀人的，不杀人就当不了土司。等你手上沾了血，你的眼睛就看不见这些了。"

莫尼若笑了笑说："顺其自然吧。"

他冷静而高贵地向哈比欠了欠身子作礼道别。他说他要回土司府一趟，他得回去看看阿果小姐，毕竟人家大姑娘是来跟自己相亲的，出于礼貌，他也不能几天都不跟人家讲句话。

哈比望着他修长挺直的背影，自语说：他的脑袋里装着什么？一块冰，或者，是一把钥匙？

想到钥匙哈比就想到光明，想到神灵。可接着他又想起莫尼若身上的毒，心里就像大海一样翻起波浪。

早晨艳阳高照，晒化了田野里水沟边的薄霜。莫尼若走在晨光之中，招来了无数惊羡的目光。太阳在他身后，正将他整个儿地抱在明媚的金色中，所以看上去，他就是正从太阳里走来。他穿着黑色的没有任何图绣的棉布衣衫，洁白的皮肤像羊脂一样闪耀着晶莹温润的光泽，双眼清澈堪比山泉。他那宽阔的裤腿下裸露着雪白的双足，脚步稳健淡定，轻盈如风，犹如一只云朵上惬意戏嬉的鹰。而这只鹰是如此悠然自得，如此年轻华丽，不带有任何猎手的杀机，他是一只温柔的、多情的、被太阳溺爱着的鹰。他的头发如他的衣服一样，漆黑地飘扬于晨风之中，闪烁着火焰般的光泽，有一群金黄色的蝴蝶正在他的头顶上盘旋翻飞。他的脸庞，怎么说才好呢？英俊，美丽，而他自己却浑然不觉。他眉梢带愁，双唇紧抿，浑然不觉地高贵优雅着。人们震惊地想，这分明就是从太阳里走出的天神啊！

可是这个神子般完美的人，心里承受的苦和痛，又有几人知晓呢？

当他回到土司府，见到大夫人、阿果和三太太都在院子里观赏刚刚盛开的玉兰。

阿果回头看着莫尼若，脸色不太好看，她认为莫尼若冷落了她，有些生气了。她这时正拿着一个无花果，在院子里喂那两只鹦鹉。大夫人说：“莫尼若，你一天到晚不挨家，也不去看看你的别院里需要些什么家具物品。等阿鲁回来，你带着阿果去趟昆明，采购一些新房用品吧。”

莫尼若说：“我要帮安德神父抄写圣经，去发散给村民。去昆明的事你们定吧。”

莫尼若话音刚落，阿果就生气地把整个无花果全都塞进了鹦鹉的嘴里，鹦鹉在挣扎过程中掉了好几根漂亮的羽毛。

这一动作在莫尼若眼里，就是一个修养不好的下人也做不出来。

莫尼若说："小姐，其实我要做什么，可以不用来跟你说的。"

阿果马上镇静下来了，她讨好地冲莫尼若笑了笑说："噢，这只鸟刚才咬了我的手。"

莫尼若说："你如果想回去，路途也不是太遥远吧。"

阿果不说话了，眼泪汪汪地看着莫尼若说："我会在这儿等你的，无论你要抄写多少圣经！"

莫尼若的眼睛并不看她，而是看着远处的青山。那边就是摩玛茶山，拉措的家。

阿果顺着莫尼若的眼神一看，说："拉措成了阿鲁的心上人了，或许我能跟她成为朋友。她长得可真漂亮啊。"

说到阿鲁和拉措，心中有鬼的三太太阿月秀就把眼角偷偷地溜过去，瞄一瞄莫尼若。

莫尼若也正在看她。

"哗"的一声，眼光也会发出声音，真的。明明听见了这么一声。那是什么东西碎了的声音。她的眼神被莫尼若的眼神撞碎了。碎了一地的眼神里飘出一股深沉的苦香味，那是毒药的味道。

阿月秀的惊慌失措被莫尼若尽收眼底。他转回头，静静地对阿果说："你也很漂亮，用不着去羡慕别人。"

他这几句阿果听了犹如蜂蜜般甜蜜，可却像一根刺飞进了三太太阿月秀的心里。

莫尼若回房不久，阿月秀就来了。

她穿着平日里很少穿的大红衣服，脸色苍白，嘴唇涂得血红，整个人看上去浓烈而阴森。莫尼若说："三娘，浓妆艳抹的，出了什么事？"

浓妆的意图常常是为了掩盖真相。

阿月秀的脸一下子就更白了。她狠狠地瞪了莫尼若一眼，说："你不是生病吗？我给你配了一服药来，如果这服药不管用，我明晚再给你配一服。"

她扔下一包草药，像只火狐狸一样猫进了黑夜里。

次日，莫尼若带着药去了哈比家，哈比拨开草药看了一眼冷笑说："她已经迫不及待了！你一再忍让，但其实这只会让毒药如影随形，无处可逃。"

莫尼若淡淡地说："哈比，除了忍让我别无他法。我不想为了权力看到家族仇杀，兄弟反目。那种事，即使让我死，我也不会做。"

哈比说："少爷，过于宽容，就是姑息养奸。此人不除，必有后患啊。"

莫尼若说："你不要怪别人要害我，是我处在一个叫人嫉恨的位置。"

哈比呵呵地笑了几声，说："每个人的命有天注定，如果嫉恨就可以改变命运，那我的蛊术一定比嫉恨更有效。"

莫尼若说："哈比，这不值得你去做那作孽的事。让我自己解决吧，在我看来，宽恕比报复更重要。"莫尼若最后说："你不要再提这事了。我尤其不愿伤害到拉措和阿鲁。阿鲁从楚雄回来又带兵去平匪，这段时间我也没有去看望过他一眼。因为看了他，我会心痛。"他抬起头望着天空，眼神干净清纯，像一池毫无杂质的秋水。

在这样的眼神里，哈比一句话也说不出来了。可等莫尼若出门后，他拿出了这服被他扔在角落里的草药。

"竟然掺了那么多马钱子！"哈比冲着天空嘿嘿地冷笑起来。他彻底被激怒了，自语说："少爷啊，知道吃了这服药，你将会苦笑着离开人世吗？这个愚蠢的女人，狠毒的女人，莫尼若一再忍让，她却不知进退！就让我来看看，最终一脸苦笑的人到底是谁吧！"

哈比决定惩罚三太太阿月秀。他翻开古老的巫书，寻找能杀人于无形的蛊咒，又不辞辛劳去到摩玛山的神庙里许下至死不悔的誓言。此刻谁也看不出三太太阿月秀和哈比之间的较量，一切都还是那么安宁美好。人们都在期待着阿鲁少爷的凯旋，到时将会有今年最后一个狂欢的节日。

39

老君山的土匪们横行于罗玛沼和大理交界一带，占山为王已有四年多。他们见财抢财，见人抢人，隔三岔五冲下山掳掠某一个村子，遇到马帮更是出手凶狠，非要抢到别人山穷水尽。他们算得上是一群骁勇凶猛之辈，只不过这次运气不好，他们遇到了拥有新式武器的土司亲兵队。只用了三天时间，阿鲁和鹿丫所率领的亲兵队就在阿左秋头人的配合下将老君山的匪徒杀得人仰马翻。他们一路追到老君山的最高峰，将剩余的土匪堵在他们的老巢里。匪首在逃进山洞的最后关头死于阿鲁少爷的枪下，二头领被鹿丫打穿了头颅，三头领被乱枪打断了腿。剩下的三十多部卒全是老弱病残，还有几个是女人。鹿丫主张将他们一把火烧死在山洞里，干净利索，早早收兵。他命亲兵们连夜砍来松明火，堵住了山洞的所有出口。他的脑门上还带着被阿鲁的酒杯砸出的瘀青，黝黑的脸上布满了皱纹，络腮胡子上沾满了灰尘。他看上去是一脸焦虑急躁的背时相。

一脸背时相的鹿丫在发出火烧匪巢的命令时受到了阿鲁的反对。阿鲁稳稳地坐在马背上，身姿挺拔，气宇轩昂。他对着山洞大声说：“剩下的匪徒都是些破衣烂衫的老弱病残，已经失去了战斗力。我们应该劝他们归顺土司，回去好好做人。他们曾经都是罗玛沼大地的子民，他们也有家，有儿女亲人，只要他们投降，我就赏银元十块，让他们重新建设家园。”

他虽不是亲兵总管，但却拿出了可以号令军队和兵符的土司正印，鹿丫也只得听从他的。阿鲁的话被风吹进了山洞，里面的人听了，开始“嗡嗡”地议论开来。到了夜里，寒霜普降，阿鲁命人在山洞外搭起帐篷烧起篝火，抬来两头肥猪架在火上烤。肉香味和火焰的光芒传到了山洞里，里面的人也开始烧火煮饭吃。

周复生对阿鲁说：“他们有粮有肉，不怕被困。”

阿鲁摆一摆手说：“他们撑不了多久，你等着瞧。”

第二天，阿鲁继续烧火烤肉，还煮罗锅饭，水煮南瓜白菜。他早已命人叫阿左秋头人源源不断地供粮供水，就是在山上住个十天半月都没有问题。

这样又过了两天，洞里没有烟火了，也没了肉香。有人用箭射出一封信，问阿鲁那天说的话当不当真？是不是真的有十个银元？

阿鲁一看，竟然是汉字。他就跟周复生说：“这里有汉人。你来跟他们对上几句。”

周复生就走近山洞，朝里面大喊：“归顺者有银子，不归顺者交给鹿丫总管烧死。”

喊过了，没有动静。阿鲁继续在外面野餐，喝酒，吃肉。再过一天，里面传来哭泣声，声音越来越大，有人在里面喊：“我们快饿死啦！”有个女人顺着洞壁慢慢爬出来了，她满嘴燎泡，蓬头垢面，浑身恶臭。她哭着拜倒在阿鲁的脚下说：“少爷，我们已经两天没水喝了。”

阿鲁命人拿来水壶让她喝个够，又让她带了两壶水回山洞。他说：“都是一条人命，不是迫不得已，我的枪口绝不会对准你。”

那女人哭泣着说：“我们都是罗玛沼的村民，生活所迫才当了土匪。我们愿意跟随少爷回去。”她朝山洞里喊：“出来吧，他们没有杀我！”

山洞里的人全都归顺了阿鲁，他们把山洞里的财物全都交出来，愿意听凭阿鲁少爷处置。

阿鲁把这些财物大部分交给了阿左秋头人。他说这些财物多数是从他的地盘上被抢走的，让他布施给寨子里的穷人。他又向阿左秋头人借支银两分发给归顺的土匪，兑现当初自己的承诺。他对阿左秋头人说：“我在楚雄念书的时候，常听先生说高明的治国者，都是以仁治国，以德服人，我想我们该好好学学。”

他又说今天所借的银两，会让土司在阿左秋头人明年的贡税里扣减。阿左秋一听立时跪在阿鲁面前说：“少爷，你少年英雄，帮了我那么大的忙，怎么还说这样的话？就算让我再出几倍银两，我也是心甘情愿的，还扣减什么呢，莫叫土司老爷听了笑话！”

阿鲁说：“有借有还，天经地义，我做事就是这样。”

阿鲁和鹿丫率领着部队启程出发了。早有快马奔回土司官寨报捷，用不了两天时间他们就可以回到罗玛沼。亲兵队只是有几人受伤，无一人死亡，大获全胜。归顺的土匪中有二十多人无家可归，愿意跟随阿鲁少爷回罗玛沼任土司老爷处置。阿鲁说：“你们都身经百战，可你们不配被称为勇士。因为勇士的胆量和武艺是用来保护百姓和家人的。这次我愿意给你们改过的机会，你们努力争取当个好人吧。”

所有的人，都对阿鲁表示钦佩。那些平日里跟惯了鹿丫的士兵都在背后窃窃私语，说土司少爷来到军队，就像太阳照耀了一片阴影。此话传进鹿丫的耳朵里，他的脸更阴沉，胡子更邋遢了。他现在无比后悔那天在土司宴上自己的愚钝和冲动，如果他早知道阿鲁和拉措的关系，就不会当着阿鲁的面说出那番话，引起他对自己的敌意了。他应该在神不知鬼不觉的时候把拉措抢回去料理了，生米一旦做成熟饭，任你土司少爷能奈我何？

可是事情已经无法挽回了。阿鲁不仅向自己，还向土司家所有的人都宣称拉措是他的心上人。作为亲兵总管，始终也只是土司家的下人。下人能跟主子争女人吗？

鹿丫满腔悲愤地意识到阿鲁正在把自己最为宝贵的东西抢去了：美女、权力，还有人心。这是多么重要的三件东西！人生在世，还有比这更重要的吗？他心生怨恨，他的马虽然按照队例走在阿鲁前面，但他心里早已伸出一只手，把阿鲁拉过来使劲掐，直到掐死为止。

一路上，鹿丫和阿鲁像两个仇人似的，一个不理一个。不得已要对话时，都是嘴上客套，脸色阴沉。他们是情敌，他们表面上是伙伴，实际上是对手，即将共同分享或者争夺胜利果实。

鹿丫开始盘算着对阿鲁下手。他无法忍受别人比自己霸道和强悍。除了土司老爷，罗玛沼从来就没有人敢比他强。现在阿鲁才十七岁。阿鲁跟着他学习射箭的事历历在目，可如今这个少年只用了几天工夫，就把他几十年建立起来的自尊打倒了。

要是他再长大一些呢？鹿丫心里发寒地想，还有谁会比这小子强？

傍晚时分，人马来到一个峡谷地带的一片阔叶林，这个林子叫野猪箐。过了野猪箐，再走十五公里就是土司官寨了。鹿丫下令下马整顿，休息吃饭。透过篝火的青烟，透过摇曳的树影，透过喧哗的人声和士兵们哼唱的小曲，透过这一切欢快的、放松的、胜利的气氛，鹿丫细密地搜寻着一个置阿鲁于死地的机会。

一脸背时相的鹿丫做梦也没想到，有两个人也在搜寻着要置他于死地的机会，他们恰好就等着他对阿鲁动手，好当螳螂背后的黄雀。周复生和布勒在出征前，苏吉土司交给他们那个秘密的任务，就是找机会除掉鹿丫。土司认为鹿丫撑管军队多年，势力强大，恃功自傲，横行乡里。除了土司，他谁都不放在眼里，几年来干了许多欺男霸女之事。这次他为了拉措闹得鸡飞狗跳，大大折损了土司家的形象，对土司管理领地非常不利。可此人野性难驯，如果公然解除职务，怕他不服又干出什么事来。土司说："我了解鹿丫这个人，他屁股一翘我就知道他要拉屎还是放屁。阿鲁是我给他的诱饵，因为拉措的缘故，他一定会向阿鲁下手。你们就瞅准机会，找一个谋杀主子的罪名除掉他。但是，阿鲁一定得活着回来！”

对于周复生和布勒来说，这个任务太重了。但他们也感到天降大任，意气风发。这是干大事的机会！这是无比刺激的行动！一辈子，错过了就不会再有。两个十六七岁的少年，所谓艺高人胆大，早已周密部署，就等着鹿丫那只螳螂了。

周复生怀揣他的毛瑟手枪，在整个平匪过程中，他没有开一枪。他的枪口始终是对着鹿丫的。布勒则与另外两名阿鲁的贴身侍卫做好了赴死的准备——他紧紧地盯着鹿丫，如果一有动静，他们的任务是保护阿鲁。

可是，眼看离回府的时间越来越近了，鹿丫还是没有什么行动。周复生和布勒都紧张得不得了。两人眼神交对，都明白对方的意思：要是土司老爷算错了呢？要不要也将鹿丫打死？想到鹿丫对拉措一家所犯的种种恶行他们也无比愤慨，但那又值得要置鹿丫于死地吗？

天色暗下来了。营地里微弱的火光扑闪扑闪忽明忽暗，周复生想，这火苗多像阴谋家的心跳！

另外两个阴谋家的战争也在这个晚上展开了。

阿月秀给了莫尼若含有大量马钱子的草药后，她觉得莫尼若肯定会吃下去。鬼知道她为什么要这样想。前几次都是莫尼若不知情的情况下被她下毒成功。可是，莫尼若已经离开土司府去了哈比家住，就表示他已有所怀疑。哈比是通神的人物，又懂医术，如果阿月秀是个聪明人，她应该有所察觉，然后收敛一点。可急于成功的心理蒙蔽了她的眼睛，她无所顾忌地谋害未来土司的行为终于彻底激怒了老哈比。正如她当初所言：更大的变化发生了。

当天夜里的三更时分，土司府里发出了一声骇人的尖叫，三太太披头散发地从她的房里跑出来，跌跌撞撞一路滚下楼梯，发疯似的又哭又叫，说她房里进了一条巨蛇。

仆人们点了火把赶到她的房里，只看见满屋都是黑色的蝴蝶，它们密密麻麻地挤在一处扭成一股黑色风暴，“哗”地冲出窗户，飞向了夜空。

两天后，阿鲁一行人回到了府中，他的母亲阿月秀已经只能躺在床上瞪着眼睛一句话也说不出来了。几日后，她瘦得只剩一把骨头，像蛇一样蜕了两层皮，死的时候像一条白色的小蛇一样圈成一团。

阿鲁就这样失去了生母，这个一心为了儿子的前程而拼了自己的性命的女人，这个并不高明的谋略家，到死也没能明白她看到的到底是蛇还是蝴蝶。

40

罗玛沼的村民因为土司太太的去世进入了长达一个月的丧期。而土司府的丧期会更长，阿鲁作为三太太的亲子，他将服孝一年。所以莫尼若和阿果的婚事也被推迟了。

丧期的悲痛氛围在土司府并没有持续太长，因为虽然三太太死了，但同时还发生了两件喜事，一是阿鲁的凯旋，他为罗玛沼肃清了匪患，还带回来大批战利品和俘虏。尤其是他在军中的处事态度，在亲兵队成为美谈。二是鹿丫在凯旋的途中意图谋害土司亲派的督军阿鲁少爷，被勇士周复生当场打断了腿，逃出了罗玛沼。土司宣布今后鹿丫不得再回到罗玛沼，如果谁在罗玛沼的地盘上见了他，都可以打死他。鹿丫掌管兵权的时代结束了，土司亲兵队的大权正式落到了阿鲁的手上。

春节后，土司又宣布空了多年的护印土司之位，由阿鲁来担任，同时大力奖赏了周复生和布勒。他说近期他会去省城一趟，向省政府禀报此事，同时获得正式的政府委任文书。其实这些都是走过场，省政府是不会干涉一个土司封自己的族人来当自己的助手的。这只不过是营造了一种土司与政府之间隶属关系的表象。为了让罗玛沼的老百姓感觉到土司头顶上的王冠乃是朝廷所赐，有着皇命不可违的意味，土司的形象地位就更稳固了。

阿鲁没想到莫尼若都还没当上土司，自己却已经当上了护印土司。

协助现任的土司就更加义不容辞了——那是他的父亲。丧母之痛和荣誉的降临，让这个刚满十七岁的少年一下子成熟了许多。他的眼睛显得更加深沉了，肩膀也更加强壮了。他告诉拉措，等自己丧期一满就去她家提亲。他常到茶山看望拉措，又专门派了几个奴工来茶山帮助她。青珍想，原来是自己看走了眼，这小子那么快就变强大了，似乎足以保护自己的女儿了。这样一来，阿鲁和拉措的关系就众所周知了，那些喜欢去茶山围着拉措唱情歌的小伙子再也不去了，周复生也去得少了。他们成为罗玛沼人公认的最般配最可爱的金童玉女，羡煞了所有曾经暗恋拉措的小伙子和暗恋阿鲁的姑娘。而苏吉土司并不介意自己的儿子爱上一个奴仆，因为他自己早已做出过表率，更何况阿鲁只是次子，他不负有传承正统贵族血脉的使命。

“你喜欢谁是你的自由，男人就是要这样，何必让什么规矩、什么法度来束手束脚？连爱什么样的女人都要看人眼色，那叫什么土司少爷！”他这样跟阿鲁说。

莫尼若就不一样，他的妻子必须是跟他一样出身高贵的世袭贵族。其实关键是莫尼若不喜欢阿果，这点土司早看出来了。据说莫尼若也喜欢拉措，这个土司就睁只眼闭只眼。好在阿果对自己这个美貌洒脱的大儿子一往情深。他们的联姻有着深层次的政治意图，莫尼若深知此意，他还算懂事，所以也并没有明确反对这门亲事。

只是莫尼若仍然沉浸在他的神灵世界里。阿月秀死后，他就从哈比家里搬回来了。但他的病依然时好时坏，这让土司感到非常头疼。他去请教哈比，只可惜哈比也已经重病在身，无法为他指点迷津。

青珍时常配些草药，让拉措送去给莫尼若。阿月秀死后，她也日渐消瘦，时常心事重重，郁郁寡欢。让拉措非常不解的是，当她满心喜悦地告诉母亲阿鲁少爷要向自己提亲的事时，她以为母亲会眼含热泪地感谢上苍对女儿的眷顾，并为自己的爱情和幸福而高兴。

青珍却只是微笑着，把拉措拉过来搂在怀里，淡淡地说："拉措，人生无常，任何幸福都是要付出代价的。"

这真出乎拉措的意料。难道青珍不喜欢阿鲁吗？

青珍不置可否地说："我没有权利喜欢他或者不喜欢他，你喜欢他就行了。"

连着五个梨花满天飞舞的春日，青珍都独自进山采药，她不让拉措插手，又独自将这些采回的药材连夜配制成几十服药。

青珍带着这些药去找哈比。

一切都在她的意料之中，哈比已经躺在病床之上，气息奄奄。他见了青珍，喘息着说："你这罪人，该去向莫尼若少爷请罪。"

青珍说："阿月秀已经死了，你并不在乎再多我这条命。但是我为少爷送来解毒的药，他连服三月，就可减去体内的大半毒性。"

哈比冷笑说："你如此做作，是为了帮你的女婿热雷阿鲁开辟道路吧？收起你那些毒药，走远些吧！"

青珍正想辩白一下，莫尼若进来了。他见青珍在此，似乎早有预见，说："你带来了药？谢谢你。"

然后莫尼若开始坐在哈比床边诵经。青珍站在旁边听了一会儿，难抑心头的悔恨和自责，泪流满面，泣不成声。

哈比听着莫尼若唱经，慢慢觉得身子变轻了，像一片羽毛，莫尼若嘴里呼出的气也可以将他吹起来。他飘浮着，舒展着四肢，毛孔也变得通畅无阻，清新透亮，逍遥自在。接着他的身子又开始变得重了。莫尼若的歌声像一根接一根的铅条，塞进了他的身体里，很重很重。但重得很踏实，一点儿不难受。重量使哈比往地底下沉下去。不不，哈比挣扎着又睁开眼睛，他还有最后一句话要对莫尼若说。他努力抬起手，抓住了莫尼若的手，断断续续地说："少爷，你的路障已经扫清，要勇敢地走下去。”

莫尼若知道阿月秀的死与哈比有关。但是，哈比已经为此付出了生命，他遭到了应得的报应。哈比说，他其实早就是个要遭报应的人，因为作为一个毕摩却没有儿子，这就是最大的报应。哈比最后微笑着说：“没想到，我是先有果，后有因。以前一直不明白我为什么要遭报应，一直到现在才知道啊！”

他的手垂到床边，头垂到了胸前，嘴角边淌下一小股涎水，他永远睡着了。

罗玛沼的大祭司哈比就这样去世了。

哈比的死像一片黑色的厚重云层，将罗玛沼覆盖了。

哈比老爹在罗玛沼做了六十八年的毕摩，他是神的代表，是人们的精神领袖。他在世的时候，没有人想过失去他会怎么样，以为像他这样神仙般的人物就像龙川江和金沙江的水，永远都不会枯竭。可他忽然就死了，他抽走了人们心中的一根弦，人们感到了空前的悲伤和空虚。

接下来一场史无前例的倒春寒袭击了罗玛沼。这时桃李樱桃都已结满了青涩果实，小春作物已经绿了田野山冈。忽然一夜之间白雪飘飘，仿佛天神为哈比送来吊唁。

莫尼若悲痛万分，亲自为哈比主持葬礼，唱指路经。他历数哈比在世时的种种好处，他的善良慈悲，他的勤劳勇敢、大智大慧。他唱了三天三夜，水米不进。只有他知道，已经有两个人因为自己而死了。

他开始痛恨自己天生就处在一个让人嫉妒的位置，恨自己这个位置招来的所有权势之争。哈比的葬礼一结束，莫尼若就倒在地上，口吐鲜血。

大雪一直下了五天，冻死了田里的麦子、蚕豆等小春作物和罗玛沼大地上所有刚刚结出的小果子，还有老弱的牲口以及路边的乞丐。雪没有要停止的意思。哈比的预言被应验了，罗玛沼这片土地因为种那邪恶的罂粟而遭到了报应。

安德神父整天忙于奔走在大街小巷为死去的生灵祈祷，阿鲁也召集人马，给损失惨重的人家送去钱粮。

望着白茫茫的一片山川和无休无止的雪花，土司不无忧愤地说：“哈比啊，你这个死老倌，死了也不忘你曾经许下的诅咒。我跟你有仇吗？罗玛沼跟你有仇吗？好，你就咒吧，我不信你咒得了所有罗玛沼人。”

土司骂着骂着，天就晴开了。雪停云散，阳光无比明媚地普照了大地。

土司站在大院里哈哈大笑，笑得肩膀上的虎皮披肩都在颤抖。笑着笑着，他就流下了眼泪。没了哈比，他觉得他心里也少了一根弦。

莫尼若的房间里再次飘出了草药味。他头痛不止，浑身发烫，面色惨白。土司和大夫人急坏了，请来几个草太医，都无计可施。其中一个草医想起了青珍，说或许她能救少爷一命，这个女人的父亲曾是罗玛沼有名的巫医，他虽然死了，但他的女儿据说得到了他的真传。土司立刻派人将青珍请下山来，替莫尼若治病。

青珍将怀里的小儿子塞给茶山的一个帮工，叫上拉措就上路。拉措见青珍手里提着一大包草药，这些草药全都早就配好了，包在一个布包里，似乎她早就有所准备。青珍脸色发白，眼里有一种拉措从未见过的果敢和悲郁之色。她一句话也不敢多说，紧紧跟着母亲来到土司府。

见到莫尼若，拉措大吃一惊。他面色惨白，双颊绯红，长长的睫毛紧紧锁住了乌青的眼眸。他露出被子外面的手，白得能看到皮肤底下的血管；一头散乱的乌发，犹如黑色的火焰燃烧在华丽的床榻之上，散发出无声的悲怨。

青珍伸出颤抖的手，给莫尼若把脉，查看他的眼皮和头发。她拿出事先配好的药，让厨娘熬来亲手喂给莫尼若。过了一会儿，莫尼若气息平稳了，脸上的红晕慢慢消退。青珍去向土司和大夫人辞行，她低着头，谦恭地说：“我已经为少爷配好了十服药，但这些药的熬制方法各不相同，为了让它们能最好地发挥作用，就让拉措留下来服侍少爷将药服完后再离开。”

大夫人本来不喜欢拉措。她认为太过美艳的女人都是祸害。在她眼里，拉措在罗玛沼引起的纷争和骚乱已经够多了。但考虑到莫尼若的病，就勉强答应了。她叫来阿兰和阿木诺，让他们防着拉措。

“别让那祸水又生出什么事端来。”她说。

拉措则大为不解。她说："阿妈，这些药真有那么多讲究吗？"

青珍点点头说："没错，就是有那么多讲究。"她接着手把手教给拉措各服药的熬煮方法。其实这些都是噱头。她是为了让莫尼若看见拉措，能有个好心情。她始终没有忘记莫尼若曾经向拉措表白爱意的那个美丽场景。也许是出于对莫尼若的愧疚，青珍喜欢莫尼若胜于阿鲁。阿鲁是猛虎，而莫尼若是一棵慈悲的菩提树。总之她觉得既然莫尼若喜欢拉措，他见了她一定就会认真吃药，这样他也会好得更快一点。青珍想：少爷，我为了你可是费尽了心机，连女儿都给利用上了。如果你真有灵犀，就体谅我这个做娘的吧！

她流着泪走在回家的路上，忽觉一阵恶心胸口发堵，就坐在路边呕吐了一阵，看见呕出了鲜红的血。她恍惚看见哈比身着黑色长袍，手持法器，唱起那首古老的歌：

传说在大雾弥漫的时候，妖艳的精灵来到人间。妈妈让我别靠近它，它会带走我的灵魂。可我迷恋它的美丽，愿意用我的血来供养它……

他缓缓从她身旁走过，脚印里开出了艳丽的花朵，随着他的身影一路远去。

41

拉措留在土司府的事，引起了不小的震动。阿鲁肯定是特别高兴的，他做的第一件事就是去检查了下人们给拉措布置的绣房好不好，舒不舒服。拉措现在的身份不同了。表面上她还是土司家的奴仆，可实际上已经没人这样看她了。土司府的下人们对她全都礼让三分，见了面还向她行礼。

阿鲁见下人们给拉措布置的房间仅次于阿果小姐，这说明土司府从上到下都已经承认了他和拉措的关系，心里很高兴。他想到今天就能在这里跟拉措相会，甜蜜的心思就展现在他全身的每一个细胞里，那是爱情的味道，想藏都藏不住。

接下来最关注拉措的人就是阿果小姐。她像只刺猬一样竖起了刺。她跑到莫尼若的房间里，看见拉措坐在窗前的椅子上手持白毛羽扇，轻轻扇着碗里热气腾腾的汤药。她一身淡绿春装，身姿婀娜，秀发披肩，比一株含苞待放的百合花还要娇艳。她衣着的轻薄清爽正好衬出阿果小姐一身冬衣的厚重和首饰繁多的凌乱，阿果感觉自己在她面前就像一只身披笨重铠甲的母羊。她快要气疯了，单是对拉措不惧寒冷这一点，她就无比嫉妒。各种刻薄的语言就要抑制不住喷薄而出。但这时莫尼若正好醒来。

莫尼若一睁开眼，就像在沙漠里经历了漫长艰苦旅程之后，忽然发现了一汪清泉，一片绿洲。他闻到了拉措身上散发出的清新的野姜花的味道，看见眼前那个身着浅绿衣裙、肤色如雪的姑娘。他叫了一声："拉措！"

阿果就为了这一声，哭着跑出去了。为什么莫尼若醒来后看到的第一个人是拉措，叫的第一个人是拉措，而不是自己呢？她去到大夫人的屋里，声泪俱下，要求立刻将拉措赶出府去。

大夫人冷静地说："阿果，想想你的身份吧，你怎么可以这样像个没有修养的下人一样哭闹？拉措是阿鲁的心上人，阿鲁现在是护印土司！你不明白吗？我真为你感到脸红。"

不过大夫人还是把自己的一些想法告诉了土司。

"记得刘县长曾说过，女人太过美艳，必为妖孽。以前我不觉得，现在看来还真是这样。男人都爱美色，但这天性一旦有人来牵制和调教，也就无妨了。所以莫尼若对拉措的心思，只要让阿果来牵制就行了。他的别院已盖好，需要添置大量家具和用品，为了稳定莫尼若和阿果的心，还是尽快带这两个孩子去昆明置办婚礼用品吧，然后先把婚期定下来。这一来也好封了阿果那丫头的嘴，死了莫尼若的心。"

土司却像是有其他想法，他有些心不在焉。他看看窗外，被雪冻坏的树木又重新吐翠了。他说："啊哈，倒也真难得我热雷家族家里，出了这两个重感情的家伙。"

大夫人瞪了他一眼说："就这样定了，莫尼若病情好转，你就带着他和阿果去昆明吧。"

土司从大夫人屋里出来，碰见布勒和周复生。他们是来看望莫尼若少爷的。土司望着布勒跛着脚走远了，心里就难过起来。

这个儿子，认是不能认的，但不认的话，他心里又觉得内疚。这可怜的孩子。土司伤感地想，如果他自己能做主，他也许不愿意来到这个世上。

"唉……"土司长长地叹了一口气。他想，找个适当的时机，给他一块封地，让他也能体面地生存下去吧。

晚上，拉措被传与土司家人共进晚餐。拉措过惯了清贫的日子，很不适应土司家宴的丰盛与豪华，吃了个半饱就放下碗筷。莫尼若和阿鲁都忙着给她夹菜，劝她再吃一点。土司一看哭笑不得。阿鲁也罢了，他讨好拉措是应该的，可莫尼若是怎么回事？大夫人说的没错，喜欢美色是每个男人的天性。他狠狠瞪了莫尼若一眼。莫尼若见了，一脸讪讪的。

阿果小姐呢，为了能在晚餐时自己也美丽动人吸引莫尼若，她脱下了厚重的夹棉衣裙，换了一身轻薄柔软的丝绸衣裳。结果即便坐在燃着炭火的房间里，还是冷得直打喷嚏。大夫人见了，不免觉得这小姐憨得可怜，就说："阿果啊，拉措自幼生活在大山之上，生活清苦，冷惯了。况且她每天得下地劳作，体质自然是强过你的。你是千金之躯，怎么去跟她比？"

她总是改不了喜欢把自己的位置与别人分开的习惯，身份血统的概念在她心里坚如磐石。土司暗暗叹了口气，他想起了死去的阿月秀，她在世的日子里，总是被"身份"问题搅得不得安生。现在，大夫人对拉措如法炮制，令土司很不快。他看了阿鲁一眼，见他皱起了眉头，他知道那小子想的肯定跟自己一样。

土司说："好了，大家一家人，说这些累不累？"

大夫人哼了一声不再说话了。

拉措却觉得大夫人说的很对，她不认为这是在挖苦她，因为夫人说的是事实。她甚至非常友好地对阿果说："我阿妈说人的身体本身具有抵抗寒冷的能力，冬日里多动动手脚，不要穿太多，慢慢就不怕冷了。"

大夫人一听，盯了拉措一眼，见那姑娘一脸纯净无辜，只好在心里哀叹了：看来这也是个笨得听不来话的姑娘。

莫尼若和阿鲁相视一眼，暗暗地笑了。大夫人那一套弯弯绕，在心无城府的拉措这里不起作用了。

晚上，阿鲁和周复生、布勒都跑到拉措房间去看她。

拉措无比开心，她光着脚踩在厚实松软的地毯上走来走去，她记得父亲在世时，她也常常这样光着脚在家里走来走去，那是体验自由与放松最好的方式。现在，这感觉似乎又回来了。几个小伙伴说说笑笑，多日以来因罗玛沼接二连三的丧事所留下的阴霾一扫而空。

拉措心性天真，一看窗外月色如水，便建议大家到院子里赏月观花。阿鲁知道杨清远生前爱种花，拉措家的小院子里常年鲜花不败，拉措爱花，或许跟怀念父亲有关。而阿鲁爱惜拉措，就像爱花一样。布勒和周复生倒没想到这一层，但他俩对拉措的话历来言听计从，积极响应。

这样，这群年轻人就来到月下的花园里谈天说地。拉措依旧没穿鞋子，她姣美纤细的双足在月光下隐隐发出细腻的蓝光，把几个男子的眼球招惹得应接不暇，周复生首先大叫受不了了，他说拉措你仁慈一点吧，你知道我们喜欢你，也不用这样招摇。

几人又哈哈大笑。忽然莫尼若来了。他趁着月光，赤着双足，衣袂飘飘，像月光里下凡的神仙一般美丽。莫尼若的到来让阿鲁有些意外，因为自从他去了楚雄念书，回来后莫尼若就几乎不怎么搭理他了。就连他的生母死了，莫尼若也只是来看过他两次。周复生和布勒略显拘束，立刻正襟危坐，显出呆滞来。莫尼若笑着说：“你们几个，是怕我呢，还是恨我？”

拉措也忍俊不禁，咯咯地笑起来，在她的心里，莫尼若少爷是那个在海棠树下听她唱阿色调的精灵，是那棵帮她挡住了鹿丫鞭子的菩提树。他曾经拥抱过她，向她求婚，可是他的纯净无瑕，让她没有丝毫杂念。拉措一笑，所有人都笑了。在场的四个男子，无一不是因心里倾慕于她，才汇集于此。其实大家心里都明白，除了阿鲁，其余三个人从此都只能跟这个自己喜爱的姑娘说再见了。她以后将变成他们兄弟的妻子。

只不过今夜那么美好珍贵，谁都不愿意打破这种默契。

拉措说：“大少爷，你这一来，我很高兴，证明你身体好了。你看，你能跟我一样不穿鞋子。能接地气的人，都是身体康健的。”她又说：“我去给你采些菖蒲根茎来，可以除邪避秽，对你身体有好处！”

她说着就踩着池子间的石子一步步走进了蒲草丛中，在几个大男孩惊讶的目光中，一片淡蓝色的月光水晕包围了她。她看起来变得朦朦胧胧的，她转过头来看着他们笑，像飘浮在蒲草丛中的梦境一样美丽。

阿果寻着莫尼若的行踪来了。她刚好看见这一幕，立刻感到四个男人已经完全被那女子迷住了。阿果愤怒而恐惧地想：这哪是一个寻常女人能有的手段？她完全就是一个妖精！

可莫尼若似乎兴致很好，他回头瞧见阿果，见她穿得不多，就朝她笑了一笑说：“阿果，你比不得拉措，不要冷着。”

这句话就像大雪天给她送来了一盆炭火，让阿果感动极了。虽然莫尼若给她一个笑脸也不排除是看在怕她又找拉措生事的分上。可是自从她看见莫尼若的第一眼开始，她就只当自己是泼出去的水，没办法回头了。她的心被这个带着海棠般忧郁神色的美男子掳走了，她就没想过要回头，她一百个愿意被他掳走。

拉措又像一个梦境一样飘了回来，她手里已经拿着一把菖蒲根茎。阿果此时为了莫尼若，她不打算再做长刺的花。她笑眯眯地向她心目中的妖精拉措请教菖蒲的作用，还有驱寒避冷的方法，说自己也不喜欢穿得像只胖母羊。拉措诚心诚意地拉着阿果坐在池子边的石头上，让她脱了鞋子，教她做足底穴位按摩。拉措说这是母亲教她的，很管用。阿果一开始只想敷衍，没想到拉措很认真，她甚至亲手握起她的脚来帮她按摩。阿果心里就有些不好意思了，接着就真的感到热气从足底往身上钻，全身都热起来了，无比舒服。她悄悄地瞄了一眼拉措，看到她纯净如水的眼眸和真诚善良的脸。看来男人要喜欢一个女人，也不是毫无道理的，妖精定然会有妖精的可爱之处。阿果想。

这个美好和睦而又充满洁白的愁绪的夜晚，对于这群少男少女来说，都是极其珍贵的。因为从此以后，这样的事就再也没有发生过，它变成了一个美丽的回忆，只在他们漫长的人生旅途中被深深怀念。

42

拉措为土司府送来了今年的第一批春茶。她向土司禀告由于那场大雪，茶山损失惨重。她说她为此心里充满了愧疚。土司大方地说："今年受损的不只是茶山。但我们在雪灾之前，就已经赚够了银子了，所以这点损失微不足道。"

确实如此，去年的罂粟为热雷土司家带来了巨大的财富。热雷家现在的银子多得叫人手痒，它们挤在银库里一个劲地蹦跶着要往外跳，叫着："花了我！花了我啊！"

所以，土司为了显示自己的实力和大方，当即叫人送了一箱银子去周复生家的银铺，吩咐周老板打制一套毕摩法器，他要送给即将接任哈比的新毕摩。另外按照最高的规格，打制两套新娘大婚时的银饰。土司神秘地说："我有两个儿媳妇，所以银饰也得两套。"

这是周老板开张以来接到的最大一笔生意。他立刻叫来周复生，让他一起来设计和制作土司家的货。周复生听了，沉默良久，他知道其中有一套新娘银饰是拉措的。沉默过后，周复生便足不出户，全身心投入到了作坊里。他耗时两个多月，设计和打制了两套新娘套饰，一套是依照阿果的身材和性格做的，以牡丹、凤凰为主要图案，表现的是大富大贵；另一套纤巧典雅，用了百合祥云图案，又采用双层镂空雕花加上鎏金工艺，配了缅甸翡翠点坠其中。他对周老板说，这套是给阿鲁的媳妇做的。

周老板非常赏识儿子的手艺，他认为阿鲁媳妇的那套设计别致，独具匠心，儿子一定是费了不少心血。周复生听了父亲的夸赞，也只是淡淡地笑笑。这套银饰成了周复生制作的最后一套新娘饰品，因为从此以后，他除了打制银碗，只做酒杯。任何女人的饰品，他都拒绝制作。再不久，他就离开了罗玛沼，没人知道他去了哪里，一直到新时代来临的那天。

此时的罗玛沼大地在经过那场由哈比的死而带来的雪灾之后，刚刚恢复生机。世界上更远的地方，正在发生着巨大的变化，经济危机让世界各地一片萧条。西方世界股市暴跌，生产过剩，厂铺关门，企业破产，绝望的牧场主把牛奶倒入大海之中，农民们哭泣着烧毁了成吨的棉花。一场为了解决生产力和生产资源矛盾的战争正在悄然席卷整个世界。

但是，在罗玛沼，还是一片温馨和睦的景象。倒春寒之后的春耕再次开始了，土司正在正厅跟头人们商量着，想继续种上罂粟。土司的想法招来几个长老的反对。他们认为罂粟虽然能带来许多银子，但却占用了农田，受损失的还是那些生活需要自给自足的贫民。地里不长庄稼，他们就算得了一些银子，也要花费时间和精力去别处买来粮食。就算他们能去别处买粮食，一直依赖农田五谷循环的牲口和家禽的喂养也成问题了。

土司不听劝，他说他马上就要上昆明去给莫尼若少爷置办新婚物资，届时他将与罗玛沼的老朋友刘县长见面。刘县长肯定会再次来收购罂粟，为罗玛沼带来巨额财富。

土司下令罗玛沼的大部分农田依然种上罂粟后，就带着莫尼若和阿果去了省城昆明。

土司一去十天，回来后，他又紧急召集了五位长老、四个寨子的头人、护印土司阿鲁、长子莫尼若，开了新年的二个部族会议。他在地上踱来踱去，忧心忡忡地说："世界正在发生巨大的变化。这次去昆明，我们得知了一个惊人消息，我们国家东北部的一块地盘，被日本国占领了。"

"虽然看上去日本国离罗玛沼很远，但这是国家与国家之间的战争，一旦打起来，生灵涂炭在所难免。不管是东北部的人民死了，还是西南部的人民死了，那都是我们的同胞。"

长老说："政府在干什么？为什么要把地让给日本国？"

土司叹了一口气，他想这事他无法解释。他说："不管政府把哪块地让给日本国，总之罗玛沼是我们的，一棵草都不可能让给别人。还有，我下令种植罂粟的决定是明智的。我们现在最需要的就是银子和军火，我已经跟刘县长约好，三个月之后，他会再次来罗玛沼收购大烟的，到时又会有一批新的军火到来，我们的亲兵队就会更强大了。"

他接着决定让罗玛沼的青壮年组成武装小组，和土司府的家兵队一道，由阿鲁统领和操练。阿鲁手底下的兵马，由原来的三百多人，一下子增加到了四百多人。

"等新加入的士兵学会打枪，收复碧格寨的日子就到了。"土司说。

土司又拿出省政府授予阿鲁护印土司一职的批文，上面盖着龙云的主席印。他当着几位长老和头人们的面表彰了阿鲁一番，说他近年来为罗玛沼安保工作付出了心血。"保护罗玛沼，就看我们的护印土司和罗玛沼后生们的枪法了。"他说。

部族会议后，长老们依然叹息不止。他们年纪已老，不喜欢什么兵戈动荡。他们相互安慰着走出土司府，说自己已经老了，这世界变化太快，他们老眼昏花，应接不暇了。

安德神父这时带着四个外国人来了。长老们站在大门口，又望着安德神父和那帮外国人的背影发表了一通感慨，他们认为罗玛沼的神灵现在太杂乱了，村民们都摸不着庙门了。

这群外国人的拜访打破了土司府寂静阴郁的气氛。穿着一身倮倮人服饰的安德神父向土司禀报说这些远道而来的外国人都是他的朋友，他首先向土司引见了一位名叫珍妮的金发碧眼的年轻女郎。好在土司之前已经看惯了安德神父，此次去昆明又见过几个外国人。否则他真该认为自己看到了女妖。长着如此幽绿眼睛的，在罗玛沼除了夜猫鬼，还能有谁呢。

土司打了个哈欠说："神父，我还有事，就让我的护印土司阿鲁和莫尼若少爷来陪你们吧。"

安德神父朝土司行了大礼，表示他此次来，也正要拜见莫尼若少爷。"我听说少爷近来身体抱恙，因此特地为他送来一些国外的药品。"

土司摆一摆手不耐烦地说："他现在已经好啦，是罗玛沼的草药治好的。"

他说完就走了。在上楼的时候，土司忽然感到膝盖发软。他停下来歇了会儿，抬眼看了看身边的老奴阿木诺说："阿木诺，我发现你的腰更弯了。你也不得不弯了，我刚刚都觉着腿软。我们都老了啊。"

阿木诺说："老爷，阿木诺比你大二十岁都还想着要多服侍老爷几年呐，你怎么就说起老来了。"

但阿木诺确实发现苏吉土司近来精力大不如前了。他总是哈欠连天，从院子里上到土司房就三层楼，他也要歇上两回气。

阿木诺说："老爷，新来的毕摩以前是哈比的徒弟，据说他也懂医术。晚上我让他来给你看看？"

说起哈比，苏吉土司变得很忧郁。他叹息说："哈比啊……唉，我过去真不该老跟他吵嘴的。"

阿木诺不敢多言，扶土司回房躺下了。

莫尼若和阿鲁热情款待了这群外国人。他们都多看了珍妮两眼。这姑娘穿着白衬衣，雪白的脖子下面露着漂亮的锁骨；黑长裙只到膝盖以下一点点，马靴和裙子中间露出一截白皙的小腿。她的装束在罗玛沼绝对是惊世骇俗的，连莫尼若也觉得有些脸红。可他又觉得珍妮有种非常独特的美，她的金发像一层层翻涌的麦浪，让他嗅到了丰收和阳光的味道。

珍妮也一见莫尼若，就表现出非常大方的热情。她笑着向莫尼若伸出手，用中国话说："我早就听安德神父夸赞过少爷的慈悲俊美，今天真是太高兴了。"她称赞阿鲁少年英武，身材健美，把阿鲁脸都听红了。

安德神父又把一名高大英俊的小伙子介绍给土司家两位少爷，说他是来自德国的植物学家希尼瓦特先生。

德国人希尼瓦特送了一把精致而锋利无比的小刀给阿鲁。"这是瑞士军刀，但这刀的祖先是德国人。"他笑眯眯地说。他用罗玛沼人最喜欢说的"祖先"二字，生动地表达这刀的渊源。阿鲁也把自已那把考究的弓箭拿来给外国朋友们欣赏。德国人赏玩良久，爱不释手。他对色泽暗红、温润如玉的紫杉弓身赞不绝口，说以为只有意大利才有那么漂亮的长弓，没想到罗玛沼也有。他又问做弓的紫杉是不是就长在罗玛沼的森林里？他接着请求阿鲁允许他到罗玛沼的森林里转转。

"罗玛沼并不生长紫杉。"阿鲁回答他，"做弓的材料来自缅甸。"

德国人说："没关系，如果能在森林里找到那些稀有的高山杜鹃我会更高兴的。"

安德神父解释说，希尼瓦特先生是研究杜鹃的专家。介绍完德国人，神父就说起了正事。他说珍妮和另外两人都来自美国，他们是电影艺术家，也是教会的朋友。他们来到中国已经有两年多，专门深入边疆蒙昧落后的地区，为的就是传播上帝的福音和向老百姓们展示西方电影艺术的成果，让西方先进的科技也能为中国边疆的老百姓创造快乐。

"什么是电影？"莫尼若大为好奇。

安德说："那是科技与艺术相结合后产生的魔幻世界。能带给人们美丽奇妙的感受。莫尼若少爷，我衷心希望你们全家都能参加这个视觉与心灵的盛宴。"

阿鲁派人去茶山接拉措来看电影，但派去的人回来说拉措的阿妈病重，她来不了了。阿鲁很为拉措担心，想去茶山看一看。但放电影可是一件大事，来的人就跟参加赛衣会一样多，他得带领兵马维持治安，盯着那群外国人。

莫尼若还没有任职，自是一身轻松，他和阿果一早就来到广场上，和那群外国人聊得很开心。特别是珍妮，那双碧绿的眼珠子一看到莫尼若就散发出妖娆的妩媚，但她还是首先非常礼貌地称赞了一番阿果小姐的美丽，才又热情地向莫尼若介绍电影放映机和胶片的原理。莫尼若感慨说："啊，这些东西让我有种大开眼界的感觉。"他有生以来第一次发觉自己的生活圈子原来那么狭小，接着又有生以来第一次萌发了想离开罗玛沼的念头——世界那么大，那么丰富多彩，有那么多的新东西等着他去大开眼界啊！

不过，这想法把他自己也吓了一跳。

同样的，罗玛沼人有生以来第一次看了电影。这部电影名叫《一千零一夜》。当罗玛沼人从一块白色的布上看到那些长相奇特服装怪异的人演绎着各种神奇故事的时候，整个罗玛沼沸腾了。他们一开始大叫魔鬼来了，恐慌地拉起手打算逃跑。没过一会儿，他们发现白布上的人并不能走下来，而且他们自说自话，好像并没发现罗玛沼的人群。再然后他们就心安理得地欣赏起来了，最后全都痴迷地坐到地上。电影虽然没有声音，但上面的人每一个表情，都把罗玛沼人带进了一个又一个从未有过的幻想和梦境里，他们惊慌失措，却又如痴如醉。这场电影犹如天神在罗玛沼上空开启了一扇天窗，向人们昭示了天窗外的另一个世界。

布勒和周复生也去看电影了。周复生虽然见多识广也早就听说过电影，但这次也被深深地震动了。布勒显然比他还要激动，他把周复生拉到树底下说："我有一样东西，要向你请教一下。"他从怀里拿出了那本在楚雄捡到的"禁书"。二人打着手电筒，一页页翻看起来。布勒说："我终于理解张先生为什么说我们国家落后了。我们国家现在还没有出现能让人跑到白布上演戏而不会掉下来的技术。"

周复生不以为然地说："这种技术很快就会传到中国来的。中国人那么聪明，或许已经有人会拍电影了，只是我们不知道。"

布勒点点头，又指着书上的内容说："这书上明明描绘着一个叫共产主义的世界。这世界如此美好，是不是跟安德神父说的天堂是一个意思？如果是一个意思，为什么安德神父可以到处宣讲天堂，而写这个书的人却被枪毙了？"

周复生手里正拿着一根烧玉米在啃。他仔细看了看书，玉米就在嘴里久久没有咽下。过了一会儿，他回答布勒说："共产主义和天堂的美好之处是相似的。但它们抵达的途径完全不一样。一个是需要某一层人的引导和一系列斗争，另一个需要的是神的指引和一颗仁爱的心。"

周复生又说："布勒，这书你还是收着点吧。别让土司知道。这不是天堂不天堂的问题。"

他接着告诉布勒，他就要离开罗玛沼了。他说："拉措大婚的银饰我已经给她打好了，我祝福她，但我也得去找我的世界。"

布勒听了，忧愁不已。他举头望着满天繁星，感觉自己是世界上最孤独的人。

43

这天正午，新上任的毕摩沙额图来拜见土司。他穿着黑色的袍子，头上缠着黑布包头，身材修长面容清瘦。这个五十岁不到的年轻祭司有着一双充满忧患的眼睛。他身上带着一股特殊的味道，他说这是牦牛和奶渣的味道，因为他刚从西藏回来。沙额图见了土司，开门见山地说在摩玛山有一个曾经香火旺盛的观音庙，建在飞崖峭壁之上。那是罗玛沼第三代土司命人修建的，至今已有百年历史。他认为想要得到神灵的庇佑，就得重新修复这个观音庙，延续香火。他说："老爷，祖先留下的东西，怎么能说丢就丢？罗玛沼三代土司一生信佛，他是罗玛沼史上最受人尊敬和爱戴的首领。那座观音庙曾经凝聚了祖先的德行和日月的能量，如果您肯诚心祭拜，定能保证罗玛沼大地的繁荣昌盛。"

苏吉土司一听他谈起了自己所崇敬的先人，也就想起了摩玛山上是有那么一座寺庙。佛、菩萨是从什么候离开了罗玛沼的？他挠着脑袋开始思索。沙额图又说：“前些天我听说罗玛沼接待了一群外国人，任由这些人在罗玛沼到处闲逛，放电影，吹嘘他们的神灵，还去了我们的神山采集什么植物标本。老爷，他们这是在觊觎罗玛沼的宝藏！他们所宣称的神七天就创造了世界，让普天之下的人都要感谢他一个人。但是佛、菩萨和我们的天神，却告诉我们要感谢这世上的万种生灵，一草一木。依你看，罗玛沼大地上的一切，难道不是我们的祖先生生不息地传承下来的，而是那个上帝创造的吗？”

苏吉土司沉吟良久，同意了沙额图的建议。

第二天，土司召来阿鲁，陪同沙额图一道上摩玛山，去寻找那个被遗弃的观音庙。

他们经过漫长的跋涉，越过湍急的河流、茂密的丛林和荆棘密布的山冈，顺着河流越爬越高。走着走着，阿鲁说这地方很熟悉，他来过。他是来过的，当初大雨天，他穿行在崇山峻岭中把喉咙都喊出了血，为了找拉措。

后来，就是在一片圣洁的月光中，他循着拉措天籁般的歌声，在那个观音庙找到了她。

他说起这段往事，在场的人全都大为震惊。

阿鲁说，那个观音庙，曾经就是拉措的避难所。

沙额图一听，就说这是神的旨意。“不管拉措是谁，但我相信这中间一定有一个非常深厚的渊源。”他说。

土司说：“拉措的父亲是汉人，吃素，还整天念叨菩萨。”

沙额图煞有介事地点着头说：“这姑娘有大福气。”

观音庙依然那么悠然高远地依山伫立在悬崖之上。见到这座遗世独立的建筑时，土司也从心里倒吸了一口凉气，他想拉措那丫头，是走了多远，下了多大决心，才跑到这里独自存活了四天？她的勇气和胆量，难道比豹子还大？

他们进了庙，沙额图就惊呼说观音像干干净净，神龛清清爽爽，一定是拉措打理过这里，是她用自己的诚心和诚意供养了菩萨，因此她得到了好报。

沙额图无比虔诚地在这庙里唯一一尊菩萨像前施跪拜大礼，又叽里咕噜地念了会儿经。土司背着手，踱到寺庙外面欣赏风景去了。

下山的路上，土司答应拨出银两，修缮这个观音庙。他问沙额图：“你既然信佛，又何以堪当毕摩？”

沙额图说：“老爷，这跟你既当父亲，又能当土司一样。”

土司听得心里一震。

下山后天还没黑，沙额图不顾疲顿，要即刻去拜访拉措。他说拉措这个人与菩萨有缘，他一定得去拜望一下。土司说山高路远，让阿鲁带上几个随从，陪毕摩前去。阿鲁已经好几天没见到拉措了，早已心急如焚。他自从当了护印土司，就相当于土司的护卫官，时时要跟在土司老爷身旁，哪都不能去。可他对拉措的想念像摆在沙滩上的鱼对水的渴念一样，让他相当难熬。陪沙额图去茶山，真是他求之不得的差事。

他们去到拉措家时，皎洁的月光已经铺满大地。拉措家院子里青石板上尽是落花。奇异的香味从她家的堂屋里飘出来，传到很远的地方。

沙额图动了动鼻子，说：“这家主人是巫医？”

阿鲁说：“拉措的阿妈懂些医术。”

沙额图说：“她快死了。”

阿鲁听了大吃一惊。沙额图又说：“有些巫医在临死前，就用特制的香料来驱邪避秽，迎接死神的接引，以便免除痛苦，轻身上路。”

阿鲁连忙赶进了屋，就看到一番让人吃惊的景象。青珍躺在一张香樟木制成的案台上，已经穿好了寿衣。拉措跪在旁边，一身素缟。两岁的小弟弟坐在火塘边的摇车里咿咿呀呀啃手指头。

拉措听见有人进来就抬起了头，她的脸跟衣服一样白，头发乌黑，全都披散在肩上。她的眼睛深不见底，没有表情的脸上是一片苍茫空灵的幽冥之色，以至于进屋的几个人一时间出现了错觉——死的是青珍，还是拉措？

阿鲁心中难过极了，自责极了。这几天拉措经历了极为悲伤和恐惧的事，但他都没在身旁。他只能跟着拉措跪在地上，将她冰凉的手握在自己手心里，一句话也说不出来。

一切都像是神的安排，就在阿鲁和沙额图进来后，昏迷多时的青珍忽然清醒了。她让拉措和其他人全都出去，只留下阿鲁一个人。她对阿鲁说："少爷，如果想要争取的东西不是天生就属于你的，就得付出巨大的代价。算上我，已经有三个人为此付出了生命。如果神明有知，应该宽恕活着的人！请你也宽恕我吧，永远也别辜负拉措……"

她说完这番莫名其妙的话后，就再度昏迷。等拉措和沙额图进来，她呢喃着一首古老的歌咽下了最后一口气："传说在大雾迷漫的时候……用我的血来供养她……"

人们都说青珍有福，她死的时候，新任的祭司碰巧来到了她家，为她接了气。

青珍的死成了沙额图在罗玛沼操办的第一桩丧事。罗玛沼有一半以上的人都来参加葬礼，他们又听到了酷似哈比老爹的唱腔，雄壮、悲怆、悠远，人们都在指路经的调子里忍不住泪流满面，有几个跟青珍交好的妇人哭得昏死过去。她们醒来后就擦干眼泪，说这样的场面，指不定过两天会摆到自己家去了。于是哭泣就变成了"早死早超生"的释然。

按规矩，主人家要给做法事的祭司一些钱物。拉措送给沙额图一包碎银子，但沙额图拒绝了。他仔细地看着拉措说："你阿妈得了什么病？"

拉措低着头说："她脖子里长了东西，食不下咽，断食而死。"

沙额图哦了一声，踱开两步望着远处的天空，没再说话。过了好一会儿，他来向拉措辞行。"姑娘，你住得偏僻，家里人丁疏淡，诚心供佛，能聚结一些和暖之气。"他说。

青珍的突然离世，让拉措变得更加孤单苦寂。她瘦得真的成了细腰蜂了。于是阿鲁向土司提出要辞去亲兵队统领职务，他说他得天天陪在拉措身边。

"从今往后，我要和她一起承担一切苦难，再也不做让自己后悔的事。"他说。

土司说："你让她来府里住吧，既然你决定了娶她。等丧期过了，你们就可以成亲了。"

但拉措拒绝了土司的好意。她说还是让她待在茶山吧，这里是父母给她的家，他们不在了，但她得守着这一屋子回忆和那一院子的花。

土司感到很吃惊。他沉思着说："这个姑娘比她爹娘都要硬气，真是少见。"他只好让阿鲁经常去茶山陪伴她，阿鲁不在的时候，亲兵房的普通事务就交给布勒处理。

土司又找来沙额图，一起分析当下的形势。他说："近来罗玛沼死的人太多了，要出什么大事了吗？"

沙额图说："老爷，比如宝座易主、领土失落、百姓离散，这些算是大事了吧？"

土司说："那当然。"

沙额图说："这样的大事，在罗玛沼以外的地方早已经发生了。"

土司说："那如何防范呢？"

沙额图说："修养德行，顺其天命。"

土司恼怒地哼了一声说："你跟哈比比起来，就是比他更会装神弄鬼。"

沙额图生气地说："老爷，什么叫装神弄鬼？这叫大势所趋。"

土司又问这个时候是否利于出兵讨伐碧格寨？

沙额图说："老爷有正当理由去讨伐十年前就承认人家独立的寨了吗？"

土司说："我有枪和银子，这就是理由。"

沙额图就说："阿弥陀佛，老爷啊，你统领罗玛沼，是为了让人们过上好日子呢，还是只图自己的地盘大？"

土司哼了两声说："你走吧，我想这事我去问莫尼若和阿鲁，也比问你强。"

结果，莫尼若的答案跟沙额图差不多。他认为打仗会让双方都有伤亡，罗玛沼也会受到损失。

苏吉土司说："你知不知道碧格寨地盘上有宝藏？"

莫尼若一脸严肃地说："我知道，那是一个煤矿。那是开山毁林的魔窟，迟早要被山神惩戒的！父亲不应该认为那是宝藏。"

土司很不满意，说："煤矿是可以赚大把银子的！我自认命硬，不怕山神怪罪。莫尼若，你应该比我有抱负才行。一个土司，关心的不应该是飘在空中的神仙，而是领地里一张张天天都要吃饭的人嘴！”

莫尼若不说话了。他俊美的脸白如美玉，瀑布般柔亮的发丝下掩着一双深潭似的眼睛。可土司认为也许是长得过于漂亮，才使他变得如此华而不实。他郁闷地离开莫尼若，找到阿鲁。

关于打仗，阿鲁的想法稍微与土司接近一些。他说：“我们还是先算计一下罗玛沼的银子在上缴了楚雄县府摊派来的各项杂捐之后，还够不够打一仗的开销？”

土司怔了怔，背着手出去了。他打算去罂粟地里看看。那里种着的都是银子。

莫尼若前去参加了青珍的葬礼，回来后旧病复发。他晕倒在地，醒后就周身无力，发烧头痛。他终日躺在床上，却一刻也无法入眠，迅速地消瘦和憔悴下去。土司府陷入一种奇怪的氛围里，说是悲伤，又比悲伤更复杂；说是冷清，却又暗流涌动。

土司着急地找来各路草医，他们对莫尼若的病束手无策。青珍已死，再无人能配出为莫尼若解除痛苦的草药了。土司大怒，让管家发布公告，向罗玛沼以外的地区寻医问药。

美国姑娘珍妮这天正午来土司府拜访土司一家。她给大夫人带来了一条漂亮的水晶项链和一支口红。大夫人非常喜欢，试着戴上了。她的首饰盒里，这是一件比银饰还要闪亮的饰物，它将午后的阳光折射在她的黑色衣裙之上，熠熠生辉。

珍妮赞美大夫人气质高贵，保养得当。她又让大夫人抹上口红，镜中的夫人立刻显得精神多了，大夫人左照右照非常高兴。珍妮说，西方的名媛贵族若是不抹口红就出门，会被视为没有修养。

大夫人说：“我赞成女人要注意外表，但过分装扮妖娆，也会有失体面。”但抹了口红就让自己显得精神起来，大夫人还是挺高兴的。

珍妮又说如果大夫人允许，她想去看看莫尼若。大夫人挺喜欢这个大方漂亮的外国姑娘，觉得她说话得体，进退有度。她亲自带着珍妮去到莫尼若的房里。珍妮拿出白色的小药片说具有镇静和止痛的效果，能排解他的疼痛和焦虑。大夫人见这药那么小，有些怀疑。

莫尼若睁眼看到珍妮就坐起身来，说自己这样躺着很不好意思。珍妮按住莫尼若的肩说："看着你那么痛苦，我的心都要碎了。"

莫尼若一下子脸就红了，大夫人对珍妮这样大方的表达也非常吃惊。但是珍妮毫不造作地握着莫尼若的手，将自己的额头贴在他的额头上说："上帝啊，你发了很高的烧。"

莫尼若说："是啊，我在床上躺了三天，但总是不能入睡。"

珍妮用无比诚恳的眼神直视莫尼若的眼睛说："你相信我吗？"

莫尼若点点头说："你以上帝的名誉来到我身边，我为什么不相信你？"

珍妮那双美丽的绿眼睛里慢慢浮现出晶莹的泪光，就像绿宝石浸在清泉里，莫尼若看得出了神。

于是珍妮倒来开水，让莫尼若吃下她带来的药片，大夫人忐忑不安地在一旁看着。不一会儿，莫尼若的头痛缓解了，体温也降了下来，他被病痛折磨了多日的脸上终于露出一丝笑容。大夫人才松了一口气，赞许地拍了拍珍妮的肩说："你们的药还真管用。"

大夫人走了，房里只剩下了莫尼若和珍妮。莫尼若告诉了珍妮自己的病况。他说那其实是慢性中毒，他可能活不了太久。

珍妮震惊地说："为什么不去昆明或者上海医治呢？"

莫尼若摇了摇头说："罗玛沼大山里的毒草有千百种……而我中的毒却不是一两样。在不知道中的是什么毒的情况下，谁也拿这病没办法。"

珍妮就沉默了。一个王储身中几种毒药而在此等死，那绝对是一个与地位权势财富有关的阴谋——有人在为了那些东西谋害莫尼若。这其实是一个路数老套的故事。她说这样的故事在西方艺术家的作品里有过好多，比如莎士比亚的《哈姆雷特》。但是莫尼若的故事的不同之处在于：这个害他的人是他所爱的人，或者关系到他所爱的人。所以他自己忍辱负重，承担了这个秘密。

珍妮把自己的分析告诉了莫尼若。她很聪明。莫尼若微笑着抚摸了一下她的头发说："别想了，这事不重要。另外，你沉思的样子很美，神情专注，眼睛发亮。"

珍妮拉住莫尼若的手，贴在自己的脸上。她的皮肤细腻温暖，让莫尼若的手心微微发烫。她缓缓地说："莫尼若，我很喜欢你，你知道吗？你如此温柔善良，让我真心感动。"

莫尼若笑了笑说："让我睡会儿吧，谢谢你的药。"

珍妮凝视着莫尼若忧郁美丽的眼睛，给他唱起了美国的乡村民谣。她一直握着他的手，直到他沉沉睡去。莫尼若睡着的样子如天使般纯净美丽，珍妮越看越爱。她把手伸进他的被子里，摸索着找到他的胸膛。他的衣服是敞开的，她很轻松就摸到了他的肌肉。他很热，他在发烧，胸膛不规律地起伏着。弹性十足的皮肤上有细细的汗水，这让珍妮异常着迷。她就这样把手放在他的胸膛上，用指尖缠绵地揉着那些细密的汗珠。她微闭着眼，咬着牙，微笑着，模样像一只美丽的母狼。这样的接触让她的身体潮湿而温热，散发出了爱情的味道。"我绝不能让你死在这里。"她把他的手指放在嘴里咬了一下说。

珍妮最后俯下身子轻吻莫尼若的额头，留下一张字条说她将随她的朋友们去其他村寨传经布道和放电影，但无论如何她都会回来找他。

阿果从外面回来，听丫头们说珍妮来看了莫尼若少爷，还唱歌给他听。为了这件事，阿果闹心得一整天也没吃饭。大夫人却刻薄地说："阿果，或许你也应该学点讨男人欢喜的本事了。"

阿果待在房间里，闷闷不乐。她想起了拉措，忽然觉得拉措比这个珍妮好多了。相比身份低微的拉措，珍妮显得神秘而霸道，她完全不是这个世界的人，完全不可理喻。

阿果去找布勒，求布勒陪她去看拉措。"她母亲去世了，我还没去看过她。现在想一想，拉措也没那么可恶。"她心不在焉地说。

布勒说："如果心是坏的，看谁都是可恶的。"

“死奴才！”阿果气愤地打了布勒一拳。

布勒和阿果去茶山找拉措，路过大沼泽边上的森林时，一只黄皮麂子呼地蹿出丛林，紧跟着被身后飞来的箭射中脖子，顷刻毙命。阿果吓得大叫一声，险些从马背上跌下来。一个壮汉忽拉一声冲过来，捡起了麂子。他一抬头间，几人同时愣住，阿果惊声大叫：“鹿丫！你不是死了吗？”

鹿丫已经完全变成了一个肮脏凶狠的土匪模样，浑身散发着野兽的味道。他在阿果和布勒面前勒住马，说：“真是不巧，死人遇上活人了。”

鹿丫一直是一个让人害怕而厌恶的家伙，阿果对他的印象也不例外。况且上次去平匪回来，土司老爷已经宣布鹿丫因为谋害阿鲁而被逐出罗玛沼了。所以一见他，阿果如此惊慌完全可以理解。布勒也是浑身发僵，但他还是冷静地说：“你怎么还敢回来？”

鹿丫哈哈大笑说：“我没地方去，想来想去还是罗玛沼好。汉人有句话，叫置之死地而后生。躲在最想杀我的人的眼皮底下，反而不容易被发现啊。可是今天既然遇上你们，那该怎么办？”

阿果骂道：“狗奴才，还不赶紧让开？”

鹿丫望着阿果说：“大小姐，越发漂亮了嘛。”

阿果又气又怕不知如何是好。布勒想了想说：“鹿丫，你别忘记当初阿鲁放你一马的恩情，你不应该回来的。你能活着，已经是万幸了。”

鹿丫朝天上吹了一声口哨说：“好，就算我还阿鲁一个人情，今天放你们过去。记着，没有下次！”

他双腿一夹马肚吆喝一声，一闪身就消失在丛林里。

阿果兴致全无，厉声责问布勒这是怎么回事。她说如果布勒不说实话，她就要告发阿鲁等人欺骗土司。

布勒淡淡一笑说：“大小姐，你只要管好莫尼若少爷就行了，阿鲁少爷是做大事的人，你们小女子怎么会懂。”

阿果哭着说：“我明白了，这里到处都是阴谋。没有一个人对我是真心的。”她说完就打马狂奔，往茶山跑去。她心灰意冷，原以为布勒待人谦虚有礼才叫他陪着来茶山，没想到布勒其实内心里也并不把她当回事。

来到拉措家，阿果看见拉措的小弟弟正在院子里由阿鲁的丫头诺玛带着学走路，小家伙步履蹒跚笑得像只欢快的小鸭子。在院子边上的竹架子上，晾着小孩的衣服和拉措的裙子，还有一件年轻男子的衣服，那是阿鲁的。这场景强烈地表明，这里住着温馨美满的一家人。这个院子一年四季繁花似锦，从不因为这个家庭遭受什么变故而凋零。连绵不绝的群山像坚实的怀抱，保护着这个小小的院落，日出或者月升，这里永远一副安详寂静独立脱俗的样子，就像它的主人拉措一样，不管遇到什么变故和灾难，她永远一副美丽而超然出尘的模样。阿果不明白拉措是怎么做到的，她就站在院子外面，想着自己来到罗玛沼之后的种种，觉得非常委屈，心里泛起无限的惆怅和寂寞，不禁泪流满面。

44

罂粟花再次让罗玛沼的山冈变得妖艳无比的时候，却传来了政府的禁烟令。几日后，成片成片处于授粉期的罂粟哀叹着全都倒在了泥土里，它们牺牲的不仅是美丽，更是罗玛沼整整一年的财政收入。

整个罗玛沼陷入了绝望的境地。没有了罂粟就相当于没有银子，收复碧格寨的计划成为泡影。苏吉土司一着急就病倒了。沙额图又来求见土司，却遭到了拒绝。沙额图只好在门外大声说：“我这就去观音庙为老爷诵经祈福吧！”

而阿鲁却在这时得到了一封信，信中说一个死里逃生的人已经召集了几十人马占据了摩玛山的英雄崖，宣称他们将在人马达到百名时，就杀光土司府的人，报仇雪恨。信的署名是鹿丫。

阿鲁立刻找来布勒和周复生商量对策。布勒说：“当初放他一条生路，不想却是养虎为患。谁知道他的人马什么时候会有一百人？这就叫防不胜防。”

周复生说：“我已经约好了昆明的朋友，三天后就要去成都。这次我可能帮不了你了，少爷。”

阿鲁点点头，他知道世上有太多的事是不能勉强的。他抱了抱周复生说：“希望你一路顺风。”

周复生眼眶发热，说：“祝你和拉措幸福。”

阿鲁说：“我不送你了。我马上要去茶山，把拉措接下来。”

周复生临走时送了两样东西给阿鲁，一个望远镜，一个指南针。“希望它们能帮到你！”周复生说完，挥挥手走了。

阿鲁来到茶山，在拉措家里静静地喝了一下午的茶，没提要拉措下山的事。他们坐在结满了火把梨和山楂果的树底下谈起了周复生的离开。拉措有些伤感，说周复生是她人生中最重要的朋友。阿鲁本来想告诉拉措茶山因为鹿丫的出现而面临危险，一转念却打消了这个念头。他不想让拉措再度处于恐惧之中，她的危险应该由他来承担。

阿鲁将拉措搂在怀中说：“你听说过世外桃源的故事吗？”

“那是汉人写的故事。如果那个汉人来过这里，我想他一定能写出另一篇更传神的故事。”阿鲁眼望青山说。他的眼光看到最远，心思也想到了最远。

次日，拉措茶山上的帮工忽然增加了十几名，且都换成了一些新面孔。这些人眼光犀利身手敏捷，像猫一样在拉措身边不动声色地走动。拉措嗅到了一些特殊的气息，她叹了口气想，还会有什么更可怕的事发生呢？我还会怕什么吗？除了阿鲁和弟弟，我已经没有什么可失去的了。这两样是我最珍视最宝贵的，如果谁要来抢走它，除非先抢走了我的命。

摩玛山英雄崖像一个被神仙遗忘的角落，苦寒孤寂。它绝不是少年阿鲁曾经幻想的那样美好。这里一入秋即寒霜普降，山风如刀，能把人裸露的皮肤撕裂。除了耐寒的白茅，只有一些低矮的灌木可以生长。瘸了一条腿的鹿丫带着二十多个从别处招来的喽啰，依仗山顶的一个天然山洞和洞里的地下水以及摩玛山森林里丰饶的野生动物，苟且活过了大半年时间。当年他在偷袭阿鲁失手，被以周复生为首的一众亲兵撂翻在地，阿鲁只消扣动一下扳机，他就要跟人间说再见了。但阿鲁却突发善心，留了他一条活路。现在他偷偷回到摩玛山窝在这个苦寒之地，除了偶尔能抢到一点过路人微薄的财物外，并不敢进到寨子里抢劫，可不抢他们又无法生存下去。这样的苦熬让过惯了富贵日子的鹿丫非常不耐烦，他迫不及待地想冲杀下山去，抢回土司府曾经属于他的一切财富和荣誉。这群孤魂野鬼似的喽啰都眼巴巴地指望着鹿丫能带领他们去过一把荣华富贵的瘾——这是鹿丫给他们的承诺。

然而梦想总是离现实很远。他想他是进退两难的。遇到布勒和阿果，就等于向土司宣布了自己的行踪，他以为土司一定会再派人来追杀他，于是想做困兽一斗。鹿丫一冲动就给阿鲁下了战书。可是信发出去后，他就非常后悔，因为他一旦想起土司府军械库的现代军火，再看一看自己的残兵败将，就情不自禁地腰酸腿软。他坐在山顶上和着冷硬的山风唱起了调子，怀念着曾经的好日子，感慨未知的将来，不知不觉咸涩的眼泪已经流进了嘴里。

就在鹿丫暗自神伤的时候，他的状况早被阿鲁看得一清二楚。周复生送给他的望远镜和指南针派上了大用场，他不必靠近敌人，也基本上掌握了对手的情况。接下来，鹿丫的人马在一个连续的阴雨天里忽然失踪了一半。他们落入了阿鲁在摩玛山各处布下的陷阱，被埋伏在附近的土司亲兵俘获了。这些人被抓回土司府，有的被关进了大牢，有的投降归顺。现在，上山的道路已经被阿鲁派兵全部封死，鹿丫势单力薄，断粮绝草，已经完全处于劣势，阿鲁只要再动一动指头，就可以杀他了。

这时，安德神父来找阿鲁。他从莫尼若那里听说了此事。他劝阿鲁对余匪以招安为主，剿杀为次。阿鲁说："神父，当初在野猪箐，我违背父亲指令放走了意图谋杀我的鹿丫。不想却成放虎归山，如今杀不杀他，我心意难决啊。"

"少爷，我虽然不是你们一族人，但对你们的历史还是从莫尼若那里知道了一些。罗玛沼的历史悠久得连老哈比也无法说清，但为什么你们的人丁不旺，为什么你们的族人四下分散，而且经济不够发达呢？我说句直话吧，尚武好斗，是分裂自己的根源啊。历次战斗，无论如何都有所死伤，这会造成多少妻离子散的悲剧，多少农田荒芜的损失。可死的都是些什么人？他们都是你们自己的族人啊。现在日本人已经打到中国来了，经济危机让世界变成了一个大战场。罗玛沼是不是应该停止内乱，将对准自己人的矛头变成保卫家园的武器呢？”

阿鲁听了安德神父的话深深一拜行了个大礼说：“感谢神父教诲。”

第二天，阿鲁给鹿丫送去一封空白的信、御寒的棉被和一对羊。鹿丫琢磨了半天，长叹一声说：“我就暂且在此养羊吧！”

部下不懂，鹿丫说：“如果我把羊杀了吃肉，我们可暂时解决温饱，多活几日。如果将羊养起来，我们就可能变成拥有自己牧场的平民。你们想当哪样？”

苏吉土司在病榻之上，外面所发生的事情，每天都有各房总管前来向他报告。他听说了阿鲁和鹿丫的事，也听说了莫尼若似乎在和美国姑娘谈恋爱。他对阿木诺说：“阿鲁很会做事，但要说起心地善良，谁也比不过莫尼若。”

阿木诺说：“老爷，现在外头对阿鲁少爷的称颂如日中天啊。”阿木诺历来是和大夫人、莫尼若关系亲近，所以他很为莫尼若着急。

苏吉土司就微微笑着说：“没错，为了阿鲁的前程，不是已经死了三个人了吗？”

阿木诺大惊失色，“扑通”一声跪在土司床前说：“老爷，您是发高烧了啊？”

苏吉土司无奈地挥挥手，让阿木诺将莫尼若叫来。

莫尼若来了。他比先前瘦了许多，头发丝绸般顺滑地披在肩上，宽宽的棉布袍子空空荡荡。他依然洁白美丽，他的眉眼依旧清朗如星辰，只是他的脖子上多了一个十字架挂饰，过去身上那股骄傲高贵的气质淡了，变成一种如水般的淡雅从容。土司看了他一眼，说：“我听人说，你和那个美国姑娘亲嘴了？”

莫尼若没提防父亲会这样问，有些尴尬。土司哼了一声又说：“那你打算怎么安排阿果呢？”

莫尼若沉默了半天，说：“对不起，尊敬的父亲大人。其实我有心离开罗玛沼，跟珍妮一同到美国去。”

土司说：“那罗玛沼的土司谁来当？”

莫尼若说：“阿鲁是最好的人选。”

土司说：“自始至终他就是在谋篡你的王位，你也心甘情愿吗？”

莫尼若吃了一惊。他不知道土司是如何知道这些事的。他立刻跪在土司身前说：“父亲，阿鲁是无辜的。”

土司嘿嘿冷笑，笑得流出了眼泪。他说：“这些天我睡在病床上，有了时间来认真思考，结果把以前搞不清楚的事想出答案来了。阿月秀、哈比、青珍，他们三个人的死，你认为是巧合吗？青珍来给你看病的时候，药都早就配好了，这又是巧合吗？你真认为阿鲁是无辜的？我必将追查下去，看看还有谁是所谓的无辜者。”

莫尼若一拜到地，说：“父亲，这些都已经是往事了。他们已经为此付出了巨大的代价，难道你还想让阿鲁和拉措这两个孩子来承担罪责吗？请父亲不要再迁怒旁人了，若再有人为此事受到伤害，我必定死也不得安生。父亲，请像我一样，把这事忘记吧。”

土司说：“莫尼若，让我说你什么好呢？汉人有个孔融让梨的故事，可你让的是什么你知道吗？”

莫尼若悲伤地笑了笑，眼里隐隐透着泪光。他说：“父亲，我中的毒不止一种，能活到什么时候谁也说不准。罗玛沼的未来必将经历大风大浪，我这样的身体已不能担负重任。阿鲁比我更适合做土司，他也是你的儿子，这个位置由他来坐又有什么不好的呢？”

土司用手一拍床沿，瞪着眼半天说不出话来。莫尼若吓坏了，阿木诺赶紧端来药，喂给土司喝了两口，又抚着他的胸口帮他顺了会儿气。

隔了半晌，土司才说：“莫尼若，你让我觉得你根本不适合降生来人间，更不适合来做我的儿子。”

他悲伤而感慨地流下了眼泪，挥挥手让莫尼若和阿木诺都出去，把头蒙在被子里哭了一场。

土司睡到半夜，忽然肚子剧痛想拉肚子，就爬起来去上茅厕。他已经三四天没有拉屎了，这次拉出了一堆臭气熏天的屎，一下觉得身轻气爽，舒服极了。他走在白白的月光底下，举头望着高远辽阔的天空，忽然不那么纠结于阿月秀谋害莫尼若这件事了。他就想起沙额图说过的一句话："放下执念，豁然开朗。"

苏吉土司就长长地舒了一口气。忽然一阵印度乳香的味道随着清风拂过，他看见三太太阿月秀从对面走来。她穿着一身随风飘舞的白色丝绸裙子，在明晃晃的月光下，漂亮的脸蛋跟衣服一样白。阿月秀笑眯眯地来到土司面前，说："老爷，你身体还好吗？"

土司见了阿月秀，心中一阵伤感，拉了她的手说："唉，你都死了，还在为我操心。我真是对不起你。我知道，如果不是大夫人硬把什么身份啦血统啦这些无聊的东西压在你身上，你也不会觉得自己没有前途而起了异心。唉，仔细一想，有些时候，挑起纷争的也可能是我们自己啊。"

阿月秀叹息着说："迟早都是会死的，倒也无所谓。只是你别亏待了阿鲁。"

阿月秀说完一转身就不见了。土司脚下一软，人就顺着台阶滚了下去，"咚"地撞到假山上。

第二天清晨，早起的老奴阿木诺惊讶地发现了苏吉老爷，他正躺在假山下的艾草丛中，不省人事。

土司摔断了腿骨，一病不起。

半个月后，珍妮和那群外国人又回到了罗玛沼。这次他们行色匆匆，也不打算再放电影了。珍妮连夜来见莫尼若，她的绿眼睛里充满了忧虑。她说日本人占领了缅甸，留在云南已经不安全了，她希望莫尼若和她一起回美国去。

"美国先进的医疗技术一定能治好你的病。"她拥抱着莫尼若说。

莫尼若说：“治好病又怎样呢？”他想如果再也见不到拉措了，病治好了他会快乐吗？可留在这里他又能得到什么呢？他的眼睛越过重重黑夜，望向拉措所在的老茶山。那里除了一颗闪亮的星星，什么都看不见。拉措早已经变成了一颗挂在天边的星星，只在他寂寞的天空里遥遥相望。

所以他是伤感的，但同时他又是释然的。他的离开就是对阿鲁的成全，他成全阿鲁，就等同于成全拉措。如此一来，拉措能得到幸福，他也就心安了。他想了想说：“好吧，我跟你走。”

珍妮大喜过望，她深深地吻了一下他说：“傻瓜，不管你治不治得好，我都要嫁给你，我们会有一堆孩子，像你一样漂亮，像我一样健康。”

45

莫尼若去美国治病的消息在罗玛沼引起的轰动一直持续了十多天。莫尼若的离去让阿果以及罗玛沼无数姑娘伤心欲绝。她们哀伤的情歌让罗玛沼的天空阴了好些天。拉措心里也为此惆怅了良久。周复生走了，莫尼若走了，她心中的罗玛沼空了许多。可她知道爱情和友情从来就是件左右为难的事，她又怎能强求两样都拥有呢？她是幸运的，她在所有追求她的男子中凭着自己的感情和直觉选择了阿鲁，尽管她说不准这几个人当中谁最爱她，但她最爱的是阿鲁。选择了自己最爱的人，又有什么好遗憾的呢。

阿鲁已经好几天没来茶山了。苏吉土司病着，莫尼若走了，他成了土司府的顶梁柱，整天忙得不可开交。但他派来两个侍卫和丫头诺玛住在拉措家里，日子倒也不冷清。

傍晚，布勒披着蓑衣冒着蒙蒙细雨来到拉措家里。一进门他就对拉措说：“我不是代表阿鲁来的。”

拉措笑着说："你当然不代表阿鲁，你就是小布勒啊。"

布勒说："我哪小了？我跟阿鲁是同岁的。"

拉措让布勒坐到火塘边烤火，拿来棉毯披在他的肩上："你就是小布勒，从我第一次见到你，你就是那可爱小男孩的样子，现在虽然你长大了些，但我还是要叫你小布勒。"拉措还是继续开着布勒的玩笑。

布勒身材瘦小，长着娃娃脸，大眼睛，以前哈比说他像夜猫鬼，而拉措一直叫他小布勒。布勒平日很喜欢拉措这样叫他。可今天他不喜欢。

他有些生气地说："拉措，说起来我比你大一岁呢！"

拉措今天很是不开窍，她咯咯笑着说："小布勒，我就是要叫你小布勒。哎，要不要吃糖，小布勒？"

布勒忽然把头埋在膝盖上呜呜地哭了。

拉措这下慌了手脚。"布勒，你怎么啦？好吧好吧，我不叫你小布勒了，我以后都叫布勒哥哥，这样行吗？"

布勒抽泣了一会儿，抬起头来抹了抹眼泪说："我不是怪你。你喜欢叫什么都行，我都喜欢。我伤心的是明天就是阿鲁的生日了。"

"阿鲁的生日？你伤心什么呢……"拉措话才出口，忽然意识到了什么。

她在布勒身边坐了下来，轻抚他的头发。"对不起，布勒。你和阿鲁是同一天生日，你一定是因为这个想起了你父母，对吧。我真是个粗心大意的人……"

布勒说："直到现在，也没有人告诉我他们到底是谁，为什么生下我他们就不见了。"

他迷惘而孤独的眼睛让拉措觉得很心酸。

她只好安慰他："别难过，他们一定有不得已的苦衷。你肯定能见到他们的，别难过。"

拉措又说："我虽然有父母，但他们都离我而去了。我现在也是没爹没妈的。可日子总得过下去，对吧。"

布勒说："你还有阿鲁嘛，莫尼若走了，阿鲁很可能就要当土司了。到时你就是土司太太。拉措，恭喜你啦。”他说这话的时候，语气显然是酸溜溜了。

但拉措没听出来，她吃惊地说：“莫尼若治好病就会回来的，当土司的人是他。”

布勒说：“不说莫尼若了。拉措，我今晚想对你说的是不管你以后是否成为土司太太，你都是我布勒的救命恩人，是我最珍贵的人，任何时候叫我为你付出生命我都愿意。”

拉措睁大眼睛愣在那儿了。她看着一直被她叫作“小布勒”的这个人。没错，他虽然比她大一岁，现在已经十九岁了，可她从一开始就是把他当成弟弟。他被蛇咬的时候，奄奄一息，是那么可怜无助；他孤身一人在土司府当奴仆，无爹无娘身世凄凉，所以他一直就是她的弟弟。

拉措只好说：“布勒，那些都是过去的事了，我帮你治疗蛇伤，也是举手之劳，你这样挂着，倒让我不好意思跟你相处了。”

布勒站起来说：“这话我只会说一次。以后不会再讲啦，你不用担心的。”他说完走到门口拉开门。正在这时，有一个人就随着门一开，忽地就进到屋里来了，就像从天而降一样，把拉措吓了一大跳。

“妹妹！”那人叫了一声。他高大魁梧，声音洪亮，全身带着雨夜的寒气和远道而来的风尘味。

“世雄！”拉措惊呆了。

世雄不是一个人回来的。他见了布勒，就说：“来，一起来帮我一下。”

布勒和拉措跟着他出了门，见两匹马站在冷雨夜里，马上坐着另一个大汉，他的怀里还斜靠着一个人，像是昏过去了。世雄让布勒帮着他把那人抬进屋里，拉措才看清他浑身是血。

世雄说他们饿极了，让拉措给他们弄吃的。然后他和他的同伴把昏迷的人抬进了他曾经的卧房里。世雄的房间还保持着当初他离开家时的模样，被褥床单都洗得干干净净。世雄见了，心中一暖。

布勒却不放心，他想世雄虽是拉措的哥哥，但另外两个人非常可疑。他悄悄对拉措说："我不走了，在这陪你。"拉措点了点头。但她又不想让阿鲁派来的人知道世雄回来，就把门往里锁上了。

世雄环顾了一下家里说："拉措，阿妈呢？我的朋友受了伤，要请她给他治疗一下。"

拉措说："阿妈不在了。"

世雄一愣，说："她怎么了？"

拉措说："生病走了。"

世雄说："那你能治吗？我朋友是枪伤。"

拉措静静地看着这个来去如风的哥哥，他的模样连同他的气息，都变得很陌生。他关心的只是他的朋友，他的口气像是在跟一个外人说话，这让拉措很不自在。但她还是察看了世雄朋友的伤情。他伤在右边的肩膀上，是枪伤，像一个洞。拉措说子弹还在里头，但她没本事取出来。

"跟箭伤一个道理，如果箭头在肉里，那块肉只会腐坏掉，好不了的。"她说。

世雄皱起眉，咬着嘴唇对那个半昏迷的朋友说："政委，你就忍一下吧！"

他拿来杀猪刀和一坛子烈酒，又让拉措烧了一大盆水，准备了一堆干净的棉布。

然后他嘴对嘴先给那个受伤的人灌了几口酒，那个人就昏睡过去了。世雄就用这把杀猪刀像剜猪心一样，把小半截子弹从那个人肩膀上的肉里剜了出来。他在温水里洗干净手上的血，脸不改色心不跳。他留下他的另一个朋友照看受伤的政委，就把门关上了。他在堂屋里四下看了看，问拉措家里还有没有其他人？他的眼睛不信任地看了布勒一眼。布勒说："世雄，你不记得我了吗？我是布勒，我们两个一起被关在黑牢里。"

世雄脸上露出了和蔼的微笑，说："我想起来了。你也是受压迫受剥削的苦命人。是我们同甘共苦的工农阶级亲兄弟。布勒，你最近还好吧？"

布勒一听世雄这一番话，不知为什么就想到了他的那本"禁书"。心中不由得一动。

世雄像个猎人一样机敏地在家里每个房间巡视了一遍，又打开门往院子里走了一转，回来说："拉措，厨房那边住的是谁？"

拉措告诉他是土司府的人。世雄立刻警惕地将门窗掩上，又从怀里掏出了一支手枪，紧张地说："为什么土司府的人会在家里？"

拉措惊讶地看着世雄说："他们是阿鲁派来保护我的。家里现在只有我和三岁的弟弟在了，他不放心。"

世雄一边紧张地盯着门窗一边心不在焉地说："你有一个弟弟了？"

拉措叹了口气在火塘边坐了下来。"哥哥，你好不容易回来，又紧张兮兮的，是怎么回事？我弟弟，就是你弟弟呀。"

世雄确认外面没有什么异样，就揣起了枪，在拉措身边坐了下来。他拍拍身边的另一个草墩子对布勒说："来，你也坐。"他看了拉措一眼，面带歉意地笑了笑说："阿妈又生了一儿子，真是太好了。拉措，这几年你受苦了。"

第二天，拉措让阿鲁派来的人都回去了。她说有亲戚要来住几天。

世雄和他朋友在家里住了五天，拉措天天熬药给那个受伤的政委喝，他很快就好起来了。世雄的这两位朋友对拉措显得非常客气，彬彬有礼，还帮助拉措干些农活，对拉措的弟弟也就是世雄的弟弟英都也表现出非常热情的友爱，特别是受伤的那位政委，常常把自己的膝盖当马儿让英都骑着玩，把英都逗得哈哈大笑。

布勒天天都来茶山和世雄聊天。见布勒天天往茶山跑，阿鲁倒很放心。他还让布勒给拉措带来外地送来的食品和几瓶外国红酒以及一些名贵的衣料。布勒把这些东西交给拉措，挤挤眼睛说："放心吧，他这几天都不会来找你的，有我在，他放心呐。"

布勒和世雄聊得很投机，从堂屋里的火塘边聊到院子里的海棠树下，从鸡窝边聊到羊舍边，又从菜地里聊到茶山上。世雄完全帮布勒解决了关于"禁书"的疑问，让布勒呼吸到了一股无比新鲜的、前所未有的空气。"禁书"里所描绘的共产主义和要到达共产主义的漫漫征途，在布勒的脑海里越来越形象生动了。

又过了两天，世雄带着他的朋友再度离开了。走的时候他告诉拉措，他在昆明参加了革命，他们是有组织的革命队伍。他还让拉措一定要等他回来。说到这里，世雄眼睛泛起温暖的光芒，说："其实我心里一直记挂着你和阿妈。我们的使命就是推翻封建地主和土司的统治，让所有的奴隶和农民们都过上好日子。这一天已经不远了。拉措，你一定要等到我回来，我们一起过好日子。"

世雄和他的朋友出了门，依旧消失在一片蒙蒙阴雨中。拉措一直站在茶山渐渐弥漫起来的白雾中，心情就像这雾一样迷惘。

46

冬季来临了。罗玛沼在种罂粟半途而废后又种上一些时令作物，但已严重地影响了今年的收成。阿鲁正在议事厅跟管家商议如何筹集今年上给楚雄县府的税赋款，阿木诺来传话，说土司心情好，明日要请头人和长老们来土司家小聚，让管家即刻去办。管家正要出门，阿木诺又说："管家，老爷的意思，要摆土司宴，还要到广场上跳脚。"

管家一怔，这可是高规格的宴席啊，便说："来了贵客吗？"

阿木诺说："差不多吧。"

第二日傍晚土司府张灯结彩，餐厅里灯火通明，热闹极了。地上换上了新的地毯，大朵大朵色彩鲜艳的花盛开在众人的脚下。原来的核桃木餐桌被换成了一张更长更大的黄花梨餐台，擦得油光水滑，就连土司座椅上的老虎皮也活现起来了，张牙舞爪，想要分一杯羹。

四个寨子的头人和长老们以及毕摩沙额图来齐了，土司还特别吩咐请来了安德神父。但他们不知道发生了什么事让土司府今天喜气洋洋。罗玛沼今年死去了三位重要人物，一直被奉为神子的大少爷莫尼若也一脸病容地离开了罗玛沼，漂洋过海去了一个传说中的国度。罗玛沼就一直暮气沉沉，老百姓办喜事也只敢草草了事。他们相互问着土司府今天是有什么喜事吗？但来的人都没有答案。

答案跟着土司老爷的出现而出现了。大夫人和阿果小姐跟在土司身后一并入座，她们看上去容光焕发。

苏吉土司说："近来，罗玛沼的气氛让人非常不爽。倮倮人爱的就是热闹，爱的就是喝酒吃肉的生活气息，我们却一点这样的气息也没有。没错，我们今年失去了美丽善良的三太太阿月秀，神的代表老哈比，还有医术高超的青珍。但是我们不能沉浸在悲伤的泥沼里把自己闷死。"

在座的人或许都觉得这样的说法有些牵强。就为了讨个高兴就要大摆宴席，在这个收成不好的年辰里显得很是夸张浮躁。

土司大手一挥说："上菜。"

为了这场晚宴，罗吉管家和所有厨娘、奴工、仆人忙了一个通宵。为了讨老爷的欢心，管家谋划了一场盛大的"土司宴"，并安排了跳菜表演。

他招来十多个相貌英俊、身形一般高矮的小伙子来上菜。他们待会儿将头顶盛满各种美食的漆盘，唱着欢快的歌，跳着豪迈的舞步，将土司宴中的所有菜品依次呈上。这些小伙子清一色的锅盖头、光膀子和丰厚胸肌，证明这是一个油水很足的群体，他们调皮的笑脸也证明了他们的主人家——土司家的富有和慷慨。菜品也是极尽奢华的，火腿、卤猪肝、吹肝、灰蛋、紫介肉、凉鸡，这些只算是调味口的小凉菜。主菜是桂花蛋、宫保肉、坨坨肉、红烧肘子、炖鹿筋、清蒸鸡、烧海参，大菜是铜鼎带肘熊掌。然后还有三鲜汤、八香糯米核桃八宝饭、龙眼燕窝汤。

长老和头人们纷纷站起来敬酒，表示土司太过慷慨，这样豪华的宴席，莫非还有更大的喜事？

土司说："没错，是有一个大喜事。罗玛沼新一任土司就要产生了。"

众人窃窃私语，都说莫尼若去了美国，莫不是他治好了病回来了？

土司接着从容不迫地宣布了他的谜底："他就是热雷阿鲁。"

大夫人手中的汤碗跌落在地，燕窝羹洒了她一身。

土司看了她一眼，不动声色。接着他又历数了阿鲁年少英勇、智勇双全、善良大度等等美德，其中包括他十四岁徒手搏杀野猪、摩玛山上舍身救父、老君山平匪以及前往楚雄求学等等足以表明他文韬武略的事迹。

安德神父站起来说："老爷，我还有一件喜事告知诸位。阿鲁少爷仁慈宽厚，他最近用仁爱之心感化了摩玛山头以鹿丫为首的那一伙匪徒，化干戈为玉帛，使他们都变成了安分守己的牧民。我十天前曾去向这些有过之人施讲福音，他们已经虔诚悔过，跟随了我主耶稣。"

事已至此，长老和头人、沙额图都表示这可算得上一件大喜事，土司禅位，少主接任，总会有一番新气象的。

一个月后，苏吉土司奏请省政府、南京政府，取得了阿鲁任罗玛沼正印土司的公文。阿鲁几番推脱，认为土司之位应该属于莫尼若。沙额图劝他说："少爷，你能坐上宝座，并不是因为它天生就是你的，而是在于你之前为此付出的努力，以及未来将要承受的苦难。头顶上灿烂的皇冠从来都是与肩上的重任连在一块儿的。所以，推脱不是英雄所为，你就顺应天意吧。"

阿鲁终于在第二年开春后接任了土司之位，接受了土司印鉴和兵符，他以罗玛沼第八代土司的之名，由长老写入了热雷家族的宗谱，石匠又将此事刻碑立传。

拉措这时已经不能再住在山上了。她被阿鲁接到土司府，安排了单独的绣楼。阿鲁准备等拉措丧期一过，就让她成为真正的土司夫人。拉措对当不当土司太太倒不在乎，她对"土司太太"四个字甚至还是有些抵触。如果她一开始就想当土司太太，她当初就可以答应莫尼若的求婚。可她拒绝莫尼若而选择了阿鲁，没想到命运还是要让她当土司太太。

拉措对阿鲁说："这事的关键是我爱你。你是土司，我就是土司夫人，你是养羊的，我就是牧羊人妻，这都是一样的。"

大夫人见回天无术，百无聊赖，迷上了鸦片。阿果认为整件事最受伤的人是自己。自从莫尼若走后，她整日把自己关在当初为莫尼若修建的别院里长叹短吁，土司家打算带上重金作为赔偿，把她送回哀牢山鄂加土司那里去，可是她说谁要是再提让她走的话，她要死在他家祖坟上。大夫人感叹她对莫尼若的一片痴情，又觉得自己跟她同是被莫尼若抛弃的沦落人，于是把她当女儿养在了家里，成了土司家的大小姐。她们每天正午就坐在院子里花架底下吸大烟，然后打着呵欠回房一直睡到月亮升起才起床。这时人家已经吃好了晚饭，她们又叫下人们重新做好饭菜送到别院里，在阿果的房间里一起吃，一边吃一边骂莫尼若。

47

苏吉土司死于阿鲁与拉措成亲后的第二年三月三日。在三月二日这天，他把阿鲁和布勒叫到自己那间因长年累月的草药味而显得沉闷无比的房间里交代了一件事。他说往后无论罗玛沼发生怎样天翻地覆的事，阿鲁都不得杀布勒，布勒也不得杀阿鲁。“你们俩同一天生，一起长大，要相依为命，互相帮扶，永世不得相互为敌。”

他又对阿鲁说等布勒成家了，就分给他一块封地，让他成为拥有土地的自由人。阿鲁点头答应了。

土司嘱咐阿木诺，如果他们俩因为什么争执而有性命攸关的事发生，就可以告诉他们布勒的身世。

苏吉土司的死让罗玛沼再度陷入了哈比去世时那种失去主心骨的软弱涣散状态。阿鲁年轻，根基尚浅，而且五位长老也因过于老迈而不能再为他出谋划策。不过事情还没那么糟，在当权者身边永远能够聚集一帮能人谋士。阿鲁身边这样的人也很快就出现了，以罗吉管家和沙额图为首，他们为阿鲁制定了一系列改革方案，用了一整天的时间为阿鲁演展了这个宏伟蓝图。阿鲁听了他们演说后说：“你们说的这些，开渠掘井、兴修水利、减税降息和开放农贸都不错。但是兴建寺庙、禁止安德传教一事不妥。安德在罗玛沼多年，据我所知他没有做过一件对罗玛沼老百姓不利的事。”

沙额图很是不满，说：“安德神父的那一套在罗玛沼行不通。他说那个叫上帝的神早已给人类提供了一个宏大光明的人生计划，可惜他在罗玛沼五六年了，并没几个人接受神的好意，我也没看见有哪个在上帝的指引下过上了好日子。但是您的夫人拉措却是真正受到了菩萨的关照而免除了苦难，得到了幸福，这难道还不能成为兴建佛寺的理由吗？”

阿鲁一听哈哈笑道：“好吧，与拉措有关的事，我都喜欢。你去建寺庙吧！但你也可以跟安德神父做个朋友，共同研究一下来自另一世界的创世之说。看看圣经里面关于洪水和创世的说法，跟倮倮人的有何异同，里面包含的预言和哲理，又有多少跟倮倮人的生活有关。以前莫尼若就说过，只有胸怀广宽的毕摩才能与诸神沟通，这道理你肯定比我懂。”

后来，罗玛沼的土主庙和观音庙香火都很旺盛，摩玛山脚的倮倮人寨子里，也响起了教堂的钟声，这样诸神眷顾的状态一直持续到若干年后。

年底，阿鲁推行的改革初显成效，他开放了茶叶、糖和粮食等生活必需品的买卖权，奖励牛羊牲口养得好的人家。那些敢于尝试搞农资交易的人捞到了第一桶金。他当年在楚雄读书时想过要把罗玛沼的街道变得热闹繁华，今天终于看到了这一局面。

春节时，有关红军的传言传到了罗玛沼。有人说他们是魔鬼，有人说他们是救世主。他们去到一些寨子，就把当地土豪劣绅抓起来，把地主和土官家的财物分给奴隶和贫民。所以在穷人眼里他们是天使，但在地主老财眼里他们就是克星。只有布勒最清楚他们是什么。他们就是世雄那样的人——受苦受难的工农阶级亲兄弟，立志要解放奴隶、推翻土司的人。世雄给过布勒一颗红五角星，说凭着这个星星，他一定能找到自己的理想。布勒睡觉也把这颗星星揣在身上，每当他看着阿鲁和拉措幸福美满的样子，他就捏着这颗星星警告自己不要嫉妒。“我现在已经过得很好了。我从一个睡在地板上的奴隶，变成了土司老爷的贴身侍从，穿上了丝绸衣裳，佩上了镶嵌宝石的腰刀。我已经很好了。”布勒不停地这样提醒自己。可当年被关在黑牢里差点被砍头的恐惧还是常常在夜深人静时悄悄降临，对拉措的渴慕以及她嫁给阿鲁后所带给他的巨大失落还是时常像长着尖利牙齿的怪兽啃噬着他的心。为了排遣这些痛苦，他常常独自走到大沼泽边对着摩玛山沉思，让孤独将自己充分地包围起来，然后再喝下火热的烈酒，将自己麻醉。

当那支有三四十人组成的红军队伍经过罗玛沼时，新任的亲兵房总管来请示阿鲁要不要将他们打跑。阿鲁沉吟片刻，说他要亲自去迎接红军。

这支红军队伍只是一个小分队。他们中有多人受伤，有的被抬在担架上。队伍里有四五个女兵，梳着短发，穿着跟男人一样的衣服，脚上的绑腿布又脏又破。所有人都疲惫不堪，面黄肌瘦。说他们是队伍，是因为他们统一着装而且肩上扛着枪，但即便如此，阿鲁也看不出这群人能用什么力量来劫富济贫。所以他非常友好地请这支队伍进了镇子，安排了食宿，又叫来草医为受伤的人治疗。这支队伍也是有头领的。他就是那个曾经在拉措家里养伤的政委，那是个四十多岁的姓李的男人。李政委这次也受了伤，但他精神不错，目光炯炯。

他一看到布勒和拉措，就爽朗地笑着说土司大人，原来我跟你夫人早就是朋友了。他接着把曾经在拉措家养伤的事告诉了阿鲁。

阿鲁哈哈笑着说世雄的父亲和热雷家渊源深厚，当初他父亲来到罗玛沼请求收留时，世雄才两岁。

李政委听了连连点头。

阿鲁说他对红军一路走来的故事已有所耳闻。“你们后有追兵，前有路障，处境很不好吧？”他问李政委。

李政委笑着摇摇头。他说再大的困难也阻止不了红军的脚步和信心。他带领的小分队都是些伤员，他们在罗玛沼稍作休整就要去到金沙江边与大部队会合。接着他对阿鲁表示了感谢。他说他们是一支解放劳苦大众的革命队伍，虽然目前遇到了困难，但他们有着共同的理想并为此万死不辞，甘愿赴汤蹈火。对于思想先进、有革命志向的土司头人，他们非常欢迎，并愿意结交为朋友。

阿鲁笑了笑说："你们走的时候，如果需要马匹、粮食，就尽管跟我的管家讲。"

阿鲁走后，布勒拿出世雄送他的红五角星给李政委看。李政委表情激动、眼神深沉地拍拍了布勒的肩说："布勒同志，解放罗玛沼，就靠你和世雄了。"他接着又向布勒宣讲了革命队伍的使命，他说的跟世雄说的就是一回事。

布勒这才知道原来世雄已经是革命队伍里的重要人物了。布勒辗转反侧了一整夜，把红五角星拿出来看了无数回。他想，莫尼若已经跟美国姑娘去追求他的天堂了，周复生也可能在世界的某个地方实现了自己的理想。他说过天堂与共产主义的相似之处，那么红军既然肩负实现共产主义的使命，他们应该就是能指引他实现理想的人。最终，在启明星升起的时候，布勒决定要跟李政委一起离开罗玛沼，去追求自己的梦想。

布勒走后一年，拉措生下了一个男孩，取名木莫该若，是天上的星星之意。这时拉措的弟弟英都五岁了，五岁的英都成了木莫该若的舅舅。

木莫该若是第八代土司的长子，他的出生对罗玛沼来说有着相当重要的意义。他满月这天，罗玛沼在祭司沙额图的主持下举行了盛大的欢庆活动。整个罗玛沼在这天都处在一片欢歌笑语中，如此盛大的喜事，在罗玛沼已多年不见，人们都觉得罗玛沼即将再度进入一个鼎盛时期。

那天也是罗玛沼赶集的日子。自从阿鲁土司允许平民们自行做些商品交易，并且税赋减半之后，罗玛沼小镇就变成四个大寨子和土司官寨里四乡八洼的村民聚焦的中心。赶集的时候街道更是热闹非凡，几乎男女老少有事没事的，都跑到街上来了。在这种热闹的时候，就算你什么生意也不做，背着手来人群中挤一挤，也能一扫平日里的单调孤寡，体会到生活的热度。外地的马帮运来了稀缺的物资，火柴、镜子、糖、铁器、丝线、瓷器、锅碗瓢盆等，被吸引的村民层层围观，他们睁大眼睛，手中捂着一些零碎银子，细心地观望掂量着。

而那个核桃树下的广场，早已被谈情说爱的跳脚队伍占据了，这里每天都有人铺了青松毛跳脚，是镇子里最热闹的地方。白天，它是村民们歇气乘凉、抽烟喝茶、聊天的地方，罗玛沼的新鲜事儿，几乎都是从这里开始传播。而到了晚上，这里燃起篝火，立刻变成天不管地不管的娱乐场所。

罗玛沼人喜爱跳脚，他们全都是音乐和舞蹈的善男信女。一旦月亮升起来，火苗旺起来，跳脚的圈子就会围起来。无论是戴着公鸡帽、脚蹬绣花鞋的姑娘，还是头顶黑头帕、围着银项圈的老妇，必定一身烂漫、满脸春光地出现在这里。接着小伙子怀抱三弦来了，他们迈开大步，大摆裆裤被风吹得“哗哗”作响，有着风流豪迈的劲儿。老倌们也披着羊皮褂来了。这里少不得这些老倌。他们是弹月琴和吹笛子的高手，在乐队里，扮演领头羊的角色。这个圈子是跳“左脚舞”，还是跳“闹阳花”，或者是跳了“玛咕舞”，再来一段“八角穿花”，全由这几个领头老倌的笛子和月琴来掌控。

罗玛沼有句话：弦子一响脚就痒。除了正在服丧的人，跳脚是人们不被任何理由禁止的权利。在这棵老核桃树下，年复一年，多少贫富贵贱都化成了脚底的黄灰，更别说什么忧愁和烦恼。人们手牵着手，不停地跳，不停地唱，圈子越走越大，越跳越圆，最后变成了一个人与歌舞浑然一体的小宇宙。所以他们唱“一跳跳穿千层底，跳起黄灰做得药”。

鞋底跳穿了，病人跳活了。就在这个热闹非凡的时刻，一条不知始于何处、终止于何处的公路忽然就沿着龙川江开到了离罗玛沼小镇不远的村子里。一个汉官由安德神父陪着来到土司府，送来楚雄县府的公文和史迪威先生的信件，请求罗玛沼派人支援修建公路。

“修公路的目的是抢运军需物资抵抗日本国的侵略。”汉官言简意赅地说，“如果日本人从缅甸进入腾冲攻陷云南，我们就成亡国奴了。罗玛沼当然也就不复存在。”

阿鲁点点头。这事刻不容缓。

派去修公路的人大约有二百多人，半年后这些人回来了，依然还是二百人左右，只是其中有一半换成了外地人。当初派去的全是青壮年男子，现在回来的人中却有十多个是女的，有的还带着孩子，孩子还带着狗。他们穿着不同的服装，有汉人、傣家人和苗人，全都是公路沿线村寨里的普通百姓。回来的人说，他们一起去的，有一半死在了工地上，他们的尸体就埋在公路边的沙石里，有的就直接埋在公路里了。这些外地人也是各村寨派去修公路的，但如今他们已无家可归，所以跟着一起回到了罗玛沼。

回来的人衣衫褴褛，晒得焦头焦面，一身伤疾。那些跑来迎接亲人的人，挨着头地辨认，认出了的就抱头大哭，没认着人的就证明亲人已经死了，便只能自己一个人抱着自己的头蹲在地上哭。

阿鲁和拉措都去迎接修路回来的村民，看到这景象，伤感不已。拉措说现在罗玛沼的女人比男人多了，还有好多是寡妇。她说着就哭起来，说为什么日本人要来抢我们的土地，杀我们的人？

她悲愤地回到家，去到莫尼若的别院里把大夫人和阿果叫出来，说要把这个闲置的院子拿出来给那一百多个前来投奔的外地人暂时居住。

阿果说："这是我和莫尼若的府邸，你管不着。"

大夫人也说："拉措啊，你还是别乱了辈分的好。"

拉措平日里待二人是非常客气的。可今天她一点也不想客气。她开始数落她们："你们终日足不出户，像两只地老鼠一样躲在你们想象出来的天堂里，不知道现在我们已经国破家亡。你们除了吹大烟吃夜宵就是折磨下人，还能做什么？罗玛沼已经为了修建抗日救国的公路死了一百多人，现在有一百多个为了抵抗外敌而无家可归的人投奔到罗玛沼，土司作为一地领袖，能袖手旁观吗？如果不安置好这些人你让阿鲁怎么服众。土司府那么大，有那么多房间，为何你们非要住在这个空落落的别院里？就回府里住几天不行么？"

大夫人嘿嘿笑道："阿鲁没本事，就别当土司。历来贫贱出身的人就是这样没本事。"

拉措瞪着眼，"噔噔噔"走到大夫人跟前抬手给了她一耳光说："这话如果是苏吉老爷和莫尼若听了，也会像我一样生气。"

拉措走了片刻，就来了一帮下人。他们也不说话，弓着身子将阿果和大夫人的物件细软一样样全部搬出去了。阿果站在那棵紫薇树下大哭起来，没多久，罗吉管家就领着一大帮臭烘烘脏兮兮的人进来了，他们蓬头垢面，残病交加，把阿果吓得不敢哭了，赶紧披头散发逃出了别院。紧接着下人们送来了棉被和衣物，又在院子里支起三个大灶。拉措召来两个草医，亲自系上围裙，在大锅里熬煮汤药，为难民们医治浑身疮痍。她的头发高高挽起，戴着靛蓝染成的土布头帕，露水打湿了她的百褶裙，双手在冬日里冻得通红。难民们不知道这个美丽的女人是谁，他们都叫她“神仙娘子”。

48

罗玛沼人第一次见识了汽车。它轰鸣着驶入罗玛沼小镇，慢悠悠屁股冒烟地来到土司府大门口，在扬起的黄灰里停在一个缓坡上——再往上就是高高的花岗岩台阶。车上下来的人是比安德神父还像洋人的周复生，只是他这次的打扮变成了军官。他还戴着白手套。他的靴子踩在地上卡巴响，帅气得很。

周复生成了一名国军军官。他更瘦、更结实、更深沉了。他深锁的眉头只有在见了阿鲁和拉措后，才舒展开来，严肃的脸上出现了一点笑容。不过他笑得很短暂，因为他给阿鲁和拉措带来了一些非常沉痛的消息，他说南京沦陷后，那里就变成了人间地狱，无数中国同胞被日本人杀害。他们奸淫女人，连学生、小孩、老人都不放过……中国人的尸体在日本人的屠刀之下堆积如山，真正的惨绝人寰。周复生讲到这些，眼眶红了，说："抗日战争不光是我们中国人的事，而是全世界反法西斯战争中的一个战场。我们得到了美英联军的支持，在楚雄成立了抗日远征军司令部，我即刻就要随远征军奔赴缅甸，拯救我们的国防线，把日本人彻底打跑。”

周复生热血澎湃，忧国忧民。他在土司府的花岗岩地板上走来走去，每句话都掷地有声。当他听说布勒跟随红军离开罗玛沼后，先是吃了一惊，随后又释然地笑了笑说：“这是一个说走就走的追梦时代。国难当前，任何人都没有什么理由不去寻求理想的突围。不过阿鲁，不管世界变成什么样，罗玛沼依然需要有你这样的人来保护。这里是我们的故乡，永远都是。”

拉措泪水湿了眼眶。“周复生，我听你说的话怎么有种生离死别的感觉？”她伤心地说，“你父母已经六十多岁，你好歹讨了媳妇再走啊。”

周复生望着远处的青山表情坚定地笑着说：“我的命已经交给战场了。我给自己立了两个不娶：不把日本人赶走，誓不娶妻；遇不到拉措这样的女子，也不娶妻。”

阿鲁说：“拉措只有一个，被我娶走了。你该怎么办？”

两个人说着相拥而笑，一个拍着一个的背，使劲拍，他们都知道此次一别已难再见。

周复生告别阿鲁和拉措，回到家里与父母吃了一顿饭，住了一夜，天蒙蒙亮他就走了。周老板与儿子在冰冷的晨雾里告别，周复生拉着父亲的手说：“我一定会回来当罗玛沼最好的银匠。”可他的承诺没能实现，因为此次一别，他们到死也没能再见上一面。周老板活到七十三岁，是拉措照料了他的后半生。

没多久，果然传来了抗日远征军征兵役的消息。国民政府军挨村挨寨散发传单，宣传抗日思想，号召青壮年去参军，打日本鬼子。他们的传单上印着“一寸山河一寸血，十万青年十万军”的字样和蒋中正的签名。罗玛沼又有好多热血男儿离开了家乡，投身到保家卫国的战争中去了。

就像拉措说的一样，罗玛沼更空了，只剩下一些老幼妇孺。

再不久，改土归流的风潮再次来临，罗玛沼的土司制度终结于阿鲁这一代。土司改称为地主或土官。其实都差不多，只是奴隶变成了雇农，生产资源和生产所得在分配上换了一种方法。阿鲁由土司变成了土官，四个寨子的头人都变成了地主。村民们还是一样爱戴阿鲁，见了面都叫他阿鲁老爷，遇到大事小事依然喜欢跑来找他商量定夺。土司府除了减少了部分奴仆佣人以外，也没多大改变，阿鲁依然是罗玛沼的主心骨。

对拉措来说，就更没什么影响了，她属于天生闲不住喜欢劳动的那类女人。嫁给阿鲁当了土司夫人，也是几天见不着泥土就心慌。她总是跑到地里去，把奴仆们惊得跪在地上求她离开。她隔三岔五带着儿子木莫该若往茶山跑，徜徉在茶田中唱那些曾经被杨清远、青珍、世雄、莫尼若赞不绝口的行云流水般美妙的歌曲。她一唱起歌，茶山的其他人就汇集在她的周围跟她和调，她们的梅葛调和青棚调能穿透云层，翻越高山，传到神灵的耳朵里，飞到世界的尽头。她还教出了好几个种茶和制茶的徒弟，茶叶成了罗玛沼的一个收入大项。平民出身的拉措与村民一起喝茶聊天，跟村姑们坐在田间地头互相讨教绣花的图样和针法，又有神仙娘子的美称，因此对她来说，当土司夫人和当地主夫人或者当平民夫人，意义都差不多，她得到的快乐都是一样的。

拉措的快乐正是阿果和大夫人所不能理解的。她们由于自恃身份高贵，总要把自己与别人严格区分开来，可由于世道的变化和拉措的影响，除了府里那几个老仆和下人，已经没有人再像过去那样膜拜她们的矫情了。

她们变得非常寂寞，对莫尼若的思念不仅没有随着岁月的逝去而淡化，反而与日俱增。大夫人为了寻得与莫尼若心灵轨迹的相似之处，就跟随了安德神父，每天跟他一块儿去各村寨传教布道，每周做礼拜，向人们宣讲圣经。她彻底地信仰了基督，拿出自己的积蓄，又从土司府得到一些鸦片交给安德。安德将鸦片卖出去，和大夫人一起建了一座教堂。但大夫人同时沉迷于鸦片，身体无比虚弱。她已经进入了一种万事皆空的状态，只待时日成仙升天。

此时国家已经陷入了更大的战乱，日愈高涨的革命烽火从政治核心地区烧到了边疆的每个角落。这一年传来“云南王”龙云在香港加入了中国国民革命委员会的消息之后，正如若干年前周老板的酒后预言，革命的火势不可挡地烧到罗玛沼大门前了。这是另一个大时代的来临，它以飓风般的力量裹挟的不是一个罗玛沼，而是整个中国，整个旧时代。

就在一个玉兰花刚刚绽放的冬夜，罗玛沼的天空里忽然绽放出几朵异样的烟花。紧接着枪声四起，数百支火把从四面八方包围了土司府——现在不叫土司府了，叫土官府。

一切都来得很突然。但其实也不突然，因为为了这一天的到来，有两个人已经筹谋了很久。他们就是世雄和布勒。

大约在一年前，布勒和世雄在昆明会晤，他们都已经是云南革命工委会的骨干人物。上级党组织给他们的任务是回到罗玛沼，深入群众做好武装起义的基础工作，等待时机一举成事，响应云南的全面解放。世雄和布勒早就为推翻罗玛沼的旧政权、建立新世界精心筹划多时，他们在离罗玛沼不远的地方建立了一个称为“抗铲”的武装组织，吸收了数百名各地区、各民族的贫苦农民为组织成员。这只是滇中高原山区的一个点，还有更多这样的点，已遍布大西南的各个角落，就像一张巨大的网，一声号角之后就全部撒下，然后收网。

现在显然时机成熟了。当布勒带领着一支人马进入罗玛沼小镇时，守城的卫兵为他打开了大门，因为布勒曾是阿鲁土司的奴仆和副官，卫兵们都认识他。于是枪声顺利地在土司府大院内响起，起义军里应外合，在世雄和布勒的率领下毫不费劲地攻占了土司府。土司府是罗玛沼的政治权力中心，它的沦陷就代表起义成功，代表革命的胜利。在布勒心里，他马上就可以以全新的主人翁姿态见到拉措了。罗玛沼将成为一个平等的、充满了民主与自由的新世界，那本“禁书”里所描绘的幸福场景已经历历在目。

革命武装斗士们占领了土司府，土司府里所有的人，都在黑灯瞎火的状态下被抓起来。他们把阿鲁和管家、家兵总管等重要人物关进了当初关过布勒和世雄的黑牢，其他人员分别关在下人们住的房间里，门口派兵把守。拉措和刚满十五岁的木莫该若和拉措的弟弟英都，则受到世雄的特别指示被与家人分开，单独关在一处。这个房间拉措并不陌生，是以前莫尼若住过的。家人为了怀念莫尼若，这间房子原封未动地保持着当时他住着的模样，就连桌子上尚未抄写完的经书也还摊在那里。拉措在这间屋子里被关了一个晚上，没有人来跟她解释究竟是谁攻打了土司府。天快亮的时候，拉措将莫尼若房里的经书和史诗一样一样地找地方藏了起来。她想起小时候跟她爹杨清远学汉语时杨清远说过的话："文字有时是惹祸的东西，尤其是在改朝换代的时候。"若干年后，这些布满灰尘和虫卵的东西成为现代城市博物馆玻璃橱窗里的珍品。

她已经从今夜的枪声里，听出了这是一场不同于以往的、非常彻底的变故。

这场变故震惊了罗玛沼的村民，他们纷纷来不及穿鞋子就跑出家门来看个究竟。这时天空一碧如洗，群星闪耀，月光如水般倾洒于大地之上，远处山箐箐里有人唱歌：

妹妹你要走夜路，莫要点火把；妹点火把来照路，月亮伤心了。月亮你要走夜路，莫要点星星；月点星星来照路，太阳伤心了……

过了两天，起义军向村民们宣布，按照革命组织的要求，土司、首领、头人们抓起来后要进行公审。由广大劳苦人民来申诉他们的罪行，最后由革委会裁决他们的生死。

布勒对把阿鲁关起来的事很不满意。他找到世雄，劝他对阿鲁放宽政策。他说："阿鲁虽然是土司，但他并没有做过什么坏事。他还帮助过我们的红军队伍，对老百姓仁慈宽厚。我认为，在大部队到来之前，我们还是不要激化矛盾，只要没收他的家产，让他以普通农民的身份继续待在罗玛沼是最好的。"

世雄不同意。他说，他永远也忘不了他爹是怎么死的。是草菅人命的土司制度害死的！

他又说："看看吧，如果没有革命，我们在罗玛沼有什么？你已经快四十岁了，但你心爱的姑娘呢？"

布勒就不作声了。

审判阿鲁的大会如期召开。这时已进入冬季，晴朗的天空没有一丝云彩，迎春花已经开满了田埂。但是，田地里没有种下什么庄稼，地里都是黄土和野草。

人们都没有心思种地了，他们全都想参加革命武装，去分土司与贵族家的财产。村民们被召集到他们跳脚歌舞的大核桃树下，就像看电影一样，他们有生以来第一次听说要审判土司老爷。他们被告知可以大胆地申诉自己在土司制度的压迫下所受的种种委屈和苦难，最终革命组织将把土司和地主家的财产全部分给贫苦农民，因为革命的目的就是推翻黑暗的旧世界，建立人人有衣穿，人人有饭吃、有地种的新时代。

阿鲁和土司府的主要人物都被绑着拉到了广场中央，阿鲁看见四个寨子的头人也被绑来了。透过黑压压的人头，他极力寻找拉措和自己的其他家人，但人太多了，他找了半天没找着。忽然听人群中有人喊“阿鲁，阿鲁”。他寻声望去，终于看见拉措和英都，还有儿子木莫该若，他们刚刚使劲挤进人群。见他们都好好的，也没有被绑上，阿鲁舒了口气。拉措一脸焦急与憔悴，但她还是那么美。她站在人群中，白皙的皮肤和精美的五官是非常惹眼的。阿鲁就朝他们笑了笑，向拉措轻轻点点头，表示他也好好的，没有受伤。

阿鲁等人面前排了一张大桌子，那是土司府里的黄花梨大餐桌。还有五把椅子，也是从阿鲁家里抬来的。过了一会儿，五位革命组织的领导人在十多个士兵的跟随下进入了广场，坐在这张大桌子后面。当人们看清楚这几个大人物中间有一个是布勒、一个是世雄时，他们大为惊讶，轰地议论开了。阿鲁和拉措更是震惊不已。世雄和布勒镇定自若，他们穿着汉人的服装，说着汉话，腰间别着手枪，帽子上的五角星红光闪闪。

没等桌子后面这几个大人物讲话，场子中间被绑着的阿左秋头人忽然破口大骂起来，他骂的是布勒，说他是狗被养大了反咬主人。一个士兵走上去给了他两枪托说：“负隅顽抗者死。”

布勒站起来挥一挥手说：“不要随便动武。在场的其实都是老乡。革命的目的是要建立和平、自由和民主的新世界，打人杀人绝不是我们的目的。你们骂我也好，恨我也罢，时代的车轮永远都是向前走的，解放全中国已经是定局，我们的解放军大部队不日就会南下，云南全面解放只是迟一天早一天的事。我们的任务是和平解放云南民族地区，只要旧势力交出政权愿意投降，我们就从宽处理。我们的革命队伍是一支团结了各方各民族兄弟同胞的队伍，其中也有弃暗投明的地主和贵族。今天开这个公审大会，就是要让罗玛沼的穷苦人民来共同见证过去那个黑暗的旧制度已经过去了，一个全新的局面即将开启。”

布勒讲完后，桌子后面坐着的四个人都鼓起掌来。罗玛沼的村民们面面相觑，也学着鼓了几下掌，虽然他们那个时候还不明白鼓掌是什么意思，他们对布勒说的自由民主和时代的车轮也听不太懂。但在这里可以骂骂土司，还可以分得土司的家产，这倒是让他们高兴的事。

接着世雄让他们这几天在罗玛沼选出的农会主席说两句话，让村民们自己上前申诉土司一家所做的坏事。农会主席就是跟拉措一起收割大烟的秋生。他站起来说：“现在大家不要吵了，你们有什么苦，就上来倾诉吧。”

最先出来诉苦的是在老君山平匪时被阿鲁打断了一条腿后又投降到罗玛沼的三匪首。他说阿鲁打断了他的一只腿，把他带到罗玛沼后，又让他在亲兵队当差，每年只有三块银元。他无儿无女，腿瘸了也没人照顾。

第二个人说阿鲁跟外国人通亲，他哥哥莫尼若跟美国妞跑了。

第三个人说阿鲁家种大烟，占了他家的农田。

第四个人说老土司三妻四妾，而有的农民一个老婆也讨不起，这是欺压百姓的证据。

世雄听了，说这些都不是什么大事。要说大事。

民众沉默了一会儿，又有人说，阿鲁当了土司以来，减免了我们的税役，派人去修滇缅公路，对修公路回来的人给予了大量补偿，还安置了一百多名外地难民。

有人说，阿鲁土司抵抗国民党军政府进村来抓人，还帮助过红军。种大烟虽然占了土地，但我们得到了更多的钱。大烟也是他铲除的。

又有人说，阿鲁的哥哥莫尼若虽然跟美国人通亲，但那个美国姑娘来这里没有干过坏事，还给我们放电影，莫尼若更是罗玛沼不可或缺的神性人物，在哈比老爹死后，他主持了各种法事，超度了死人的灵魂，帮助我们死去的亲人找到了回祖先那儿去的路。

这时阿左秋头人对那个瘸了腿的三匪首说，你说说看阿鲁老爷当初为什么要打你们。你这条野狗到了罗玛沼，阿鲁还给你找活干，给你开工钱，这是为什么？

世雄一听势头不对。他站起来情绪激昂地挥着手说："已经投降的热雷阿鲁，他是万恶的奴隶主、吸血鬼，我们要打倒他，让他把从老百姓那里搜刮的民脂民膏全都吐出来！"

他话音一落，忽然一声枪响，场子中央的阿鲁一头栽倒在地。

现场大乱。

"是谁？是谁开的枪？"布勒站起来大叫，但人群一下子就乱了，人们四下逃跑，生怕自己也被来路不明的子弹给打中了。

拉措一声尖叫，不顾一切冲进乱作一团的人群中，奋力拨开挡住她的人，朝阿鲁冲去。她看见阿鲁倒在血泊之中，两个士兵正想去拉他。

"走开，走开！你们都是强盗！"她大叫着，用牙咬，用脚踢，用肩膀撞，用指甲抓，那两个士兵给这个状若疯狂的女人吓得让开了。拉措扑过去抱起阿鲁大叫他的名字，她手上全是血，也不知道是从他身上哪个部位流出来的。但阿鲁还清醒着，他说："拉措，别急。"

拉措一下子就冷静下来了，冷静下来她就看到了阿鲁的伤，还好只是打到了右边肩膀。她想撕下裙子的一块布来包扎伤口，可那丝绸细密柔韧，她又咬又拽也撕不下来。她立刻做了一个惊人之举，脱下了上衣。她的上衣是一件宝石蓝缎面绣太阳鸟的对襟小袄。她就用这件衣服包住了阿鲁的肩膀，把他搂在怀里，眼泪"哗哗"地流。只穿着一件白色棉麻内衣的土司夫人拉措坐在地上怀抱她的夫君，她的百褶裙像一把巨大的五彩圆伞摊开在他们的周围。她秀发披散，上面坠满了核桃树上落下的菟丝花。

事后，革命委员会的头头们开了一个会。有人拿来一封电报，说，上级来了命令，对边疆少数民族地区，要团结第一，工作第二。对少数民族上层人物，要客观对待，不得采取强硬措施，不准激化民族矛盾。

于是阿鲁被从黑牢里带出来，单独设了一间病房治伤，允许拉措在旁看护。布勒和世雄来看阿鲁，还带来了一个医生。医生为阿鲁打了麻药，把子弹从他的肩膀里取了出来。

布勒问拉措过得好不好，拉措说："好不好，你不是看见啦？"

布勒心情糟透了。他约了世雄，在房间里喝酒。世雄说："我知道你喜欢我妹妹，但必须把阿鲁赶走，她才可能嫁给你。"

布勒说："那一枪是谁干的？"

世雄说："你别管，是一个士兵的枪走火了。没打死他，算是便宜他了。"

这时农会主席秋生来给布勒送热水，这话刚好被他听到了。

秋生连夜跑去找到阿鲁和拉措，说："老爷，什么公审大会，全是假的，布勒那小子是真要杀你！你快逃吧！"

阿鲁说："我不逃，我走了拉措怎么办。还有我的儿子，我们死也要死在一起。"

可是到了下半夜，摩玛山上忽然杀下来一股人马，他们冲进被革委会占领的土司府，与里面的人火拼起来。来人约有十五六个，兵强马壮，弹药充足，气势彪悍。革委会的人在没有准备的情况下抵挡不住这群人的凌厉攻势，退守到土司府的议事大厅里躲了起来。等他们出来，发现阿鲁和拉措都不见了。

49

把阿鲁抢出来的人是鹿丫。他听说土司府被占领的事后，知道这世道已经彻底变了。随后他感念阿鲁当初的不杀之恩和他大雪天送棉被、送种羊的恩德，就悄悄下山纠集了没有被抓起来的土司亲兵，趁公审大会时潜回土司府的军械库取走枪支弹药，然后向革委会发动突然袭击，把阿鲁从土司府抢了出来。

阿鲁和拉措被他们掳上马一路狂奔，在天快亮时他们已到了大理地界。阿鲁骂鹿丫做事鲁莽，这样跑掉只会让事情变得更糟。鹿丫坚持说："他们要杀你！如果不走你只会死在那帮人手上。逃得掉尽管逃，逃不掉再做打算吧！我欠你一命，今天这人情还你了。"这时后面追兵已到，子弹呼啸着擦着他们的耳朵飞过。鹿丫吩咐一名亲兵护送阿鲁和拉措往保山走，让他们逃往缅甸，自己带着人马去拦截追兵。他说："打赢了就赶来与你们相聚，打输了咱们来世再见。"

阿鲁一狠心说："也罢，这时返回，只会让乱枪打死！"

他们往保山方向逃去，渐渐听不见枪声了。不知过了多久虽不见追兵追来，却也不见鹿丫赶来。他们不敢停留，途中常见带枪的人，也分不清是敌是友，只能一味走山道躲藏。挨到天黑时，他们到了澜沧江边一家店门紧闭的小马店，好不容易敲开门，店主露出半边脸说这店关了，不接客。看着阿鲁伤势严重发起了高烧，拉措心急如焚。她一把拔出亲兵腰里的枪抵住店主的肚子说我们今晚一定得住在这里。

进了店，才晓得这个店也是给打得稀巴烂的，窗户上还留着枪眼。拉措安顿阿鲁躺下，把银耳环摘下来给店主，请他给烧些开水来。店主边烧水边说："这年头什么事我都见过！我只是不想再惹麻烦了。你们明早就走吧。"

拉措把阿鲁抱在怀里，喂了些开水给他，又给他服下了身上带着的伤药。药不多，仅够再吃两次，拉措忧心忡忡。阿鲁拉着拉措的手，让她天一亮就回罗玛沼去。

"我不离开你。"拉措说。

"但是我们能把木莫该若一个人留在罗玛沼吗？"阿鲁说。

拉措小声地哭起来，她的下巴抵着阿鲁的额头，眼泪一直淌到他的脸上，已经分不清是她的泪还是他自己的泪。

阿鲁忍着悲痛劝慰拉措："他们要杀的人是我，你回去他们不会为难你的，而且世雄是你哥哥，他肯定会保护你。罗玛沼还有我们的儿子，还有英都，还有大夫人都需要照顾，我们怎么能把他们都丢在那儿呢。"

想到儿子，拉措心痛如绞，不知此刻他会处于怎样的境地。

"但是你怎么办？怎么办？"拉措紧紧抱着阿鲁说。

"你别担心我，我的伤也不碍事，以前比这严重的事我都挺过去了，你就放心吧。我就在这个小店里躲几天风头，然后就回来找你们。"他听着澜沧江"哗哗"的水声，深感命运的无常，沦落的哀伤。他让拉措走，是不想她跟着自己不明不白地死在路上。

可拉措无论如何不答应离开阿鲁。阿鲁劝了半天，最后两人约定拉措回罗玛沼找儿子和弟弟，阿鲁留在小店里等他们。

拉措也慢慢冷静下来了。说：“亲兵留下来陪你。”

“不，让他跟着你。”阿鲁说。

“你有伤，你需要照顾。”

“你是女人，更需要照顾。”

“我在大山里从不迷路，你莫争了。再争我就不走了。”

“……拉措，你要听我的话，这里不是罗玛沼。”

拉措伏下身子紧紧吻住他的嘴唇：“阿鲁，不管在哪里都是一样的，山就是山，树就是树，人也就是人，没什么好怕的。无论发生什么事，除了坦然面对别无他法，因为，因为……”她的眼泪再度流进嘴里，声音变得更低，“这是报应！”

阿鲁推开她：“你说什么？”他惊讶地望着她。

拉措沉默了一会儿，说：“阿鲁，今天的劫难其实早已注定。你知道吗？你的土司之位，是你娘和我妈密谋夺来的，她们也为此付出了生命的代价。”

阿鲁的身子一僵。他想起了青珍临终前对他说的那些奇怪的话。

拉措把他抱得更紧一些：“但是，一切都过去了。阿鲁，不用怕。因为我娘在死时就告诉我，如果追究下去，我们都是有罪的。但我爱的是你，不是你的权势。我不在乎有罪无罪。我们在一起，无论你当不当土司，我都是你的妻子。我早知道会有报应，所以我不在乎，真的。不管发生什么事，我仍然是你的妻子。”

“啊……”阿鲁叹息了一声。多么惨痛的真相。看似世事无常，其实因果早已经注定。但现实的切身之痛让他无比清醒。他将拉措的手贴在脸上，感受到她手心里的温暖一丝丝地渗入了自己的皮肤。他在黑暗里微微地笑了。“拉措，你是个勇敢的姑娘。”他说。

第二天天未亮，店主起来煮了点粥，炕了几个荞饼让他们吃。店主说他昨晚听了一晚上这流水的声音，它滚滚而逝，不休不止。“看看这山川河流吧，人啊，算个什么东西？”店主似乎听到了他们昨晚的谈话。

满地白霜，雾气迷漫，阿鲁和拉措相拥告别。阿鲁说：“拉措，你永远是我心中最美最温柔的女人。答应我，在任何时候都要温柔美丽地活着，不要成为铁石心肠的人。”

拉措点点头说：“我接到木莫该若和英都就来找你，我认得路，你放心吧。”

“对不起，我连累了你们。”阿鲁无限凄楚地笑着。

拉措抚摸着他的脸，又亲亲他的面颊，骑上马消失在白茫茫的晨雾之中。

在罗玛沼，革委会派去的追兵回来报告他们击毙了以鹿丫为首的叛匪，但是没追到阿鲁和拉措。布勒和世雄为此发生了激烈的争吵。布勒认为现在的结果有违初衷，阿鲁土司是值得争取的革命对象，他是先进人士，而不是万恶的剥削者。他认为打死阿鲁会失掉罗玛沼的民心。尤其是现在拉措也跟着失踪了，这完全不符合当初的计划。

世雄说：“拉措是我妹妹，我难道不希望她过得好吗？可我认为她只有跟着你才有前途。”

布勒气愤地说：“你不要总拿拉措来要挟我，做人要汉子一点。”

这时卫兵来报，说老土司的大夫人发烟瘾了，满地打滚，不行了。

世雄说：“随她去好了，这些吸血鬼。”

布勒皱着眉头说：“在李政委到来之前，我不希望再出人命。”他带了一小块烟膏，去看大夫人。

大夫人披头散发一脸鼻涕眼泪地抓过烟枪吸了两口，舒着气缓过来。她几天没有洗脸也没有化妆，形容枯槁，身上的衣服又脏又皱。看着曾经一身黑裙满身银饰气质高贵的大夫人变成这个样子，布勒觉得有点心酸。他拿来脸盆毛巾倒来温水，让大夫人洗一洗脸。

大夫人很听话地照做了，显得精神了一些。然后她端正坐在椅子上，深沉地说：“布勒啊，你小子出息了。不过我要告诉你一件事，你听了以后，千万别难过。”

布勒说：“夫人，过去你也没少关心过我，有什么话你就直说吧。”

大夫人笑着说：“你知道你的亲爹是谁吗？是苏吉老爷。你的亲娘是苏吉老爷的一个女佣。你跟阿鲁，是亲兄弟。”

布勒整个人都呆住了。他忽然明白为什么苏吉老爷在后来的几年里像亲生儿子一样对待自己，在临终时为什么要一手拉着他一只手拉着阿鲁，嘱咐他们永远不得互相为敌。

阿木诺像幽灵一样从暗处走过来说：“布勒，你爹临死前叫我转告你，虽然他预见到你有可能与阿鲁为敌，但他请你留他一条活路，不要杀他。”

布勒头脑里“嗡嗡嗡”地发晕，感到自己掉进了一个飞速旋转的深井里，五脏六腑都要被甩出来一般的难受。他呆了半晌，说：“大夫人，这话你早几年告诉我，或者永远都不告诉我，都比现在告诉我强过百倍。”

布勒像个雕像一样木然地走出房间，来到大街上。这里到处都是当年他和阿鲁一起玩耍的记忆。他看看远处连绵起伏的青山，想起自己和阿鲁去摩玛山迷路的事，又想起拉措用嘴为自己吸出蛇毒的事。忽然，“砰”的一声巨响，有两个男孩在街边放了一个鞭炮，把布勒吓出一身冷汗。紧跟着，夜猫鬼忽然幻化在那一片腾起的硝烟中。

“恭喜你，布勒。”夜猫鬼忽闪着一对绿莹莹的大眼睛说。

布勒大吃一惊，抬起枪指着夜猫鬼说：“魔鬼，走开！”

自从他离开罗玛沼后，夜猫鬼就在他的心里销声匿迹。他接受了唯物主义新思想，认为自己早已变成了无神论者。

夜猫鬼说：“你手里的是什么东西？是用来杀人的吗？”它瞪着机灵古怪的猫眼，调皮地跳到从地上升起的另一朵蓝烟之上。

“布勒同志！”忽然有人走过来搂住了他，“你还好吗？”布勒一看，是李政委，他身后还跟着一队人马。李政委说：“我带来一个好消息，滇南战役我方大获全胜。云南全线解放了！”

布勒忽然觉得自己无限委屈，如果不是旁边有那么多人，他就要倒在李政委怀里大哭一场。

拉措回到罗玛沼时已是第三天傍晚，晚霞正把西边的天空染成了一片血红，红色下面就是一连串望不到头的黛色山脉。所以整个小镇现在就剩下完整的黑红两色，这都是倮倮人最爱的色彩。

小镇里跟往常不同的只是少了核桃树下的聚会，其他没有什么改变。公审大会之后，村民们意识到罗玛沼的天彻底变了，而他们的土司老爷被打倒在核桃树下，不知死活。所以人们都不敢再去广场的核桃树下跳脚了。

拉措直接去土司府找到世雄。她风尘仆仆，憔悴不堪，眼眶深深陷下去，显得眼睛更大，脸更小了，零乱的长发随风飘散。但她的表情坚定，神色悲愤，故而看上去她有了一种狐精般的空灵和野气，以至于世雄见了她，也有了巨大的陌生感。

李政委和布勒听说拉措来了就赶过来。李政委向拉措解释说，在对热雷阿鲁的问题上，他的态度跟布勒是一致的。他说阿鲁土司跟我们是朋友，我们不应该相互为敌。时代的变革是一回事，我们的友谊是一回事。至于那一枪完全是一个意外。

拉措说："家产我们可以不要，但请别把我们一家人分开。"

李政委听了点点头说："没错，我们建立新政权的目的是要人们生活得更好，否则与我们党的方针是背道而驰。"

第二天，李政委命布勒带上兵马，随拉措一道去澜沧江边将阿鲁接回来治伤。结果等待他们的却是一间空房，门窗上布满了枪眼、地上洒满暗红色的血迹，阿鲁连同马店主人都不知所踪。

拉措跪倒在澜沧江边的乱石堆里痛哭失声，正如三十六年前她出生之时，在核桃树下哈比给她做洗礼时那样，当奶娘抱走了阿鲁，她也是这样放声大哭的。古老的预言应验了，但这次抱走了阿鲁的不是奶娘，而是命运的无常，未知的迷茫。她一边哭一边捶打自己的胸膛，悔恨不已地喊叫着："我不应该丢下你，不应该的……"

她一直哭喊到喉咙里咳出血来，一如当年那个大雨天里阿鲁在摩玛山寻找她一样，所不同的是当时的寻找范围只在罗玛沼，而此时她没有任何能寻找到阿鲁的可能。布勒沉默地站在一旁，听着拉措的哭喊声合着江水滚滚而去，一直流到水天合一目所不及之处。他早已泪流满面。

从此阿鲁与拉措天各一方，生死茫茫。

50

在一个下着细雪的夜晚，教堂里传出哀伤的钟声，美国传教士安德神父去世了。他死时正在写一封给莫尼若的回信，他写的是英文，罗玛沼没有人看得懂。这封信被交由大夫人保管。数年后，拉措得到了这封信，她翻译过来，内容是这样的：

莫尼若先生：

得知你的病情好转，我由衷地感到高兴。你和珍妮的第三个孩子该出世了吧？记得上次你提过，她又怀孕了。罗玛沼正在下雪，但与当年哈比去世时所下的那场雪相比，这种雪只能算是毛毛雪。

罗玛沼现在是一个没有首领的地方，因为整个中国现在只有一个首领。你的家人过得都还不错，他们在劳动中得到了快乐，我从他们的脸上还是时常能看到笑容……今天我不想再说其他的话题，我只想告诉你，来到中国，我并不后悔。这是一个饱受战争蹂躏的国家，更应该得到世界的关心和同情。来到罗玛沼见识了这片大地上可爱的人们，我的心情是愉悦的，因为罗玛沼的人和事放在世界的任何地方，都是一部感人的传奇，神会用同样慈爱的眼睛注视着他们……

安德死后，他的信众将他安葬于摩玛山大沼泽边的桫椤树下。大毕摩沙额图还专门为他做了一场超度的法事，他说神父虽然不信罗玛沼的神，但他既然死在罗玛沼的土地上，也得给他指一指路，帮助他的灵魂得到安息。这场法事成为罗玛沼的最后一场法事，因为不久沙额图就离开了罗玛沼，去向不明。之后罗玛沼也就再没有像哈比和沙额图那样的毕摩了。

大夫人和阿果小姐住进了原来安德神父的小木屋里，继续他的事业。不过大夫人没有了鸦片，整个人都垮掉了。她面黄肌瘦，披头散发地坐在门口晒太阳的时候，路过的小孩就朝她吐口水，骂她是“痰烟婆”。这时木莫该若就跑出来赶走那些小孩子。土司家的田产全部归给了公家，又被分给了农民们。土司大院则变成了镇政府的办公楼。拉措和英都及木莫该若都住在银匠周老板隔壁的一所三间房小院，与大夫人和阿果都还是邻居，这样她照看起大夫人也很方便。

布勒则完全变了。他虽然当了镇政府的领导，但他很少跟人交往，一个人独居在镇子尽头的一间小屋里，家里堆满了各种各样的书籍。他开始研究天文地理历史文化，对当官不感兴趣，对吃饭也不感兴趣，饥一顿饱一顿，身体日渐消瘦。世雄问他现在怎么不向拉措求婚？阿鲁都不知死到哪里去了，尸骨都怕被虫吃干净了。

布勒把头埋在书里说：“想让她幸福，并不一定要跟她过一家。”

世雄呸了一声说：“胆小鬼。你是迷上柏拉图那一套了吧？摆资产阶级臭架子呢。”

而阿果小姐，则依然沉迷在对莫尼若爱恨交加的波涛中不能自拔。她既无法忘情于莫尼若的美丽高贵，时时细细地回想与他共度过的每一个细节。又恨他的自私绝情，跟着一个美国妞消失了。但现在已经不是过去，她早已不是什么大小姐了，没有人来服侍她，她得像所有村姑一样下地劳动，才有饭吃。可阿果做不了这些。她也不想吃饭。她只想在回忆里沉睡。她每天只喝一点水，去路边或者随便哪家的菜地里摘点菜来生吞活嚼，然后就是怀念莫尼若。好在倮倮人对偷菜的女人从来都置之不理，他们认为女人和菜的关系就是母与子的关系，菜都是女人们种出来的，就像女人生的孩子一样，所以女人们可以在任何一块菜地里拔菜，从来没有“偷”字一说。

这样持续了一段时间之后，阿果整个人就上升到了一个空灵的境界，她由对莫尼若的想念，变成幻想有一个儿子。她天天都去老君殿，求神赐给她一个儿子，她和莫尼若的儿子，这个儿子一定要长得跟莫尼若一模一样。

但她又不愿意跟任何人结婚。不结婚，哪来的儿子呢？这可把一心想帮她的拉措难住了。不久，这个问题被一个村子里的小伙子解决了。这个小伙子名叫九五，他分得了土司家的两亩地，种上了萝卜和玉米。他曾向阿果表示过爱意，但阿果正眼都不瞧他一眼。当他在一次尾随阿果时发现了阿果想要一个和莫尼若一样的孩子的心愿后，他便像莫尼若一样穿上一身黑衣，在一个夜黑风高的夜晚，摸进了阿果的房间。

于是阿果有了儿子，给他取名阿育春。但她高兴了一阵，就不再管这个孩子了。原因是阿育春横看竖看都不像莫尼若。这时九五出现了，他说他愿意来当这个孩子的爹。阿果伸手就给了他两个耳光，又端起一盆冷水将他泼到了大门外面。

阿果抛弃了一岁的亲生儿子阿育春后，就恢复了正常，她可以和普通姑娘一样下地干活了。她和过去土司府里的丫头诺玛、阿兰等人在一起耕田种地，绣花织布，她们有时也会叫她一声大小姐，但叫过之后大家都觉得有些尴尬。她仍然不承认自己的亲生子，九五也不敢出来相认。她一生未嫁，在20世纪60年代自杀死于中国大陆的一场政治运动。

拉措收养了阿果的孩子，这个名叫阿育春的孩子后来成了一个小有名气的企业家，一直称拉措为拉措妈妈。

没有任何劳动能力的大夫人一直住在安德神父的小木屋里。拉措每天都去给她送饭，帮她梳头和按摩。但这次连着四天去，她都没有见着大夫人。于是拉措叫来阿兰一起去找，最后她们在那所废弃的教堂里发现了去世多日的大夫人，她的身上爬满了抽筋草和铁线蕨。随着大夫人的去世，土司的老奴阿木诺和罗吉管家也死了。从此布勒的身世除了他自己，再无第二人知晓，直到许多年后他与阿鲁相见时，才告诉了阿鲁。

再过了几年，新中国为倮倮人改了称谓，称他们为彝族。布勒和世雄不久都去了县里，担任了重要的领导职位。

就这样，拉措从土司夫人变成了一个地道的农村妇女，她过得相当繁忙、充实、勤劳，也相当寂寞。她仍然是当地最漂亮的女人，不断有人来提亲，都被她一一拒绝。

夜深人静的时候她心里只想着一个人——阿鲁。

阿鲁死了吗?

就在当年澜沧江边的小马店里，拉措走后的第二天晚上，从滇南战役上败阵下来的周复生带领一小队人马，路过了此地。他们遭到当地几个民兵的追击，发生了枪战。民兵不敌败走，周复生的人也受了伤。他们来到这家小马店，打算在此稍作休整，不想却发现了正在发高烧处于昏迷状态的阿鲁。

真是天意，他们再次相逢，却成了难兄难弟。周复生满脸胡子，一身硝烟，身上的军装沾满血污。他让阿鲁跟他们一起走。他说他们即将到缅甸去。国军有一个团的人马已经过去了，在那边稍作休整，等待时机就要再杀回来。

阿鲁伤势严重，高烧不退，他昏昏沉沉地推开周复生说要在这等拉措。可没等他说完，外面枪声四起，周复生立刻叫人抬起阿鲁冲出屋去躲在一块大石头后面。场面无比混乱。激战二十多分钟，枪声又歇下了。马店老板和阿鲁的亲兵被乱枪打死，房子也给打成了马蜂窝。

“妈的，一分钟都不能耽搁了。走！”周复生一声令下，将阿鲁掀上马背，不由分说就带着部众隐入了黑夜。

他们昼夜不停，冒着严寒与饥饿翻越了高黎贡山，遇到人家就用身上任何东西交换食物，打火机、手电筒、军靴、皮带、手表、雨衣。除了枪和人头，能换的都换掉了。最后他们穿越枯门岭，又有十多人命丧野人山的瘴气与毒虫。他们沉默不语精疲力竭，像一台烂掉了大部分零件、浑身锈蚀的走路机器，只剩下一颗空洞的大脑和依靠惯性嘎叭嘎叭地迈动着的双脚。周复生的部下几次想要将伤势严重的阿鲁抛弃在这看似毫无出头之日的莽林之中，可每次都被周复生掏出枪指着脑袋放弃了这个提议。

周复生说："这条路老子参加远征军时走过两回，你们想活着走出野人山就别得罪我。"

最终，他们翻越国境，把奄奄一息的阿鲁带到了缅甸北部，与国民党政府军的另一支人马会合了。周复生和阿鲁这两个当时貌似苟延残喘的沦落人，后来却长命百岁，活到了现在。

51

阿鲁跟这群国民党残兵在缅北安营扎寨，他们有的还带来了家属。操兵练马之余，常听他们唱起家乡的歌。他在缅甸闷热多雨、蚊虫飞舞的季节里挨过一个月，身体已经完全康复了。

他对周复生说："我要回去找拉措。"

周复生说："不可能，现在国内是什么形势你知道吗？你就安心再等等吧，要走，我也不能让你一个人走。"

可没等他们做出计划，缅甸就派兵来围剿他们。打了几次仗，缅甸人不是对手，只好任由这帮中国大兵继续占着金三角，眼睁睁瞧着他们发展壮大。到了秋天，周复生跑来跟阿鲁说，团长接到了台湾的命令，反攻大战马上就要开始了，他们将先把云南打下。

周复生说："如果成功了，你就可以回去跟拉措团聚了！"

阿鲁不是部队的人，他被留下来干后勤杂活。这群大兵整装出发，不久传回消息，说他们占领了澜沧和耿马。可是三个月后，他们败阵而归。士兵们怨声载道，说他们没有了足够的后方补给，打不过解放军，损失惨重。周复生受了重伤，差点命丧途中。阿鲁衣不解带，守在他身边悉心照顾了半个多月，才把他从死神那儿抢了回来。周复生伤情好转，嘴里嚼着大烟壳止痛。他告诉了阿鲁现在他们的处境很糟糕："其实台湾已经不管我们了。我们被老蒋抛弃了，也不能回中国去。妈的，这样下去，难道要在缅甸当一辈子没有国籍的孤魂野鬼？"

阿鲁说："不能再等了，我一定得回去。"他站起来就往外走。周复生冲出来拉住他说："要走一起走。你以为只是你的亲人在罗玛沼吗？"

他们带上枪，身上挂满弹夹，像两头山豹一样钻入了密林。

结果毫无悬念，他们被来自缅甸部队、国军以及解放军的子弹在不同的时间和地点里给逼了回来。当时的情况是这样的：在国境线上，只要出现会动的东西，就会有从不同方向射来的子弹将它打死。你根本搞不清楚打死你的是云南边防军、缅甸边防军，还是国民党残余部队。

不久，有关反攻大陆的言论少了。当职业的使命感受到时间与挫折的淡化之后，人的七情六欲就占了上风，过日子穿衣吃饭的本能强过了任何光复大计的空谈。有人开始贩卖鸦片，有人逃离了部队，更多的人跟着部队头领们扩张地盘，赚钱营生，娶妻生子。他们办学校，建机场，俨然有建立一个国中之国的势头。他们顽强的生命力和蜘蛛结网般的扩张速度把缅甸政府吓得要死，打又打不过，只得不停地向联合国告状。许多年后，阿鲁想起这一场景，都要为中国人强大的生存能力而感慨不已。

四年后，忍无可忍的缅甸政府再次向联合国投诉，这支孤独而又无比顽强的军队被要求撤回台湾，不能撤走的部分人马打算到泰国去。

周复生这天领来一个三十多岁的女子，让阿鲁认做作妻子。她是一个军医，还曾经给阿鲁看过伤。对这个相貌英武的彝族土司，她是很中意的，尽管他此刻已经是个破落贵族。

"为什么？"阿鲁一头雾水。

“你不是部队的人，如果要去台湾，也得是部队人员的家属。”周复生说。

“你扯淡。”阿鲁瞅了周复生一眼。

“时间不等人，我们明天就出发了。”周复生焦急地说，“你跟她先认着，过去了再说。”

阿鲁沉默了一会儿，搂了搂周复生的肩膀说：“你走吧，我不去台湾。所以用不着在这里重新认个妻子。”

阿鲁在周复生遗憾而失望的眼神中走出了房间。他对着金三角一望无际的罂粟花喊了一声：“噢——哈——”

就像当年跟布勒一块儿冲进摩玛山大沼泽时那样，热热的泪水涌出了他的眼眶。

又过了两年，阿鲁给拉措的一封家书终于翻山越岭千回百转送达罗玛沼。只不过这信到了罗玛沼后，就被转交给了布勒。布勒拆开看了，就将这封有“里通外国”嫌疑的信烧了。他去到拉措家，只告诉她一句话：“阿鲁还活着。”

然后两个人就站在黑黑的小屋子里泪眼相视。布勒小声说：“形势所迫，信不能留，对不起。”

拉措说：“有这句话就够了。”

之后，阿鲁陆续写来了信。但那些信的命运常常是这样的：每封信都要千回百转经过若干人的手，当抵达时，往往要经历数月；而且能被幸运地送到罗玛沼的信也寥寥可数，它们不是遗失在途中，就是被送错了人。然后所有送到罗玛沼的信，都得先送给布勒审核，才能转给收信人；布勒对这些信的处理都是把它们全烧了，只是口头告诉一下拉措信的内容。所以几经周折之后，事实上拉措从没有看过阿鲁白纸黑字的、真正意义上的信。拉措为此满腹怨恨，她揪着布勒的衣襟骂他捶他。可布勒却高瞻远瞩地说：“我这是在保护你。”

结果确实如此，不久之后中国大陆掀起了一场空前绝后的政治运动，当初布勒烧掉了那些信，才让拉措免于死在“里通外国”或者“特务”或者“间谍”的罪名之下。

拉措也在想方设法与阿鲁取得联系，但她的信要送到金三角，就更不容易了。一直过了很久很久，阿鲁在即将离开缅甸前往泰国的前夕，终于收到了一封拉措的回信。他激动得快要晕倒了。他关上所有的门窗，就像这幸福会长出翅膀飞走一样。这时阿鲁已经四十八岁，但这封信把他变成了当年在罗玛沼丛林里飞奔的英俊少年。他跳上床，又跳到地上，拿着那封信亲了又亲，才拆开来。拉措只写了两句话：“我们都活着。罗玛沼消失了。”

52

关于罗玛沼消失的事，拉措是这样说的：

“那个‘老虎出没之地’历史上是一个由乌蛮部落统领的地方，民国时期属楚雄县管辖。这个冬季飞雪夏季飞花的美丽村庄消失于五十六前雨季里的一场大雾。这场空前绝后的迷雾让罗玛沼陷入了混沌未开的状态，人们在家里点上灯也看不清门和窗的位置，没有人敢走去。九天之后，待迷雾散开，人们发现自己身处不同的地方，周围都是陌生人，陌生的村庄。他们想回去，但走了很多路，都找不到罗玛沼了。幸好，没听说有人伤亡，有些人家甚至连祖坟也在后来自己身处的这个陌生地找到了。于是罗玛沼的人，就分别在各个不同的地方居住下来，把这个地方当作自己的故乡。人们说，罗玛沼变成了老虎，回归了森林。你一定觉得非常讶异吧？但如果你听完我的故事，就应该有了答案。”

没错，我觉得此事过于魔幻，异常费解，于是继续听故事。

拉措走出迷雾后，除了她的儿子木莫该若、弟弟英都、阿果的儿子也就是她的养子阿育春，只遇到了一个熟人，就是秋生。罗玛沼的消失导致了阿鲁和拉措的失联，阿鲁的信再也送不到拉措的手里。秋生和拉措在中国大陆那场声势浩大的被称为“文化大革命”的政治运动中相依为命，为了生存他们结成了夫妻。拉措跟他生了一个女儿，取名秋秋。

阿鲁曾经为了回国寻找拉措进行过多次努力，但苦于没有国籍而无法回去。后来温厚宽容的黄袍国度接纳了他，他和许多当年一起流亡泰国的中国人一样加入了泰国籍，才有了回到中国的可能。中泰建交后，他好不容易打听到了拉措的消息，却得知她已经再婚，有了子女。阿鲁想到自己多年流落在外，不忍打扰拉措现在的生活。于是回国寻亲的希望又沉入水底。在此后三十年的时间里，这对苦命夫妻终断了联系。

罗玛沼消失半年后，国家颁布了民族区域自治条例，楚雄县变成了楚雄彝族自治州。消失的罗玛沼像四处散落的水珠，自然而然地被分解在自治州各处。罗玛沼的各族人民，顺应自然就都成了自治州的主人，罗玛沼的山川沼泽，与哀牢山、百草岭、乌蒙山、金沙江、龙川江连成了一体，成为了自治州领土的一部分。

人们慢慢地忘记了罗玛沼。

听到这里，我明白了。事实上罗玛沼并没有消失。在云南那样一个神奇之地，多种民族聚居，文化多元，历史上有无数小部落存在过。随着时代的发展与变革，一些小部落小村寨自然消失，融入了更大的主流文化地区。这也许就是在地图上找不到罗玛沼的原因吧。罗玛沼只是自然地融入了更大区域的一草一木，像水流到地下层，像空气无所不在，那是一种自然的、巧妙的融合。它存在于广阔的无形，存在于永远。

我将此解释为：天意。

布勒在后来的岁月里一直充当保护拉措一家的角色。他一生未娶，于1987年患上了肝癌。他得知自己的病情后，开始四处奔走，寻找阿鲁的下落。他用尽自己的一切人脉关系，在官方和民间以及中国驻缅大使馆的配合下，历经两年时间终于找到了阿鲁在清迈的地址。于是这个七十六岁的老人在中泰建交十四周年之际，冒着随时命丧途中的危险亲赴泰国。这一年柏林墙倒塌，他也找到了当年被他亲手赶出国门的同父异母的兄弟。

像蜜蜂一样忙碌的布勒穿针引线，终于让拉措和阿鲁在1992年的秋天见了面。当时阿鲁依旧孑然一身，拉措后来的丈夫秋生已经过世六年了。

那是一个什么样的场面呢？没有亲身经历过生离死别、刻骨悲痛和锥心绝望的人，可能难以想象。对此我也是缺乏想象力的。

拉措女士说："我差不多就要厌倦了神明赐给我的大半生。可在这时候，阿鲁出现了。我活了那么长时间，似乎就是在等待着这一天的来临。这时我才发现我的爱原来如此狭隘，狭隘到集中了巨大力量能够让自己在任何时候都壮起胆抵御人生的无常。哪怕是在寒风呼啸的夜色中生离死别，哪怕是被俗世的洪流推向一个悬崖的边缘，面临碎尸万段的危险。我们在近半个世纪的岁月中隔岸相望，消逝了青春，枯老了容颜，心里刻满了相思与绝望的刀痕，当再次相见，我们为了彼此的白发如霜而潸然泪下，宛如隔世。你相信吗？那些想要杀死你的，反而能让你变得更坚强。那些想要污垢你的，却意外地让你更美丽。我是活得太久了。我在等待中熬住时光的摧枯拉朽，目睹一个时代像一幢大楼那样坍塌，另一个时代又像另一幢大楼一样在我眼前建起。我长命百岁，可这并不是伟大，这一切只是为了成就今天这样一个温暖的人间小团圆而已——这就是那个让我活得那么久也不觉得厌倦的力量。"

这是我和拉措女士在最后一场谈话中，她对我说的一番话。这番话让她在我面前变成了一口清泉满溢的深井，我看得见井水清澈，也感到了井的深邃。

故事就快要结束了。周复生从缅甸去了台湾之后，就没有再回过云南，也没有再见过拉措。他在五十三岁的时候才娶了一个高山族女子为妻，从花莲的眷村搬到了台北，生儿育女，成了我的爷爷。在我爷爷的笔记本里，他这样描述我奶奶：她虽不如拉措美丽，也不如拉措那样清高。但她身上有一种与拉措一样的气质，就像罗玛沼的大山一样清新自然、富有活力。

因此我想，令我爷爷至死怀念的，也许不单是拉措的美，而是那块神奇美丽的土地。无论是我爷爷、阿鲁，还是拉措，他们都是从那块土地上生长起来的，他们都长命百岁。那一定是一块福地，生命代代相传，爱生生不息，故事也就生生不息。